Quem Perdoa Liberta

WANDERLEY SOARES DE OLIVEIRA
ESPÍRITO JOSÉ MARIO

Quem Perdoa Liberta

TRILOGIA
"DESAFIOS DA CONVIVÊNCIA NO CENTRO ESPÍRITA"

Série Desafios
da Convivência

Dufaux
editora

Quem Perdoa Liberta
Copyright © 2010 by Wanderley Soares de Oliveira
1.ª edição - 3º reimpressão - outubro 2014 - do 19º ao 21º milheiro

---

Dados Internacionais de Catalogação na Publicação (CIP)

MARIO, JOSÉ (Espírito)

Quem Perdoa Liberta / José Mario (Espírito); psicografado por
Wanderley Soares de Oliveira.
DUFAUX: Belo Horizonte, MG, 2010.

323 p. 16 x 23 cm (Trilogia Desafios da Convivência
no Centro Espírita)

ISBN: 978-85-63365-16-3

1. Espiritismo. 2. Psicografia.
I. Oliveira, Wanderley Soares de. II. Título.

CDD 133.9   CDU 133.9

Impresso no Brasil – Printed in Brazil – Presita en Brazilo

EDITORA DUFAUX
R. Contria, 759 - Alto Barroca
Belo Horizonte - MG, 30431-028
Telefone: (31) 3347-1531
comercial@editoradufaux.com.br
www.editoradufaux.com.br

O produto desta edição é destinado à manutenção das atividades da
Sociedade Espírita Ermance Dufaux

Todos os direitos de reprodução, cópia, comunicação ao público e exploração econômica desta obra estão reservados,
única e exclusivamente, para a SED (Sociedade Espírita Ermance Dufaux). É proibida a sua reprodução parcial ou total através de qualquer forma, meio ou processo eletrônico, digital, fotocópia, microfilme, internet, CD-ROM, DVD, entre outros,
sem a prévia e expressa autorização da editora nos termos da lei 9.610/98, que regulamenta os direitos de autor e conexos.

Sumário

PREFÁCIO

Misericórdia, Porta de Entrada do Perdão
José Mario   11

INTRODUÇÃO

Acreditar mais Uns nos Outros
Maria Modesto Cravo   15

CAPÍTULO 01

A Missão de Chico Xavier e dos Novos
Médiuns Espíritas   24

CAPÍTULO 02

Orientações de Calderaro sobre a Obsessão   52

CAPÍTULO 03

Sistema de Mistificação Coletiva   74

CAPÍTULO 04

Efeitos da Arrogância na Vida Mental   90

CAPÍTULO 05

Quesitos para os Serviços Socorristas ao
Submundo Astral   108

CAPÍTULO 06

O Poder Mental de Pai João de Angola   134

CAPÍTULO 07

Uma História de Maledicência   148

CAPÍTULO 08

Como os Oponentes do Bem Penetram
nos Centros Espíritas 168

CAPÍTULO 09

Discordar sem Amar Menos, A Grande
Lição da Fraternidade 190

CAPÍTULO 10

Homoafetividade e Mediunidade 204

CAPÍTULO 11

Os Cordões Energéticos e a Depressão
por Parasitismo 224

CAPÍTULO 12

Os Laços da Comunidade Espírita
com os Dragões 246

CAPÍTULO 13

A Psicologia dos Dragões:
Desconfiar Uns dos Outros 270

CAPÍTULO 14

Início de uma Nova Etapa 284

ENTREVISTA

Perguntas formuladas pelo médium
Wanderley Oliveira à Maria Modesto
Cravo sobre o conteúdo do livro 292

APÊNDICE

Apelo por Concórdia – Eurípedes Barsanulfo 304

Prefácio

Misericórdia, Porta de Entrada do Perdão

"E Jesus, tendo ressuscitado na manhã do primeiro dia da semana, apareceu primeiramente a Maria Madalena, da qual tinha expulsado sete demônios" - Marcos 16:9.

O exemplo de Jesus com a pecadora é sublime recomendação para nossos passos em busca da libertação espiritual.

Iluminar a vida alheia com educação, reconhecimento e estímulo é a divina arte de acender dentro de nós próprios a luz dos talentos libertadores. Quem tem *olhos de ver* vê o bem em toda a parte. Quem se dispõe a se aprimorar nas lides da reforma interior, jamais poderá descuidar de enobrecer a vida, onde quer que seja. A luz que exteriorizamos nos alivia e abençoa com o frescor da sensação de leveza e progresso.

Conquanto oriente a sabedoria do Evangelho que devamos nos fixar na positividade dos conteúdos morais, não podemos ignorar os conceitos acerca da ação inteligente e calculada da maldade, caso desejemos instaurar um programa de vigilância mais ativo e consciente. Embora devamos sempre ressaltar a luz, muitas vezes torna-se imprescindível estudar o movimento das trevas para melhor orientar nossas escolhas sobre onde e como colocar o foco de nossos esforços no bem.

Respiramos no mundo físico a atmosfera psíquica que nasce de nossos próprios sentimentos, criando vínculos e determinando fatos em ambas as faixas de vida. Cercados por uma enorme nuvem de testemunhas invisíveis na esfera espiritual, necessitamos aquilatar com mais detalhes como somos decisivamente influenciados pelas criações que partem de nós.

Nossos apontamentos nesta obra constituem uma reflexão singela sobre a importância da bondade em nossa convivência, como sendo a maior proteção contra os assaltos impiedosos da sombra que ainda reside em nós próprios e com a qual o mal organizado procura avançar em suas iniciativas de colonizar mentes. Seguindo a orientação de nossos tutores maiores, desenvolvemos nos textos seguintes a continuidade da história do Grupo X. Enquanto no primeiro livro[1] destacamos a força destrutiva dos conflitos no relacionamento humano, desta feita ressaltamos a teia vibratória que envolve o homem carnal nas esferas espirituais quando descuida de aplicar o perdão genuíno.

Há quem imagine os recintos das abençoadas casas doutrinárias como ambientes de perfeição e pureza imaculada. Todavia, a Casa de Jesus, conquanto deva prezar o ambiente de paz e asseio espiritual, é também um hospital laborioso e uma oficina dinâmica. Será improdutivo pensar a psicosfera de um Centro Espírita como um céu de fantasiosa acomodação. Em tempo algum, o ambiente espiritual dos núcleos espíritas esteve tão in-

---

1 Nota da editora: O livro a que se refere o autor é *"Quem sabe pode muito. Quem ama pode mais"*, primeiro livro da trilogia *Desafios da Convivência no Centro Espírita*, Editora Dufaux.

tensamente alvoroçado. Onde se faz a luz da oração e das boas intenções é natural que o caudal de sombras se reúna, atraído para o clarão que se faz intenso.

O socorro prestado ao Grupo X é o exemplo típico do quanto a providência divina, representada por todos os servidores do bem no mundo dos espíritos, se guia pela psicologia da iluminação por meio da promoção e da valorização das potências da alma. Conquanto a luta ingente de nossos irmãos no plano físico, em todos os instantes durante a sucessão de anos que durou o amparo aos irmãos queridos no mundo físico, presenciei atitudes de amor incondicional da parte de todos os nossos benfeitores, que se desdobraram incansalvemente pelo bem desta casa.

Nossos irmãos no referido grupo perderam temporariamente a razão, e o grande objetivo dos servos do amor e do bem foi suprir-lhes de carinho, apoio, orientação e estímulo. Somente quem se encontra deste lado da vida pode avaliar com minúcias a extensão dos esforços nesse sentido. Em nossas anotações, procurei falar o que me foi permitido, considerando o caráter educativo a que todos nos propomos em assuntos de aprendizado espírita.

O tempo, porém, nos permitirá novos ensejos de comunhão pela mediunidade. Queira Deus que tenhamos ainda muita força e coragem para dizer mais e mais sobre a complexidade do que é a vida que cerca o homem carnal.

Nosso objetivo central, no entanto, é estimular a misericórdia nos sagrados laços da convivência, por meio da psicologia da iluminação proposta por nosso Mestre e Senhor, estendendo-nos as mãos uns aos outros e aceitando-nos com legítima fraternidade nas atitudes. A misericórdia é a porta de entrada para o perdão. Perdão é aceitação da vida e do outro como se encontram e como são, e quem perdoa liberta.

Jesus, exemplo de misericórdia em expansão, "*(...) apareceu primeiramente a Maria Madalena, da qual tinha expulsado sete demônios*". A referência não pode ser mais clara a respeito do quanto devemos nos amar uns aos outros, acreditando sempre na luz que cada um possui em si mesmo.

Por agora, consideramo-nos felizes por estar trabalhando e realizando algo do lado de cá para o mundo físico, que repercute sempre em meu próprio favor, diante de minhas extensas necessidades espirituais. Minha única esperança é de que alguma utilidade possa ser encontrada nas páginas que destinamos, com afeto, aos amigos e idealistas na vida física.

José Mario, maio de 2010

Introdução

Acreditar mais Uns nos Outros

"Vós sois a luz do mundo; não se pode esconder uma cidade edificada sobre um monte; Nem se acende a candeia e se coloca debaixo do alqueire, mas no velador, e dá luz a todos que estão na casa"
– Mateus 5:14 e 15.

O exame sincero dos motivos de nossos conflitos interiores não poderá jamais menosprezar a necessidade de averiguar criteriosamente a natureza das relações que travamos uns com os outros.

A psicologia de Jesus é a de valorização dos potenciais da alma por meio da tolerância mútua e incondicional. Ele deu exemplos infinitos sobre a importância de ressaltar a luz alheia no convívio diário.

Vós sois a luz do mundo. Ele não só afirmou nossa potencialidade, como foi além. Indicou onde essa luz deve brilhar: *No velador, onde todos possam ver.*

A vida do Mestre é rica em estímulo, incentivo, desapego de julgamentos, bondade, acolhimento e misericórdia com todos os que passaram por Seu caminho. Jesus mantinha Seu olhar na luz que está depositada em cada um de nós.

Na pesca maravilhosa narrada em Lucas, capítulo 5, depois de Pedro trabalhar uma noite inteira sem nada pescar, Jesus o chama para mais amplas responsabilidades. Enquanto Pedro se abatia com sua sombra interior, por não haver tido êxito em seu esforço de pescaria, o nosso Mestre lhe enaltece a iniciativa, inclina-o a atirar novamente as redes e o chama para ser pescador de homens.

Eis o princípio das relações sadias e libertadoras: a seletividade mental para a luz e a beleza exuberante que cada criatura carrega em si mesma. Somente assim expandimos nosso próprio potencial de qualidades e nos envolvemos na agradável psicosfera da bondade, que é a filha primogênita da misericórdia.

Cientes do nosso hábito infeliz de criticar, julgar e maldizer, torna-se imprescindível uma literatura que investigue uma das mais destrutivas doenças da convivência em grupo: a desconfiança. A desconfiança é o resultado emocional dos julgamentos crônicos.

Há um consenso entre os estudiosos do comportamento humano sobre o ato de julgar ser necessário na formação de juízo de valor, porém, o que deveria ser apenas um movimento mental para dilatar o discernimento e ajuizar com melhor proveito, quando sob a tormenta emotiva do ciúme, da inveja e da menos-valia, transforma-se em sentenças implacáveis às quais nos apegamos com demasiada paixão. É nesse clima mental que brota a desconfiança, patrocinando os mais lastimáveis efeitos no relacionamento humano.

A pior descrença na vida não é a que diz respeito a Deus. A mais maléfica descrença é a que temos em relação ao nosso próximo. Deus tem leis imutáveis, incorruptíveis diante de nossa vã soberba. O mesmo não ocorre em relação ao próximo, com quem mantemos laços energéticos delineadores de nosso destino e de nossa vida. O próximo, em qualquer grau de relacionamento em nossas expressões humanas, é o olhar de Deus aferindo continuamente nossa atitude em Sua criação. Deus, mesmo quando desacreditado por nós, continua ativamente crendo em nós. Quanto ao próximo, todavia, a descrença é lixo atirado que vai infestar a convivência.

A fé no próximo é o canal de sintonia da fé no Criador. Se não aprendermos a estabelecer uma relação de confiança com a luz do próximo, ficaremos sob a tutela do clima da desconfiança, isto é, indispostos a fiar com nosso irmão o clima da genuína amizade, que respira tolerância, bondade e afeto. E sem confiança não existe imunização contra as pragas da idealização, da maledicência e do julgamento. A idealização patrocina a cobrança que surge das expectativas exageradas; a maledicência espalha a mentira no intuito de menosprezar; e o julgamento separa corações.

É preciso acreditar um tanto mais nos potenciais, na luz que há em cada um de nós, caso queiramos desenvolver melhores laços e uma convivência genuinamente fraterna.

Fé em Deus, mas, sobretudo, fé também naqueles que são os aferidores de nossa capacidade de amar. E somente pelas vias sagradas da misericórdia conseguiremos essa atitude de sabedoria, equilíbrio e pacificação.

O chamamento de João continua vivo diante desse quadro: *"Mas aquele que odeia a seu irmão está em trevas, e anda em trevas, e não sabe para onde deva ir; porque as trevas lhe cegaram os olhos"*. [2]

---

2 I João 2:11

A desconfiança é o primeiro passo em direção a esse ódio. Sem fé uns nos outros, sem acreditar nos valores morais de nossa humanidade, como acreditar no Pai que arquitetou tudo isso para que vivamos de conformidade com Seu Augusto Amor?

Os monstros da maldade são impiedosos e calculistas. Para alcançar seus interesses, desconsideram a palavra compaixão. Almas dotadas de larga capacidade de analisar as auras do sentimento no corpo emocional, aprenderam mecanismos de alteração do mesmo, instantânea ou de longo curso, para dominar a vida afetiva alheia. Conhecem as cores e os odores de cada *raio afetivo* e, por isso, tornaram-se exímios psicólogos da maldade. Fracassados por crimes passionais, foram também muito espezinhados e traídos, corrompidos e feridos até chegarem ao patamar de ódio e enfermidade no qual se encontram temporariamente.

Diante desse quadro espiritual, compete aos examinadores do intercâmbio mediúnico mais dilatado grau de instrução acerca das operações silenciosas e astutas das falanges da maldade organizada. O plano de domínio dos adversários do bem atinge limites ignorados na vida terrena. A falange do mal adota como estratégia de supremacia o enfraquecimento sutil de seus alvos.

Que caminho mais fácil para dominar o mundo que desenvolver a *loucura passiva* entre os homens? Eis a grande tese dos arquitetos da escuridão. Que caminho mais curto e eficaz para atingir a loucura que a ausência da fé? São muito inteligentes os articuladores da psicologia das trevas, porque sabem que a fé é o sentimento que liga o homem à *alma do universo*. Subtraindo essa força de propulsão, cria-se o venenoso clima da descrença. A descrença é a mente sem âncoras, como um navio solto no mar revolto. Nesse estado psicológico, desenvolve-se o clima interior para o assédio da culpa, a tormenta do medo e a tirania da tristeza. Nesse estado psíquico, configura-se o quadro emocional mais conhecido da atualidade – o vazio existencial –, ou seja, a ausência de motivos para viver. Fé é o combustível da vida que nos motiva ao progresso. Sem fé não há conservação essencial, e sem subsistência a alma se entrega ao ponto de convergência e domínio dos *falcões da amargura*: a depressão.

Para isso, primeiramente minaram a religião, a fim de entronizar a fé dogmatizada, a fé de convenções. Como se não bastasse, procedem rotineiros *arrastões* de pilhagem afetiva entre a multidão ou, ainda, de forma planejada, nos casos dos líderes do bem e da paz. Os *arrastões* são formas de intimidação à crença de cada um no melhor dos outros. Promovem, assim, ondas de pessimismo e baixa estima, tristeza e cansaço existencial. Sem fé, aonde chegará a criatura humana? Isso é a *loucura passiva*. Desacreditar é viver um sistema de compulsiva maledicência e fixação na parte pior de cada um.

Essas almas estudaram o falcão, essa ave de rapina com olhar penetrante, para copiar-lhe o modo de agir e, não raro, em seus arrastões diários chegam em bandos enormes, sob o comando de um grande *falcão rei*, patrocinando a tormenta da descrença em multidões e grupos em assaltos sorrateiros e bem pensados antecipadamente.

Vão a igrejas e vilarejos, a empresas e escolas, a hospitais e cemitérios, a boates e campos de esporte, encontros cristãos e ruas de perdição. Têm uma grande facilidade de ação entre quantos cultivam o materialismo, embora estejam com a mira apontada para os grupamentos da alegria e da boa saúde. Um único propósito lhes inspira a ação: esparramar o *vírus da desistência*, que cria a doença da imaginação doentia – piso para o pessimismo, a ingratidão e a desesperança.

Os espíritas e as agremiações doutrinárias também são alvos escolhidos dessas aves de rapinagem moral. Trabalham sutilmente com a dúvida, levando inúmeros companheiros à queda programada. São ricos na diversidade de agir, entretanto, o princípio que sustenta suas armadilhas infelizes é um só: levar os aprendizes e trabalhadores a acreditar na inutilidade de seus esforços no bem, por meio da indisposição de acreditar no valor de seus irmãos de ideal. São suas vítimas todos os que se contaminam pela preguiça de entender, aceitar e apoiar os irmãos de caminhada no ideal, tão somente por não preencherem seus padrões de perfeição religiosa e conduta moral.

Eis a razão pela qual o tema "reforma íntima" carece de melhores e mais profundas concepções. Sem entender os mecanismos psicológicos e emocionais da autêntica mudança interior, poucos serão perseverantes o suficiente para levar avante seus ideais de melhoria. Quando muito, alguns perseverarão, mas sem nenhuma reserva de forças, permanecendo no Espiritismo por dever, oferecendo-se conforme suas folgas de tempo e recursos pessoais, dentro das mais exigentes condições para trabalhar e servir. Dos que apenas tangenciaram a superfície da proposta cristã de amor incondicional, muitos decidem por abandonar as fileiras da doutrina em neurótica reclamação sobre a natureza das doenças alheias, sem exame mais detido em suas próprias enfermidades.

Nada pode atormentar mais o trabalhador sincero do crescimento espiritual do que suas fraquezas, suas falhas. Esses exímios psicólogos da maldade calculada são hábeis disseminadores da *substância do perfeccionismo*[3], desenvolvida com base em profundos estudos e pesquisas que realizaram em seus laboratórios com os elementos estruturais da *"molécula" da vaidade*. Uma vez acoplada essa substância ao corpo bioenergético das criaturas na vida corporal, funciona como uma sensação

---

3 Nota do médium – Essa substância se assemelha à purpurina que conhecemos no plano físico.

de fogo que queima, causando um terrível incômodo. Com a vibração da culpa e da autopunição, temos um canteiro mental fértil para a proliferação da praga. Dessa forma, espreitam os momentos de descuido e erro humano, quando alastra a emoção da decepção e da tristeza consigo mesmo, a fim de agirem com extrema habilidade. Em outras vezes, dissolvem tonéis dessa energia sobre grupos inteiros acostumados ao rigorismo religioso ou normativo de qualquer espécie nos lugares citados anteriormente. Possuem radares versáteis e de ondas curtíssimas para descobrir os locais de exploração psíquica, e para lá rumam em bandos apavoradores e bulhentos.

Quem cultiva a descrença sente-se abandonado, cansado e indiferente, criando um quadro de insatisfação crônica com a vida. E esses são os requisitos essenciais para os transtornos da depressão, com os quais os monstros da descrença planejam ser a primeira e mais poderosa das *sete cidades do mal*[4] em suas loucas disputas pelo domínio no Lar de Jesus, a Terra.

Sem fé, a alma descrente cria mecanismos defensivos de autoafirmação para sentir que existe e tem algum valor.

Os Centros Espíritas que desejem cumprir sua excelsa missão na Terra precisarão rever seus objetivos a partir do conhecimento mais consistente sobre as epidemias coletivas nos ambientes espirituais terrenos. Com diagnósticos mais exatos sobre as ações do mal, compete-nos utilizar melhores diretrizes de tratamento e saneamento das enfermidades morais.

A Casa do Cristo que não se compromete, como prioridade para seus operários, com a felicidade e os meios de conquistá--la, caminha à deriva dos objetivos superiores, confortando e aliviando almas, todavia, sem educá-las para a liberdade.

---

4 Nota da editora: No livro *"Os Dragões"*, de autoria espiritual de Maria Modesto Cravo, são explicadas, com mais detalhes, quais são as sete cidades do mal e sua história.

Casas espíritas felizes, ambientes de honestidade emocional, alegria e retidão moral, eis um bom conjunto das qualidades imunizadoras do "átomo" do amor – fonte de jovialidade, ternura e crença na luz alheia.

Por isso, os centros de amor do Espiritismo cristão devem urgentemente fundamentar-se em programas ativos pelo bem--estar do ser humano, tanto quanto em escolas que ensinam conhecimentos recheados de sabedoria e sem conexão com a realidade.

O prazer de viver deve ser a alma desses programas, para que em tudo as percepções e os cinco sentidos dos seus trabalhadores sejam tocados pelo incentivo à fervorosidade, ajudando as pessoas a ter ou a resgatar seus sonhos, auxiliando-as a construir ideais duradouros e eternos, que contribuam para o sossego e a jovialidade e sorrirem mais para que os outros acreditem.

Sem tolerância, não nos suportaremos. Sem misericórdia, não amaremos uns aos outros. A tolerância abre as portas do entendimento para que entremos no reinado da pacificação, mas somente a misericórdia é capaz de renovar o homem para que tenha atitudes de acordo com a legítima fraternidade.

Amparem as pessoas para que descubram e utilizem o potencial de seu subconsciente, a força de sua fé inata, contudo, sufocada pelo joio da deseducação.

Os caminhos emocionais para o sustento da fé são a esperança, a gratidão e o otimismo. Portanto, trabalhem nesses temas com devoção.

Fomos criados para o Amor, e ninguém destruirá os planos do Pai.

Ave Cristo! Ave para aqueles que amam sem condições. Quanta liberdade eles experimentam! Quem usufrui da bênção do perdão ilumina-se com a recompensa da liberdade.

Nesse encontro de amor e esperança, ergueremos, também, nosso laboratório de otimismo e alegria para examinar o "átomo" da paz, produzindo a substância da sensibilidade e da paz interior, com a qual nos nutriremos em abundância.

Dialoguemos sobre a fé, e que o capítulo XIX de *O Evangelho Segundo o Espiritismo, A Fé que Transporta Montanhas,* seja o grande remédio para todos os que visitarem nossa casa de esperança, na qual Eurípedes Barsanulfo assentou a sublime inscrição à porta: *Aqui mora a fé, a sublime qualidade dos que jamais deixarão de acreditar na força superior do bem.*[5]

Maria Modesto Cravo, maio de 2010

---

5 Nota do médium: frase escrita no portal de entrada do Hospital Esperança no plano espiritual.

Capítulo 01

A Missão de Chico Xavier e dos Novos Médiuns Espíritas

"E, descendo eles do monte, Jesus lhes ordenou, dizendo: A ninguém conteis a visão, até que o Filho do homem seja ressuscitado dentre os mortos" – Mateus 17:9.

As atividades abençoadas do Hospital Esperança seguiam seu curso natural quando recebemos um chamado urgente da Terra. Infelizmente, mais um país entrava em guerra sob o açoite impiedoso da violência. Após os preparativos para o auxílio, fomos para a região atingida no intuito de somar esforços no amparo.

Na ala de saída do Hospital, dona Modesta coordenava os preparativos na escolha daqueles que a acompanhariam ao subsolo do planeta em busca das raízes espirituais daquele drama social. Assim ela orientava:

— Irmãos, o momento pede atenção redobrada. Pelas in-formações obtidas, **as criaturas residentes nos porões da se**micivilização encontram-se em completa agitação e descontrole. Iremos às furnas localizadas nos profundos abismos espirituais na região astral correspondente ao Oriente Médio, nas quais se situam os núcleos de poder que mantiveram o controle nesse país, durante décadas, por meio da ditadura do interesse pessoal.

Cornelius, o organizador das equipes de amparo aos abismos no Hospital Esperança, ponderou:

— Teremos necessidade de um grupo com ativo poder de concentração e desejo de ser útil.

— Sem dúvida, Cornelius! Qualquer distração, além de não cooperar, poderá nos trazer maior soma de desafios – expressou dona Modesta.

— Sugiro, dona Modesta, que convoque os padres e os monges que colaboram nas *alas restritas das incubadoras* nas enfermarias. Eles não guardam preconceitos no coração e são muito desenvolvidos no controle mental. Mesmo vinculados a diferentes segmentos religiosos, colocam suas necessidades de servir com incondicional amor acima de títulos transitórios.

Todas as medidas foram tomadas, e os grupos destinados aos serviços daquela hora foram e regressaram com êxito pleno na tarefa. Colaborando com as referidas iniciativas, embora não tenha participado daquela excursão de amparo, mantinha-me atento e com enorme desejo de aprender. Assim que possível, encontrando dona Modesta disponível após o socorro, expus minhas questões sobre o ocorrido. Ela, como sempre, atenciosa e humilde, ouvia-me com desvelado carinho.

— A senhora deve saber que tenho um baú de indagações sobre a tarefa realizada no Oriente Médio!

— Espero que não desencarne com tantas perguntas!

— Creio que já não corro tanto esse risco – ambos demos boas risadas.

— Exponha suas lucubrações, amigo querido.

— Desde que iniciei os cursos sobre mediunidade aqui no Hospital, minhas dúvidas sobre o tema se ampliaram. Atualmente, como a senhora sabe, estamos prestes a estudar o capítulo das obsessões, sob orientação de Cornelius. O que mais me intrigou nos preparativos da atividade realizada foi o fato de terem sido escolhidos monges e padres para tão exigente auxílio. Por que não foram escolhidos espíritas para esse tipo de socorro?

— Você não é o primeiro a levantar tal dúvida.

— Por várias vezes, fui procurado por irmãos de ideal, aqui no Hospital, que me causaram profundo desagrado com tais assuntos, fazendo referências descaridosas.

— Quais assuntos?

— Amigos espíritas de alguns setores acham a direção do Hospital demasiadamente contemporizadora. Alguns chegaram a falar em preferências.

— Preferências?

— Acreditam que os diretores têm certa preferência por membros de outros credos religiosos.

— Por quê?

— Muitos reclamam que sacerdotes católicos ocupam funções de responsabilidade mesmo sem conhecerem o Espiritismo. Outros são contra a capela que foi erguida no Hospital.

— E você concorda com eles?

— Não se trata de concordar. Fico em busca de uma opinião própria, mas confesso minha incapacidade de discernir sobre o assunto. Creio que meus longos anos fora do corpo físico ainda não foram suficientes para destruir totalmente a muralha mental de preconceitos que eu mesmo ergui acerca do mundo espiritual.

— José Mario, você já observou que temos alguns colaboradores espíritas ocupando largas responsabilidades entre as equipes de amparo?

— Sim. Todavia, quando se trata dos ambientes mais enfermiços da erraticidade, como a semicivilização, observo que raramente espíritas acompanham a expedição de socorro. Não seria de esperar que, devido ao nosso conhecimento das regiões do plano espiritual, fôssemos mais bem aproveitados em iniciativas desse porte?

— É um fato! Seria desejável que assim o fosse. Contudo, não basta conhecimento para tal ação.

— Então existe mesmo uma preferência?

— Existem critérios de trabalho, caro irmão. Tais critérios, porém, não comportam rótulos transitórios. Optamos por aqueles que demonstram maior capacidade de amar indistintamente. Quem ama procura servir primeiro e indagar depois. Como você mesmo assinalou, muitos amigos queridos da Doutrina Espírita, inúmeras vezes, consomem-se no plano físico com questões de somenos importância, consolidando em desfavor de si mesmos uma sólida crosta mental de preconceitos. Embalados pela velha ilusão de superioridade religiosa, entregaram-se ao sono da distração em reconhecer que somente a ação no amor liberta, enquanto o saber, por si só, não distingue espiritualmente a ninguém, caso não constitua ferramenta para sulcar e plantar nos recantos profundos do coração.

— Mas temos aqui tantos companheiros valorosos! Não poderiam integrar a atividade? Que tipo de problemas poderiam acarretar ao labor?

— Os irmãos de ideal espírita na vida física, com raríssimas e heroicas exceções, permitiram-se entorpecer com o incenso da vaidade. Assim como ocorre à maioria de nós, acreditam-se detentores de vastas noções sobre o mundo espiritual em razão da cultura doutrinária obtida nos livros e na prática mediúnica. Quando desencarnam, esperam encontrar aqui o mundo espiritual que plasmaram em seu arquivo mental de concepções. Entretanto, como você mesmo teve sua experiência pessoal, o que se sabe na vida física sobre o que ocorre por aqui está muito distante das verdades cristalinas que todos vamos enfrentar mais dia, menos dia. Não é demais afirmar que cada qual terá seu plano espiritual pessoal, enquanto multidões de adeptos no plano físico generalizaram uma noção reducionista de vida extrafísica.

Alguns companheiros de ideal, ainda despreparados para tal realidade, quando regressaram de tais incursões tiveram legítimas crises de descrença e destempero emocional ante o que presenciaram. Julgaram-nos por demais rígidos, incisivos e descaridosos nas medidas tomadas em favor daqueles que se guiam pelas veredas da maldade calculada. Outros, na ingenuidade de suas intenções, expuseram-se acreditando na força do amor que supunham possuir, e acabaram sendo feridos gravemente ou envenenados por armas de avançada tecnologia utilizadas nessas regiões, sendo internados em lastimáveis condições perispirituais, exigindo cirurgias emergenciais sem as quais poderiam deparar com a "segunda morte"[6].

O mais comum, no entanto, é o desequilíbrio psíquico que toma conta da vida mental de quem adentra esses locais que, sem dúvida nenhuma, é o inferno pintado por Dante Alighieri.

Estar no inferno, José Mario, significa pressionar intensamente os domínios da sombra inconsciente que reside em nós mesmos para o reino do consciente. Ninguém, nesses ambientes, precisa dizer sequer uma palavra para expurgar das profundezas do inconsciente a matéria mental de nossas doenças mais desconhecidas. Significa pressão de fora que expulsa nossos próprios demônios interiores. Somente a couraça do amor vivido e sentido tem a capacidade de nos permitir transitar nas regiões da sombra e da morte sem que nos contaminemos pelas semelhanças de tais locais, que se encontram dentro dos arquivos de nosso passado delituoso e infeliz.

---

6 Pergunta formulada à Maria Modesto Cravo – O que significa essa expressão? Embora o termo seja comumente aplicado para designar o fenômeno de ovoidização, ele é também usado em nosso plano como sinônimo de várias outras patologias que envolvem o corpo astral, que podem provocar outras sequelas ou disfunções bem similares às ocorridas em casos de má-formação do corpo físico. Há quem imagine, no plano físico, que a plasticidade do perispírito seja automática em todos os casos, entretanto, nas faixas espirituais próximas da Terra, essa plasticidade é condicionada a leis muito parecidas com as que regem a matéria física.

Se irmãos queridos não são capazes de suportar a capela erguida pelas próprias mãos de Eurípedes Barsanulfo com intuito terapêutico e cultural, que dirão ao contemplarem as ações e medidas tomadas por nós quando em contato com as esferas mais violentas do planeta?

— Ainda me impressiono, sobretudo comigo mesmo, em saber estas coisas. Enquadro-me perfeitamente em suas colocações. Fui doutrinador por longos anos. Muito embora, quando na carne, não houve em minha vida afetiva um espaço para admitir essa realidade.

— E você ainda não visitou essas paragens, veja só! Perceberá que é muito diferente de ir ao umbral ou às regiões mais próximas da esfera na qual nos movimentamos.

— Cada dia que passa, compreendo melhor a importância dos cursos oferecidos no Hospital com fins de conscientização. Tudo o que a senhora acaba de narrar é constatado nas próprias salas de ensino. Temos presenciado alguns incidentes lamentáveis nos grupos de estudo.

— Eu sei, José Mario. Eu sei!

— Recentemente, quando foram mostradas fotos do *Vale do Poder* e uma filmagem de assistência a um dragão, as mais vastas conjecturas foram levantadas. Houve mesmo quem falasse em montagem gráfica para nos assustar, e ainda saiu da sala alegando que pediria uma transferência de local. E quando fomos analisar propostas sobre como auxiliar, todos nós, os presentes na aula, mencionamos velhas técnicas de doutrinação verbal que agora percebo serem completamente inaplicaveis a este gênero de tarefa.

— Lembra a assertiva de Jesus, narrada em Marcos, capítulo 9, versículo 29: *"Esta casta não pode sair com coisa alguma, a não ser com oração e jejum"*? Para cada necessidade, uma técnica adequada. Não podemos cuidar de irmãos cujo caráter tenha como núcleo a perversidade declarada da mesma forma que tratamos almas arrependidas ou desorientadas.

— Às vezes, tenho a sensação de que muito pouco me valeram tantos anos de Espiritismo!

— Engano seu, amigo querido! Não fossem seus longos anos de doutrina e tarefas, sequer aceitaria, por aqui, manter-se nas fileiras do Hospital Esperança. Decerto, como ocorre à maioria da humanidade, procuraria seus afins, Deus sabe onde! Quando vemos amigos espíritas nesta casa de amor fazendo seus questionamentos, e muitos deles criando problemas quando deveriam ajudar, analisamos tudo isso como um processo muito natural. Faz parte de um amadurecimento que não sofrerá saltos.

Nesse momento da conversa, chegou o doutor Inácio Ferreira, que entrou na conversa como se lá estivesse desde o início.

— Modesta, como de costume, com sua generosidade cristã!

— Por que diz isso, doutor Inácio? – falei meio desconcertado, mas sabendo que ouviria algo inusitado.

— Natural seria, na condição de espíritas, se tivéssemos vivido na conduta o amor que só temos nos lábios. Em minha opinião, o espírita, quanto mais tempo tem de Espiritismo, mais deveria rever tudo o que sabe e reconstruir sua opinião a cada dia sobre pessoas, acontecimentos e ideias.

— Posso dizer algo com sinceridade, doutor?

— É assim que eu gosto. Fale!

— O senhor parece mesmo não gostar dos espíritas.

— Na verdade, não gosto da situação íntima que me encontro.

— Quer dizer que acha que, ao chegarmos aqui, deveríamos esquecer tudo o que aprendemos com o Espiritismo?

— Ao chegar aqui, não! Tem muita gente lá na Terra mesmo que está precisando passar uma avaliação em suas longas décadas de doutrina, e começar tudo de novo. Não se trata de esquecer o que aprendemos. Isso não é possível. A questão é recomeçar sempre. Abrir mão, quantas vezes se fizerem necessárias, de nossas envelhecidas opiniões e ceder lugar ao bom senso, ao que ainda não foi revelado. Nós adoramos ideias rígidas porque, assim, temos a sensação da verdade absoluta. Isso é um velho hábito pertinente a almas orgulhosas como nós. Quanto mais certeza de nossas opiniões, mais nos sentimos seguros. Uma falsa segurança, diga-se de passagem.

— Sinto-me como se o senhor fizesse um diagnóstico perfeito de minha alma.

— Essa rigidez nos faz pensar que estamos no controle. Controlar, controlar e controlar! É o que mais querem criaturas como nós, que ainda se encontram tão vazias por dentro e com um tão dilatado sentimento de inferioridade. Digamos que precisamos, como espíritas, "passar uma borracha" naquilo que aprendemos e reescrever, tempo após tempo, os nossos conceitos e a nossa visão.

— Inácio! Inácio! Você assusta o nosso amigo! – colocou dona Modesta com doçura.

— Não, dona Modesta, deixe-o falar! O jeito do doutor me ajuda a rever meu próprio orgulho. Dói nos ouvidos, mas fortalece meu coração. Só queria saber se "passar a borracha" não seria desperdiçar?

— Foi uma metáfora que usei. Até porque não há como jogar fora ou desmanchar nada do que foi grafado na vida mental. Acho mesmo que, se houvesse uma forma de operar o cérebro e tirar de lá tudo o que aprendemos sobre vida espiritual, seria o ideal – demos risadas prazerosas com a ideia do doutor, que foi expressa com bom humor. E ele continuou.

— Todavia, não existe tal cirurgia, então a questão é aplicar a palavra da hora: reciclar, repensar, reavaliar sempre. Isso exige coragem e humildade para aceitar nossas ilusões morais e intelectuais.

— Quando ouço essas considerações, tenho um ímpeto de escrever ao mundo físico para ajudar outros a começarem esse exercício de rever conceitos. Será pretensão minha, dona Modesta, sendo que eu mesmo ainda não me habituei a rever minhas próprias ideias?

— De forma alguma, José Mario. Mais do que nunca se torna necessário enviar esse alerta ao mundo físico. Inácio está desenvolvendo, atualmente, uma oportuna experiência psicográfica a esse respeito. Ele pode lhe oferecer muitas orientações.

— Eu tenho notícias da tarefa referida.

— A boa vontade em servir e o coração aberto ao aprendizado permitem ao medianeiro do qual me sirvo uma filtragem em nível satisfatório. Todavia, adoraria poder dizer muito mais. Contento-me em saber que, pelo menos, há alguém interessado em criticar o que envio à esfera dos homens.

— Há um preparo para essa atividade?

— Tanto de minha parte quanto da do médium existe estudo, preparação íntima e disciplina.

— Os livros estão sendo bem-aceitos?

— Pela maioria, sim. Quem tem uma "boa borracha" os lê com abertura mental. Existe, também, uma dose de resistência, mas ainda bem que a diversidade está ganhando terreno entre os espíritas, graças a Deus!

— Qual é a resistência?

— Os pontos de vista inflexíveis de alguns intelectuais da doutrina, que tem dificuldade de aceitar e fazem campanha contra tudo o que é novo e sai da esfera de seus próprios conhecimentos, ou não nasce das mãos dos médiuns que eles acreditam que são os únicos com autoridade para representar o Espiritismo e a verdade.

— Eles pertencem a alguma organização em particular?

— Não se trata de organização, e sim de um perfil cultural com um modo próprio de pensar. Estão em todas as organizações da doutrina. São trabalhadores cujo intelecto é tomado pela soberba, o coração pelo preconceito e as atitudes pela maledicência envernizada.

— Meu Jesus! Doutor! E o que eles pensam ou dizem?

— Que são um perigo para a doutrina as novas revelações. Se ficassem nisso, seria aceitável, pois todos têm direito a uma opinião. Nada contra viverem de acordo com o que acreditam. Mas alguns atacam as obras sem as ler, porque alguém disse que elas não são boas. Outros vão além e caluniam a vida do médium, falando do que não sabem e sem os conhecerem. E existem outros ainda, que chegam a expor publicamente seu ponto de vista para multidões por meio de relatos nos quais escrevem artigos recheados de críticas e censuras.

— Que lamentável!

— Não há nada de lamentável, José Mario! Tanto barulho só se justifica porque o que tenho dito deve ter algum valor, do contrário seria esquecido rapidamente.

— Apesar de suas observações, gostaria de lhe propor uma indagação.

— Faça-a.

— Se eu estivesse no plano físico, também teria alguma dificuldade em acreditar em alguns assuntos com quais tenho aqui me deparado, especialmente os que constituem novidades nunca ditas em nenhuma obra mediúnica. Não é aceitável que muitas pessoas não absorvam tantas noções de uma só vez?

— Mas eu não estou me referindo a isso, meu amigo. Se as pessoas não têm entendimento para absorver uma ideia, é justo que a recusem, mas sem advogar que são mentiras. Concorda?

— Sim, doutor!

— Refiro-me àqueles que, no fundo, estão com intenções separatistas e antifraternais. Como já disse, todos têm direito a ter ou a não ter uma opinião formada. Não compreender é tolerável nesse caso. Entretanto, é injustificável a atitude descaridosa de repúdio por orgulho ou inveja.

— É, doutor! Parece que continua viva aquela assertiva de Jesus no Evangelho de Marcos, capítulo 9, versículo 34: *"Mas eles calaram-se; porque pelo caminho tinham disputado entre si qual era o maior"*.

— Infelizmente, José Mario, continuamos disputando quem é o maior.

— Que pena! Se o senhor, que adquiriu mais condições que eu, não consegue convencer, que dirá eu, se algum dia quiser enviar algo ao plano físico!

— Convencer a quem?

— Os espíritas.

— Os espíritas já estão muito convencidos... – falou com deboche.

— E quais são as perspectivas dos seus livros?

— Mario, se eu escrevesse com o intuito de ser bem-aceito ou de convencer, jamais pegaria uma pena ou procuraria um médium. O mérito da escrita mediúnica está em fazer pensar, criar o debate franco, a réplica sincera, a discussão sadia. Veja as obras de Chico Xavier, quantas polêmicas geraram e geram no mundo físico! Quando a obra *Nosso Lar*, de André Luiz, foi lançada, eu mesmo fui-lhe um crítico severo. Não compreendendo certas ideias, passei a pesquisar, mas nunca ataquei o médium.

A Verdade, para nós, é como uma luz cristalina e ofuscante. É difícil mirar uma luz que ofusca quando estamos tão habituados à noite escura das concepções egoísticas.

— O senhor acha, então, que vale a pena escrever ao mundo físico sobre os assuntos que aqui temos presenciado?

— Se for com muita despretensão e para dizer o que outros ainda não disseram, acredito ser de imenso valor. Que fique claro um aspecto: terá de garimpar um médium para o mister.

— Alguém especial?

— Longe disso! Basta um médium que adore uma "borracha"!

Mais uma vez, doutor Inácio arrancou-nos boas risadas com suas palavras. E ainda emendou dona Modesta, provocando novos risos e retomando a conversa:

— Uma grande "borracha"!

— Vocês dizem uma grande verdade! Quando no corpo físico, formei uma visão espírita que supunha completa. É como se ao ler as maravilhosas obras mediúnicas estivesse aprendendo tudo, completamente tudo, sobre vida espiritual. Que ilusão!

— As obras literárias no plano físico são mesmo maravilhosas, José Mario. Que bênção o trabalho de Kardec, de Chico e dos médiuns que se entregaram ao exercício do amor. A questão é o que fizemos daquilo que com elas aprendemos – asseverou dona Modesta.

Em Mateus, capítulo 17, versículo 9, lemos: *"E, descendo eles do monte, Jesus lhes ordenou, dizendo: A ninguém conteis a visão, até que o Filho do homem seja ressuscitado dentre os mortos"*. Jesus orientou que a confidência acerca de assuntos sagrados teria um momento oportuno. Ele assevera: *"até que"*, deixando entrever que haveria a hora de contar o que os apóstolos presenciaram no monte Tabor.

Tivéssemos um pouco mais de humildade e carinho uns com os outros, e as novas notícias enviadas ao mundo físico seriam mais bem entendidas e aproveitadas.

— Chegaria a existir um descrédito aos livros que o senhor está escrevendo, doutor? – indaguei com curiosidade, pois o assunto mexeu com meu raciocínio.

— Responda você, Modesta, pois sou muito suspeito para continuar dando resposta acerca do que eu mesmo faço. Eis algo que não agrada a mim – expressou doutor Inácio, meio alterado.

— Não só descrédito, José Mario – respondeu dona Modesta. – Há também o nocivo hábito de depreciar sem conhecer.

Quando Chico Xavier começou a escrever mediunicamente, sofreu até agressões físicas, de encarnados e desencarnados. A luz da verdade que brotou por suas mãos inspiradas foi por demais ofuscante. Inicialmente, os religiosos foram seus oponentes diretos. Depois, por vários motivos, alguns espíritas, até os últimos dias de vida física do médium, foram seus juízes mais ferrenhos, quando não assumiam a condição de bajuladores interesseiros. O movimento espírita, com tudo o que já se publicou sobre a vida de Chico, longe está de saber detalhes dessas lutas. Melhor assim! O mérito dele é maior porque amou.

Sempre que acendemos uma luz em um mundo de tantas trevas e sombras, isso incomoda. A luz nos faz enxergar quem somos. Assim, será preferível ao nosso egoísmo permanecer na penumbra, onde nada queremos enxergar. Ficamos, então como a maioria, com uma religião na cabeça e os olhos vendados para olhar o que se passa no coração.

Jesus veio ao mundo, pregou e viveu o amor, e com isso incomodou e incomoda até hoje nossas sombras internas. Na tentativa de fugir de nós próprios, O colocamos em uma cruz.

Todavia, ninguém pode apagar e destruir a luz da Verdade, ainda que liquidemos com seus instrumentos. No movimento espírita encontram-se obras de raro valor informativo sobre a nossa pátria de origem e os fundamentos da lei natural e divina.

Atualmente, quando alguma entidade espiritual consegue produzir algo de valor, como já fizeram muitas, são ferrenhamente criticadas e desmerecidas em razão dessa visão engessada de mundo espiritual. Outros autores espirituais começam a trazer seus escritos, e uma larga reação antifraternal lhes é imputada.

O que está por trás dessas reações? O que escrevem não serve? Está mal escrito? Ou será um atentado ao nosso preconceito?

No fundo, independentemente das possibilidades técnicas do médium ou de seu êxito na tarefa de transmitir conteúdos, há uma enorme resistência ao novo, ao desconhecido, redundando em declarada rejeição contra os novos médiuns da doutrina que vieram após Chico Xavier. Eis uma ideia que interessa sobremaneira a quem não deseja o progresso. Existem arquitetos sombrios deste lado da vida inspirando atitudes agressivas contra os novos tarefeiros.

— Preconceito, quem diria! Preciso pensar sobre esse tema.

— O preconceito não tem a ver apenas com entendimento. O comportamento preconceituoso, sobretudo, guarda relação com o interesse pessoal ferido.

Muitos dos livros dos novos médiuns trouxeram notícias que fizeram rasgos terapêuticos nas mais variadas ilusões de muitos adeptos da doutrina, que consolidaram em seu entendimento pessoal uma visão limitada e rígida do Espiritismo. Isso incomoda profundamente quem esperava facilidades após a morte por conta do montante de serviços prestados no bem ou em razão da experiência doutrinária e conhecimento adquiridos.

— Compreendi – falei consternado.

E doutor Inácio retomou o diálogo:

— O mundo espiritual para muitos espíritas é muito catolicizado. É uma "caderneta de poupança" da qual pretendem obter créditos após a morte. Uma noção baseada na velha religião acrescida de alguns informes novos. O ataque que se infringe às novas produções mediúnicas é uma prova do quanto os assuntos psicografados necessitam de uma meditação mais aprofundada. Ainda que essas produções mereçam ajustes, ninguém, à luz da sanidade cristã, deveria lhes atirar as pedradas do egoísmo enfermiço. Se não aceitam as obras, o que lhes é um direito, não deveriam atacá-las e muito menos aos médiuns.

— Será que, ao fazer isso, não se preocupam em defender a doutrina?

— É a principal justificativa destes trabalhadores. Entretanto, ao atacarem com maledicência, mentiras e desrespeito, a esses médiuns não estão, eles também, ferindo a própria doutrina que dizem defender? Ferindo com maus exemplos. Para defender a doutrina atacam o próximo. Um contrassenso.

— Sim, é sensata a argumentação. E o senhor acha que os novos médiuns estão sendo felizes na filtragem das ideias?

— Fazem o que podem com o que têm e o que são. O maior mérito deles talvez não seja um alto nível de fidelidade, mas sim a persistência em produzir, sem preocupação em oferecer perfeição e a coragem de trabalhar em meio a perseguições tão injustas. Em tese, os assuntos psicografados, mesmo acrescidos da porcentagem anímica que lhes é própria, refletem a realidade da vida espiritual ainda ignorada até mesmo pelos espíritas.

— Então a parte anímica...

E o doutor nem me deixou terminar a fala e completou:

— A parte anímica não altera o resultado final que almejamos. Isso não incomoda nem um pouco a nós, que temos autoria dos textos. Até porque possuímos uma visão muito futurista de todo esse trabalho dos novos médiuns, não é Modesta? – indagou doutor Inácio, chamando dona Modesta à conversa novamente.

— É isso mesmo, Inácio. Exceto Chico Xavier, que foi o exemplo do médium pronto para o serviço que lhe competia, os demais médiuns da seara, uns com mais bagagem, outros com menos, estão treinando para retornarem com expressões mais vastas da faculdade na próxima reencarnação.

— Treinando?

— Veja você quantas reproduções temos hoje da obra de Chico! A originalidade, depois dele, foi mínima.

— A senhora confirma, então, que muitos livros mediúnicos são uma repetição do que Chico escreveu?

— Certamente. E nisso não reside problema algum. É mais que esperado que seja desta forma a construção de uma mentalidade comunitária em torno de ideias renovadoras para a ampliação do entendimento humano.

— Por que Chico foi tão original e os outros médiuns não o são?

— Chico foi um missionário, meu filho. A missão de Chico transcende. Digamos claramente que ele "veio pronto".

— Poderia me clarear esta expressão, dona Modesta?

— Chico se desenvolveu nos séculos, tanto na arte de amar quanto em sua capacidade sensitiva. Já há centenas de anos, suas reencarnações são classificadas como *reencarnações de completistas*[7], nas quais são designadas tarefas específicas para aprendizado do Espírito, visando a uma missão no futuro.

— Poderíamos, então, afirmar que os demais médiuns não são missionários?

— São missionários da caridade e do bem. Chico, entretanto, foi o missionário do amor vivido. Foi médium sem precedentes, mas, muito além, foi o homem cristão que colocou em seu coração a lição do Evangelho aplicado.

A grande maioria dos médiuns da seara espírita, credores de nosso apreço e carinho, foi artífice de tragédias morais recentes até o fim da Idade Média, iniciando seu processo de arrependimento e reparação há bem pouco tempo. Em sua generalidade, encontram-se em preparação, visando a compromissos maiores no futuro. Uns mais maduros, outros menos. Uns mais voltados à sua própria melhoria, outros com mais largo poder de renúncia nos empreendimentos sociais. Todos, no entanto, trabalhando por sua redenção consciencial. Com erros e acertos pertinentes à caminhada, todos estão fazendo o melhor que podem, nutridos por intenções sinceras de acertar e progredir. Graças a isso, todos eles, apesar da crítica antifraternal de irmãos encarnados, são credores de nosso incondicional apoio.

— Que diferencial básico traz para a mediunidade o fato de Chico ter se preparado durante várias existências corporais?

— Ele conquistou o que a maioria de nós ainda não conseguiu: viver em paz interior, uma quietude mental que lhe

---

7 *"É o título que designa os raros irmãos que aproveitaram todas as possibilidades construtivas que o corpo terrestre lhes oferecia. Em geral, quase todos nós, em regressando à esfera carnal, perdemos oportunidades muito importantes no desperdício das forças fisiológicas. Perambulamos por lá, fazendo alguma coisa de útil para nós e para outrem, mas, por vezes, desprezamos cinquenta, sessenta, setenta por cento e, frequentemente, até mais, de nossas possibilidades".* – André Luiz, *Missionários da Luz,* Francisco Cândido Xavier, Editora FEB.

permite refletir as esferas mais elevadas da vida. Somente um Espírito nessa condição poderia fazer-se um referencial de avanço evolutivo para um conjunto de ideias tão essenciais ao bem humano quanto o Espiritismo.

Já a grande maioria dos médiuns de boa vontade e que ergueram obras de amor no campo social, mesmo constituindo exemplos de grandeza moral e renúncia, ainda peregrina entre a ação construtiva no bem e os dramas de suas próprias consciências. O que fazem aos outros, ainda o fazem motivados pela necessidade pessoal de equilíbrio e remissão ante o passado assombroso.

E, nessa estrada promissora de trabalho e ascensão, vão aprendendo o amor, que no futuro lhes será a motivação maior nas realizações que haverão de assumir. Chico transcendeu, porque amou incondicionalmente durante todo o seu *messianato*. Ele, na verdade, renasceu por amor e por amor viveu. Foi um espelho translúcido para refletir a Verdade. A moral dentro de sua alma é uma construção de raro valor, pronta a abrigar as mais elevadas concepções de libertação consciencial.

— Quando a senhora diz que Chico foi o missionário da doutrina, não haveria um desvalor a todos os que servem e trabalham pelo Espiritismo?

— De modo algum, meu irmão! Uma simples frase pronunciada em nome do Espiritismo constitui uma missão gloriosa em favor da implantação do bem. Chico, muito além disso, deu sua vida pela doutrina.

Exaltá-lo, de maneira alguma deve significar desvalorizar os servidores da mediunidade. Quem queira, de alguma forma, diminuir a grandeza de seu *mediunato* ou de sua personalidade impoluta, certamente está em desarmonia consigo mesmo.

Aliás, no que tange aos novos médiuns, Chico nunca disse um "não" para nenhum médium. Seguiu a conduta de Jesus, incentivando a todos, e em todos encontrou uma forma de destacar a luz pertinente a cada pessoa.

Portanto, nós outros, médiuns em crescimento paulatino, tenhamos a humildade de reconhecer nossas possibilidades e honremos a faculdade a nós emprestada com honestidade, simplicidade, gratidão e renúncia. Preparemo-nos com desvelo, porque entramos no milênio da mediunidade. Cada dia mais precisaremos de instrumentos conscientes da importância dessa tarefa de levar o mundo espiritual para mais perto da vida social e, igualmente, conduzir a vida humana no rumo do progresso espiritual.

Não existem trabalhos maiores ou menores. Existem trabalhos possíveis.

Não existem trabalhadores maiores ou menores. Existem tarefas específicas a nós entregues conforme nossa disponibilidade e habilidade.

Não é a tarefa que distingue o trabalhador, mas aquilo que faz dela, já dizia Emmanuel.[8]

Nesse sentido, Chico se fez distinto. Sublimou. Todos os médiuns são portadores de missão, poucos, porém, são aqueles que se fazem missionários. Chico foi apóstolo. Nós outros estamos nos esforçando para consolidar a posição de discípulos.

— Haverá um substituto de Chico Xavier, dona Modesta?

— Depois do exemplo de Chico, quem ainda quiser abraçar as ilusões de grandeza e colocar-se na posição de substituto, apenas alimentará uma cadeia de ideias que não fazem parte da obra do Cristo. Na gleba de Jesus não existem substitutos, e sim continuadores. O próprio Chico foi um continuador de Kardec.

---

8 Emmanuel, *"Seara dos Médiuns"*, capítulo Na Mediunidade, Francisco Cândido Xavier, Editora FEB.

— E, sob o aspecto da qualidade mediúnica, como situar a mediunidade de Chico?

— Como única. A natureza técnica da mediunidade de Chico permitiu uma variação de estilos com uma fidelidade ímpar, ainda não constatada em nenhum outro médium da doutrina. Sua inter-relação com o mundo espiritual oferecia um resultado à prova das mais severas investigações. Isso só é possível com sucessivas experiências de exercício nos domínios das reencarnações. Nada é improviso ou privilégio em assuntos de mediunidade. Tudo obedece à lei da ordem e da sequência.

É nesse passo que haveremos de ter muito esclarecimento e compreensão com os médiuns da seara. Preparam-se por décadas visando ao desenvolvimento das qualidades morais e mentais. E há quem queira ser Chico Xavier da noite para o dia, alegando que já se encontra na prática mediúnica há muitos anos. Faltam bom senso e informação.

Sob o aspecto técnico, não teremos na Terra, tão cedo, um médium como Chico. Datas, nomes e detalhes eram revelados por sua mediunidade, e, mesmo os casos que pareciam duvidosos, o tempo se encarregou de elucidar. Ele voltava ao passado e penetrava o futuro com a mesma desenvoltura. Não contou em seus livros um milésimo daquilo que sabia e experimentava em suas incursões no mundo dos espíritos. Ele não contava, mas teve contatos diretos com Jesus durante sua trajetória de vida. Auxiliou Ministros do Mais Alto nos destinos do planeta em decisões cruciais dos últimos cinquenta anos do século XX. Se contássemos aqui as informações registradas a seu respeito nas esferas espirituais, o mundo físico, incluindo os espíritas, certamente tombaria no descrédito.

Há de se ter muito bom senso e compreensão com os médiuns que vieram após Chico Xavier, pois lhes está sendo imputada uma responsabilidade de produção mediúnica que longe estão de alcançar. Formou-se uma cultura, nos ambientes doutrinários, de autenticidade mediúnica a toda prova, como se os médiuns tivessem a obrigação de ser qualificados com possibilidades mentais que ainda não desenvolveram.

Quando *O Livro dos Médiuns* assevera, no item 226, que a mediunidade não guarda relação com o desenvolvimento moral, não podemos daí deduzir que a mediunidade com Jesus possa despontar em médiuns que apenas apresentam um largo poder sensitivo. O fenômeno é possível por qualquer médium, incluindo provas de veracidade informativa. Entretanto, quantos médiuns conhecemos nessa condição que permaneceram fiéis por dez, vinte, cinquenta, setenta anos na sua missão? Faltaram-lhes, além de poder mental, qualidades morais eternas.

O próprio mentor de Chico asseverou: *"Determinados médiuns, com tarefa especializada, podem ser auxiliares preciosos à identificação pessoal, seja no fenômeno literário, nas equações da ciência ou satisfazendo a certos requisitos da investigação; todavia, essa não é a regra geral, salientando-se que as entidades espirituais, muitas vezes, não encontram senão um material deficiente que as obriga tão-só ao indispensável, no que se refere à comunicação".* [9]

A maioria dos novos médiuns da doutrina está bem nessa condição do material deficiente, oferecendo qualidades morais desejáveis para o indispensável.

— Meu Deus!

— O que foi, José Mario?

— Fico pensando como seria escrever, um dia, ao mundo físico sobre este assunto. Haveria tanta resistência! Não acredito que acharia um médium que estivesse disposto a enveredar por este conjunto de reflexões. Seria considerado heresia ou mistificação.

---

9 Emmanuel, *"O Consolador"*, questão 379, Francisco Cândido Xavier, Editora FEB.

— Em seu lugar, não pensaria assim. Alguns de nós, aqui no Hospital, temos chances melhores que as de nossos irmãos encarnados. Temos informações sobre as reencarnações dos médiuns proeminentes da seara espírita da atualidade e até de outros inseridos em correntes espiritualistas. Não há dúvida nenhuma sobre essas reflexões. Quem não as aceitar, terá de esperar a morte para rever suas opiniões e conhecer detalhes dos desafios espirituais dos trabalhadores da mediunidade. Somente então conhecerão a sementeira dos corações que hoje se devotam na condição de instrumentos intermundos.

Nosso compromisso, José Mario, deve ser com a Verdade, e não com gostos ou entendimentos pessoais de uns ou outros. Se tomarmos conhecimento de algo que reflete a verdade em favor de quem vem na retaguarda, é nosso dever divulgar.

Além do que, independentemente disso, está reservado a todos o direito de aceitar ou não uma ideia. Faz parte da caminhada. Assim como a cada um está reservado o direito de se expressar no que acredita. Inaceitável é o clima antifraternal, especialmente em ambientes cuja proposta é ampliar o exercício do amor e da espiritualização do ser.

— Decerto, se me manifestar com essas ideias, dirão que sou *chiquista*.

— Que importa! O silêncio neste tema é muito mais nocivo que quaisquer rótulos que nos enderecem. O Cristo foi tachado de louco pela humanidade. Que nos resta, então? Se disserem apenas isso de você, estará de bom tamanho. Ser *chiquista*, isto é, seguir as ideias e o exemplo de Chico Xavier, é algo elogiável.

— A senhora estaria me encorajando a escrever sobre o tema?

— Convocando ficaria mais apropriado dizer.

— Existe uma razão específica para tratar deste tema?

— Além de trabalhar pela Verdade, compete-nos deixar claro ao mundo físico que é tarefa de todos nós resguardar o patrimônio mediúnico e moral que Chico nos legou. Os adversários do bem e da doutrina querem fazer com que se esqueça essa obra de amor o quanto antes.

— Chico Xavier poderá ser esquecido assim em tão pouco tempo?

— Chico Xavier, como pessoa e mito social, será lembrado nos séculos e séculos. Não se trata do homem, mas da obra, do exemplo, da postura cristã e da essência que ele pregou e viveu.

— Como isso pode acontecer, dona Modesta?

— Distraindo quem se vê atraído pela proposta do Espiritismo para conteúdos dissociados da proposta moral do Evangelho.

Observe, José Mario, em quão pouco tempo esquecemos os exemplos e a profundidade dos ensinos de Jesus. Depois de Sua partida para a imortalidade, criamos ritos, cerimônias e fugas de diversas naturezas em relação à Sua proposta de transformação e erguimento consciencial.

Da mesma forma, será muito viável o nascimento de uma vertente de estudos e pesquisas na área das curiosidades metafísicas em contraposição ao Espiritismo, cujo fim maior é a nossa melhoria.

— Que assuntos metafísicos?

— Qualquer um que envolva algo além da matéria. Por exemplo, mediunidade.

— A senhora poderia me dar um exemplo concreto?

— Pode-se escrever um livro inteiro sobre mediunidade, fazer uma palestra sobre o tema e divagar naquilo que impressiona, que seja inovador, que causa impacto. Ao findar de tudo, caso não haja o cuidado de desenvolver valores morais, poderemos peregrinar pelo fantasioso, o místico e, ainda que obtenhamos valor informativo e cultural, continuaremos escassos de bases sólidas para erguer, na intimidade de nós mesmos, a obra inadiável de nossa própria libertação.

— Isso já é um fato concreto em termos de movimento espírita?

— Já encontramos esse caminho sendo incentivado aqui e acolá por médiuns, palestrantes, escritores, instituições e todos os que comunicam ideias espíritas. Discussões estéreis assanham ânimos e exaltam pensadores e filosofias.

— Mas será mesmo possível, usando o exemplo dado pela senhora, que alguém aborde o assunto da mediunidade somente com aspectos metafísicos e sem implicações morais?

— A tendência humana é esta, José Mario.

— Por quê?

— Porque é muito difícil nos inserirmos dentro dos temas que dizem respeito à doutrina. Contextualizar nosso íntimo nos temas espíritas é algo que raramente acontece.

Quando utilizamos o pronome "nós", ao dizermos que somos isso ou aquilo, quase sempre o fazemos por pura didática cultural de nossos ambientes, costume de espíritas.

Poucos se incluem com consciência no que divulgam, a ponto de sensibilizar os que os ouvem acerca da autenticidade das palavras que escrevem ou exprimem. Destacamos, costumeiramente, nossa condição evolutiva, colocando-nos com intensas limitações espirituais, no entanto, nem sempre nos sentimos assim. Ao contrário, nosso sentimento diariamente é ludibriado pelas ilusões que carregamos sobre supostas conquistas pessoais no reino do Espírito, quando, em verdade, ainda não são realidades de nossa caminhada.

Conhecemos muito para fora de nós, e no que diz respeito ao mundo íntimo demonstramos quase total desconhecimento. É muito fácil e agradável tocar nos temas espíritas sem neles nos colocar.

Imagine um círculo como sendo o Espiritismo e seu conjunto de ensinos. Agora imagine outro círculo tangenciando-lhe a margem como sendo o Espiritualismo. Outro criando uma intersecção entre o círculo do Espiritismo e do Espiritualismo, e um quarto completamente distante e sem contato algum. Esses três círculos são as ideias chamadas de espiritualismo, isto é, as que tratam de uma realidade além da matéria. Temos, porém, pontos de contato entre Espiritismo e diversas crenças e pensamentos. Algumas chegam mesmo a essa intersecção harmônica com as ideias fundamentais da doutrina. Algumas ideias, também voltadas para o estudo da alma, entretanto, são demais fantasiosas e até nocivas ao bem-estar humano e estão totalmente contrárias à proposta cristã espírita. Esse é o quarto círculo.

Chico conseguiu manter-se nessa essência. Trouxe novidades, ampliou horizontes, mapeou a vida espiritual, abordou o metafísico, colocando como núcleo de toda sua obra o nosso aprimoramento, a mensagem moral do Evangelho.

Enquanto se debate, no movimento espírita, se uma obra é ou não espírita pelo fato de apresentar novidades e assuntos ainda não examinados, devemos focar sempre em analisar seu caráter educativo espiritual.

Voltando ao assunto acerca das obras que Inácio tem levado ao mundo físico por meio da psicografia, é preciso assinalar que boa parcela das resistências encontradas se deve a isso. No bojo dos livros dos novos médiuns espíritas encontram-se legítimos chamados morais que incomodam, principalmente, aqueles que não estão se contextualizando no conhecimento que amealharam ao longo de décadas. Querem diminuir a luz que vem do outro, supondo que a sua é maior. Lamentável, mas é verdade!

— A senhora estaria, com isso, querendo afirmar que as obras de doutor Inácio estariam recriando o cenário do que ocorreu com as obras de Chico?

— Nem de longe! Chico foi de uma filtragem incomparável. Inácio e os médiuns que com ele sintonizam fazem o melhor que podem. Tivéssemos instrumentos com mais nobres condições e faríamos algo melhor. Algumas considerações podem ser feitas sobre a roupagem anímica que os médiuns têm usado. Teríamos sugestões sobre a forma, todavia, os resultados são animadores. Quanto às ideias, nossa avaliação é muito positiva sobre o que se tem obtido.

Ouvindo tudo em absoluto silêncio até então, o próprio doutor Inácio, que não perdia tempo para fazer uma brincadeira, se autodenominou:

— Sou um destruidor de ilusões! Na minha terra, o apelido para isso é "chato de galocha".

— Trabalho árduo, doutor! Não sei se daria conta, embora tenha enorme disposição em ser útil. Só de pensar em achar um instrumento disposto, já me embaraço.

— Não creio que isso seja impossível – asseverou dona Modesta, me infundindo confiança.

— Será mesmo? A senhora sabe que estou participando das equipes de preparo para o serviço emergencial nos Centros Espíritas. Tenho vislumbrado o lado da seara espírita que não conheci quando na vida física. Fica clara a escassez de possibilidades na transmissão de conteúdos mediúnicos. Ora a descrença, ora a imaturidade. As possibilidades apresentadas são raras. E quando surge alguém, logo é tomado pelo desânimo em face dos sacrifícios da tarefa. De minha parte, não vejo a hora de fazer as visitações locais para aferir as informações aqui recebidas.

— Prossigamos, José Mario, fazendo o melhor ao nosso alcance.

— Continuo minha preparação, dona Modesta. Que mais me resta senão trabalhar e esperar com confiança na divina providência? Quando estiver pronto para o trabalho, tenho certeza de que a vida me enviará o chamado. Amanhã mesmo inicio um novo ciclo no curso de mediunidade. Vamos entrar no capítulo da obsessão.

— E você já sabe quem vai ministrá-lo?

— Ainda não.

— Pois terá uma grata alegria! Escalei Cornelius para a tarefa.

— Que boa notícia! Muitas vezes tive a intenção de abordá-lo durante os preparativos para as tarefas no plano físico, mas sua ocupação não me permitiu.

— Terá tempo suficiente. Cornelius me informou que, após o ciclo de estudos sobre a obsessão, você iniciará as visitas aos núcleos espíritas na esfera física.

— Que boa notícia! Sei que já lhe tomei muito tempo, dona Modesta, mas posso lhe fazer apenas mais uma pergunta sobre o Chico, e já entrando no assunto de meu futuro curso?

— Claro!

— Chico sofreu obsessões?

— Durante toda sua vida.

Capítulo 02

Orientações de Calderaro sobre a Obsessão

"E, interrogado pelos fariseus sobre quando havia de vir o reino de Deus, respondeu-lhes, e disse: O reino de Deus não vem com aparência exterior" – Lucas, 17:20.

Após as reflexões sempre intrigantes de dona Modesta, fui buscar o repouso. Caminhei das alas do subsolo até as dependências nas quais me abrigava naquela casa de amor.

No caminho, parei no *portal do mirante*, de onde se podia ver a cidade de Uberaba[10]. Olhava as luzes fortes das avenidas e pensava nas surpresas que a morte descerra. Senti uma enorme gratidão pela bênção de estar sendo orientado e amparado nas minhas necessidades espirituais. Em prece, pedi por todos na vida física, especialmente pela família consanguínea, que naquele momento atravessava provações de largo porte. Fui tomado por um clima de fé inquebrantável que fortaleceu a certeza de que a nenhum de nós falta o suprimento da amantíssima misericórdia do Pai. Nesse clima de confiança e disposição para continuar a caminhada, retornei aos meus aposentos para o refazimento necessário.

Logo pela manhã, acordei rico de esperanças ao tocar de *Clair De Lune*, do inspirado Claude Debussy. A música ambiente despertava-nos às seis horas da manhã. Em regime de disciplina intensiva, nossos cursos e tarefas começavam às sete horas pontualmente.

Estava muito motivado com a ocasião. Havíamos terminado um módulo sobre pontos fundamentais da prática mediúnica, e nosso ciclo seria agora sobre a obsessão. O grupo se constituía de vinte e cinco integrantes. Alguns de nós tínhamos experiência com a direção de práticas mediúnicas, outros eram médiuns, e dois ou três apenas se interessavam pelo assunto.

---

10 Localização etérea do Hospital Esperança no plano espiritual.

Todos peregrinamos pela sementeira de luz da mediunidade quando no corpo físico. Ali, no entanto, éramos alunos em recomeço. A bagagem de outrora nada mais era que uma base mínima para que dilatássemos a noção da Verdade. Ainda assim, pesavam as velhas tendências de impetuosidade e inadequação. O curso, que já durava duas semanas, foi atingido na última reunião por um clima de instabilidade. Alguns integrantes demonstravam insatisfação com as abordagens.

As perguntas que levei à dona Modesta, no dia anterior, decorriam dos questionamentos ora surgidos no curso. Vários companheiros sentiam-se inadequados. Alguns chegaram mesmo a solicitar, nos departamentos administrativos do Hospital, a transferência para outro local que tivesse mais afinidade com suas ideias e interesses.

Minutos antes do início do encontro, os amigos que fizeram a referida solicitação comentavam nos corredores a resposta que haviam recebido, por meio de uma breve declaração escrita e assinada pelos responsáveis da tarefa, resumida na seguinte fala: *"Caros irmãos, a morte é um relógio perfeito que chega na hora marcada e um correio infalível que nos conduz ao destino exato. Morremos quando precisamos e vamos para onde necessitamos ou fizemos por merecer. Continuem estudando e trabalhando. O tempo tem respostas para todas as nossas aflições"*.

Diversos amigos mostravam-se mais incomodados ainda naquele dia. Não esperavam tão rápida resposta e, muito menos, com tal clareza. Os ânimos exaltados criaram novamente um clima estranho e desagradável. Procuravam envolver outros participantes naquelas queixas quando, para meu alívio, Cornelius entrou pela porta e cumprimentou-nos bem-humorado. O alívio, porém, durou pouco. Marcondes[11], à queima-roupa, foi categórico:

---

11 Personagem presente na obra *"Lírios de Esperança"*, da autora espiritual Ermance Dufaux, Editora Dufaux. Foi um experiente dirigente de reuniões mediúnicas no estado de Goiás.

— Nada de bom dia! Nós queremos um esclarecimento sobre esta declaração ofensiva – falou balançando ao alto a folha em suas mãos.

Cornelius manteve-se sereno. Nem sequer pôde se apresentar ao grupo. Nem todos o conheciam. E, emitindo reconfortante vibração, falou com firmeza:

— Meu caro Marcondes, estou a par do andamento desta classe pelas anotações nos diários e por informações a mim passadas.

— Então o que me diz sobre esta declaração desrespeitosa?

— Por que se sente agredido, quando ela pronuncia uma verdade incontestável?

E Marcondes, buscando fortalecer sua tese, dirigiu-se a todos de braços abertos e de pé, procurando ser influente e destacado:

— Vocês concordam, meus amigos? Então é isso que a morte nos reserva depois de tantos anos dedicados à causa? Vamos falar o que pensamos! Somente assim poderemos mudar o rumo das coisas.

— Marcondes – intercedeu Cornelius – o momento não é apropriado para este fim. Vamos seguir nosso compromisso e, após nosso encontro, tomaremos as providências necessárias para o melhor encaminhamento do assunto.

— De forma alguma! Eu me sinto... – parou com olhar para cima, como se selecionasse a palavra que desejava. – Eu me sinto ludibriado. Aliás, há mais gente nesta sala que se sente da mesma forma.

— Ludibriado?

— Claro que sim! Acreditamos piamente que estamos sendo vítimas de uma mistificação coletiva aqui neste Hospital.

— Vítimas de quê, meu irmão?

— Da mentira! Da clonagem perispiritual! – falou com irritação. – Não podemos sair daqui. Notícias nos são negadas acerca das tarefas em nossas instituições espíritas e também sobre a família. Por que uns podem receber notícias e nós não? Será mesmo verdade a notícia trazida para os outros, ou isso é apenas para dominar ainda mais os incautos? Será que vocês são mesmo quem dizem ser? Ou será que aqui, no plano espiritual, a política do domínio sutil e ardiloso continua explorando os mais despreparados?

Temos receio de estar em uma falsa colônia. Não acreditamos que os métodos de vocês provenham de espíritos elevados.

Queremos participar das decisões e não nos deixam. Será que estamos tão mal quanto dizem? Eu, por exemplo, há um bom tempo venho guardando isto – e retirou do bolso várias pílulas. – Não as tomo mais, pois já não acredito que sejam para o meu bem.

Para pessoas que tinham posição e respeito nas instituições espíritas, isto aqui está muito aquém. Eu e mais alguns companheiros não queremos mais aceitar ordens sem clareza e confirmação. Por que vir para um curso como este depois de quase meia década de vivência mediúnica? Somos tratados aqui como se de nada tivesse valido nossa caminhada na vida física! Passamos duas semanas debatendo o tema mediunidade como se tivéssemos de jogar fora tudo o que aprendemos. As expressões que mais ouvimos nos últimos dias foram: "ampliar horizontes", "rever conceitos". Queremos trabalhar, ir aos abismos conhecer de perto muitos dos que foram ajudados por nós nas reuniões mediúnicas, e qual a resposta? "Vocês, na hora certa, farão excursões de amparo" – expressou com deboche.

Na medida em que falava, Marcondes demonstrava um dilatado senso de lucidez para expor seus pontos, mas ficava clara sua alteração emocional, a caminho de uma perturbação. Irônico e alternando sua posição diante do grupo, continuava:

— Sentimos uma sensação de tédio nesta casa, de uns tempos para cá. Estamos tomados pela dúvida e queremos novos caminhos. Conhecer outros lugares no mundo espiritual. Há um choque muito grande entre nossas aspirações e a orientação desta casa. Entramos com um pedido para pesquisarem outros ambientes para nosso crescimento. Já nos sentimos fortes o bastante para ficar apenas estudando, estudando... Para quem dirigia instituições respeitáveis no mundo físico, isso é pouco!

— Caro irmão, serei sincero acerca de seu pedido, tanto quanto exige o momento – respondeu Cornelius, com docilidade e firmeza. – Você diagnosticou com precisão o que sentem. Tédio é uma palavra apropriada para o caso de almas que se sentem vazias de realizações libertadoras e infelizes consigo mesmas.

— Então concorda comigo?

— E por que não? Não lhes foram oferecidos pequenos serviços e vocês os recusaram conscientemente solicitando mais prazo?

— Se assim o fizemos, foi porque não os achávamos adequados às nossas possibilidades.

— Temos muito zelo em acompanhar suas fichas pessoais. No fundo, este tédio decorre de uma situação peculiar a quantos fizeram a passagem, de um para outro mundo, repletos de expectativas baseadas em estados emocionais de ilusão de grandeza. Todavia, nem sempre tais anseios correspondem à realidade que espera cada um de nós após a morte. Na raiz do tédio estão o apego e a saudade, a fantasia e a mágoa.

— Apego e saudade?!

— Passamos todos por isso, Marcondes, após o desenlace.

— Não morremos ontem. Alguns de nós, está aqui há mais de um ano.

— Há quem está aqui há anos e sofre deste mal.

— Essa não, meu amigo! Vai agora querer dizer que estamos à beira da loucura? Será que tem mais um diagnóstico para nossas dificuldades? Então, companheiros, vejam só! – falou contagiando o grupo, como fosse um líder político em campanha. – Nossa aspiração de crescer agora se chama saudade e apego!

— Saudade de mandar, Marcondes. Apego a vantagens.

— O senhor fique sabendo que somente na casa que dirigi havia mais de mil pessoas por semana. São mais de quarenta anos dedicados à causa. Sem essa! Já ouvi isso demais por aqui! Se necessário for, eu pego minhas coisas hoje mesmo e ultrapasso aqueles portões do Hospital, sem pedir autorização a ninguém. Prefiro acreditar no que está do lado de lá a ter de continuar ouvindo as mesmas alegações.

— Pare de mentir a si mesmo, irmão querido. Quem pode negar sua ansiedade em regressar ao comando? Não permitiremos que venha a cair novamente nas mãos de assaltantes que aguardam ansiosos, além dos muros, quantos se desesperam ante a paciência pedida pela vida.

— Então terão de me segurar à força.

— Se for preciso, Marcondes, o faremos. Não podemos, para o seu bem, permitir sua insanidade no comando novamente.

— Insanidade?! Ouviram isso?! Falam aqui em comando. Comando? Então, querer saber como vão os nossos na Terra é querer mandar? Querer ajudar as instituições que erguemos com suor e renúncia é apego? Não foi isso o que aprendi sobre a morte nos livros doutrinários. De jeito nenhum! Todos os livros falavam em continuidade. E será isso a continuidade, amigos? Cortados abruptamente do convívio nos locais onde tivemos nossas maiores vitórias!

— De que vitórias você fala, Marcondes?

— A generosidade de vocês esconde algo ruim. Será que em nossas fichas secretas – ironizou –, que até agora nem pudemos consultar, nada é registrado de bom? É o que me faz pensar que há uma estratégia de domínio por trás de tudo isso. Vocês ouviram, amigos? – falou dirigindo-se ao grupo novamente. – Veio da boca deste homem que se diz instrutor que, se necessário, vão me conter fisicamente, caso eu queira fugir. Uma lição a vida me ensinou: onde surge a palavra força existem opressão e maldade. Que acham agora? Não há algo muito estranho?

— Será para seu próprio bem, Marcondes! – interveio Cornelius, com humildade e ternura.

— Meu bem? E quem vocês acham que são para determinar o que é o bem para mim? Essa generosidade de vocês me espanta!

— Nossa generosidade não pode ser conivente, caro amigo.

— No corpo físico, eu tinha o reconhecimento dos homens. Era respeitado no movimento espírita e...

Quando Marcondes se preparava para continuar, Cornelius interrompeu com mais determinação sua fala.

— Na Terra, muitos são bajulados com títulos e adjetivos, honras e créditos que jamais fizeram por merecer. Com facilidade, graças ao nosso egoísmo, esquecemos a bondade celeste e o amparo ante nossos desvios enfermiços.

Que credencial de autoridade acrescenta uma casa com mil pessoas ou mais? Significa um número ou representa mais oportunidade de servir? Em mil pessoas enxergamos uma multidão que reverencia nossa suposta grandeza ou o ensejo bendito de confortar e esclarecer?

Que credenciais de paz nos conferem quase meio século de serviço no bem quando nos achamos há milênios nas furnas do interesse pessoal declarado e consciente? Serão mesmo décadas dedicadas à causa da doutrina ou à nossa? Servimos à obra do Cristo ou ao espaço pessoal de destaque e personalismo?

Que respeito e reconhecimento são esses que os homens na matéria nos emprestam, caro irmão? De que nos valem aqui no mundo das realidades eternas?

Acaso se esqueceu do que já passou aqui mesmo no Hospital, Marcondes? A cirurgia? O encontro com Eulália? Suas dores que foram amenizadas. Acaso terá esquecido o carinho com que foi tratado?

— Quanto terei de pagar por isso? Tem alguma moeda no Hospital para que eu possa ressarci-los? Diga e eu pagarei. Só não aceito que sejam donos do meu futuro. Donos do meu destino.

Já me encontrava bastante alterado com tudo o que estava acontecendo, mas, ao ouvir Marcondes pronunciar-se daquela forma, senti-me muito ofendido com a injustiça que ele acabara de cometer. Meus olhos marejaram e deixei cair uma lágrima de piedade aos tutores amoráveis do Hospital Esperança, que nunca nos pediram nada em troca do carinho e do desvelo com que nos orientavam e socorriam. Até mesmo os outros companheiros que, a princípio, externaram suas queixas, recuaram ao perceber que havia algo muito grave na atitude de nosso irmão.

— Seu estado se agrava, Marcondes! Permitindo-se penetrar nesse estado emocional de alucinação, irá ao encontro de seu próprio cativeiro. Você não está tomando suas medicações, e isso é grave em seu momento de recuperação.

— Cansaram-se de mim? Então me transfiram. É tudo o que quero. Não aceito mais ficar dentro destas grades. Se não o fizerem, eu mesmo o faço. Não acredito mais na palavra de ninguém aqui dentro. Para mim, é tudo mentira, mentira e mentira. Se não me levarem hoje mesmo às furnas do mal, ao centro que dirigi e aos meus familiares, prometo fugir desta casa sem enganar a ninguém. Saio pelo portal por onde entrei.

— Amigo, neste estado de espírito, não queira saber o que te aguarda além do portal.

— Passa a ser um problema meu!

— Ainda não, Marcondes. Por enquanto, você ainda é responsabilidade nossa.

— Então não tenho alternativa...

Marcondes se retirou imediatamente da sala de estudos. Era visível seu estado de alteração. Cambaleava e estava lívido como um boneco de cera. Cornelius chamou, ligeiramente, um assistente que presenciou o fato e lhe solicitou que tomasse providências de auxílio.

Um ambiente espiritual pesado instalou-se na sala. Os companheiros que apoiavam a tese de Marcondes mostravam-se confusos e envergonhados. Nosso orientador, então, diante daquele quadro, propôs a oração e, com humildade, rogou a Jesus para que todos fôssemos alvo da Sua extensa misericórdia. Após a prece, fomos acrescidos de recursos novos e instantaneamente a aula recomeçou.

— Amigos! Prossigamos! Na hora aprazada, comentaremos o episódio ocorrido. Estejamos certos de que nossos assistentes tomarão as providências justas e necessárias ao bem de nosso irmão.

Meu nome é Cornelius. Sou tarefeiro nas câmaras do subsolo desta casa. Encontram-se sob minha responsabilidade as equipes de serviço às regiões da semicivilização.

Por solicitação de dona Modesta, foi-me pedido tratar do módulo sobre a obsessão. Procurarei ser prático no tema. Nosso objetivo básico é ter alguns fundamentos para o diálogo. Nada mais. Comecemos conceituando o assunto de conformidade com *O Livro dos Médiuns*, capítulo 23, item 237:

Obsessão: *"(...) isto é, o domínio que alguns Espíritos logram adquirir sobre certas pessoas. Nunca é praticada senão pelos Espíritos inferiores, que procuram dominar. Os bons Espíritos nenhum constrangimento infligem. Aconselham, combatem a influência dos maus e, se não os ouvem, retiram-se. Os maus, ao contrário, se agarram àqueles de quem podem fazer suas presas. Se chegam a dominar algum, identificam-se com o Espírito deste e o conduzem como se fora verdadeira criança".*

O instrutor Calderaro[12], em recente ciclo de debates promovido aqui no Hospital, orientou-nos a dividir a obsessão em dois grupos, cujas peculiaridades muito nos auxiliam na melhor compreensão do tema.

O primeiro grupo é o das obsessões morais. Um princípio da Lei de Sociedade na evolução, ou seja, são as vinculações humanas nas quais o interesse é o núcleo central de convergência. O interesse pessoal é o impulso instintivo da alma que promove o desenvolvimento do afeto. O interesse é a mola da afetividade no estágio em que nos encontramos nas relações de alma para alma. O interesse pessoal é a lagarta rastejante que um dia se tornará a belíssima borboleta em busca dos voos do desprendimento e do altruísmo incondicional. Sem interesse, o afeto não desperta.

No dizer dos Sábios Orientadores da codificação espírita, na questão 895 de *O Livro dos Espíritos*, o interesse pessoal é o sinal mais evidente da imperfeição humana, porque o egoísmo, como uma crisálida, o mantém nas faixas do ego, convertendo-o em prisão e dor. Fácil concluir, nessa ótica, que ele é a causa de todas as tragédias que envolveram cidadãos e coletividades que se consumaram nas sendas da história humana.

Foi por conta de interesses contrariados que nasceram a traição, a mágoa, a vingança, o ódio, o espólio e tantas outras

---

12 Instrutor de André Luiz no livro *"No Mundo Maior"*, psicografado por Francisco Cândido Xavier, Editora FEB.

enfermidades da afetividade na vida social. Eles promovem a disputa, estimulam os maus pendores e perturbam a vida mental na direção da exclusividade, do personalismo e da arrogância. Eis alguns quadros da convivência que foram resultados de interesses feridos: amores que derraparam para o ódio; amizades que tombaram no pedregulho do desrespeito e do abuso; sociedades financeiras extirpadas pela avareza; famílias dizimadas pela ambição da posse; elos de afeto sincero corrompidos pela traição. Na raiz de todos esses dramas estão os interesses contrariados gerando a corrupção do afeto sincero. Mesmo aqui, nas tragédias do adoecimento afetivo, o interesse pessoal lança a alma às lições essenciais do coração, nas quais, ao longo dos tempos, adquirimos a sabedoria emocional. Nada existe no homem que não o conduza a caminhos de aprimoramento e libertação.

O segundo grupo sugerido por Calderaro é o das obsessões mentais. Inicia-se quando o Espírito, cansado da refrega evolutiva vivida entre perdas e ganhos no interesse pessoal, permite-se olhar para seu mundo interior e descobre a mais velha doença da era da razão, o remorso ou, mais adequadamente, o primeiro passo na aquisição da consciência lúcida.

O remorso é a ferida consciencial que nos mantém no cativeiro de nossas próprias criações. Como destaca o Médico Celeste em João, capítulo 8, versículo 34: *"Respondeu-lhes Jesus: Em verdade, em verdade vos digo que todo aquele que comete pecado é servo do pecado"*. Fácil concluir, portanto, que as chamadas obsessões morais são degraus na escalada das obsessões mentais e, consequentemente, dos transtornos mentais.

Com essa divisão didática, Calderaro, em sua belíssima explanação, demonstrou que o caminho do adoecimento na trajetória evolutiva do Ser segue uma ordem sequencial da conduta moral egoística para a fragmentação da vida mental.

Primeiro vem o interesse pessoal criando a couraça moral do personalismo, depois, quando despontam os primeiros lampejos de consciência lúcida, vem o arrependimento, estabelecendo o clima do remorso. O personalismo orienta as ações caprichosas e perturbadoras da afetividade no comportamento; o arrependimento enreda a criatura no conflito, aprisionando-a na cela cruel da baixa autoestima.

Seja em que aspecto se apresente, a obsessão é a ilusão humana de querer que alguém faça ou venha a ser aquilo que gostaríamos que fizesse ou fosse. É a coação que tentamos impor a outrem em razão de vantagens pessoais. Um fruto do egoísmo, no qual ainda estagiamos conforme o molde dos interesses pessoais.

Em suma, na ordem natural das reencarnações, primeiramente adoecemos afetivamente pela conduta antes de adoecer mentalmente. O molde das patologias mentais, seja em que grau for, é o afeto adoecido. Das neuroses e transtornos de personalidade aos mais severos quadros de doenças mentais, como as psicopatias e psicoses, encontramos essa sequência: interesse pessoal exacerbado, estado de remorso e perturbação psíquica.

As obsessões morais ou afetivas consolidam-se, inicialmente, no corpo mental inferior como viciações emocionais, ao longo da caminhada milenar, e vão se adaptando em metamorfoses sucessivas na órbita do perispírito, depois no duplo etérico e, por fim, atingem o corpo físico com as chamadas doenças orgânicas de variadas expressões.

Já no grupo das obsessões mentais, a dor que vem dos corpos periféricos para o imo da alma atinge os escaninhos do corpo mental superior, que derrama a luz do arrependimento. Uma fresta de sensibilidade para que o Ser quebre a concha do egoísmo e penetre nos arquivos de suas atitudes irrefletidas.

A luz que vem de dentro, iluminando as sombras que precisam ser varridas e transformadas. O preço? O recomeço. A reencarnação dolorosa na qual o ponto mais sofrível para qualquer um de nós será não ter os interesses pessoais atendidos conforme nossos desejos. Nesse estágio, a luz que varre a sombra causa igualmente a crise que engendra a dor mental como operação inevitável a caminho da cura definitiva.

Fiquemos, portanto, com esses breves apontamentos para ter o que conversar. Alguma pergunta?

Cornelius falou por apenas dez minutos. Entretanto, tive a sensação de estar fazendo um curso de longos dias. Um mundo novo se abria ao meu campo de reflexões diante das colocações tão simples e, ao mesmo tempo, tão profundas. Não contendo a curiosidade natural, comecei o debate.

— Parece-me que a palavra de ordem no tema obsessão é domínio. Concorda?

— Sem dúvida! Se pensarmos com atenção no significado da palavra obsessão, perceberemos que, em essência, quer dizer apego a ideias, fixação em propósitos próprios. Incontrolavelmente encantados pelos próprios interesses, chegamos a ponto de acreditar que temos a melhor solução para tudo e para todos. Gravitamos na esfera das concepções pessoais sem o mínimo desejo de avançar para as vivências que ultrapassam esse limite. Nasce, nesse ponto, a compulsão pelo domínio mais cobiçado de todos os tempos: o ilusório domínio da vida alheia, a colonização do outro. Dizendo amar, queremos que o outro seja e faça conforme nossos desejos, que nada mais são que motivações para vantagens particulares. É o afeto individualista. Só queremos dominar ou manter domínio sobre quantos nos tocam afetivamente a alma conforme os interesses próprios.

— Essa compulsão por tomar conta da vida alheia torna a obsessão algo muito corriqueiro?

— Mais do que podemos imaginar! Quando Marcondes, agora há pouco, reclamava por direitos, não estaria, na verdade, se impondo? Não havia um traço de domínio? Sem julgar nosso irmão, que carrega dolorosos conflitos na alma, que interesse norteou suas ações? E, se aceitássemos seu protesto, estaríamos aderindo a propósitos menos saudáveis ao futuro desta tarefa e desta casa em atendimento a desejos pessoais?

Todos, em qualquer tempo, têm o direito de manifestar seus interesses, suas dúvidas, suas discordâncias. Quanto mais avança a civilização, mais somos apologistas da liberdade de expressão. Sem interesse não avançamos. Sem interesse não existe chances para o amor. Contudo, como temos manifestado nossos anseios? Será que sabemos, com consciência, a natureza do que queremos? O interesse pessoal continuará fazendo parte de nossa caminhada ascensional, apenas com uma diferença: já não pensaremos somente naquilo que buscamos. Colocaremos, também, o interesse alheio na pauta de nossas cogitações, estabelecendo conciliações, adequações e redirecionamento, quando necessário. Tudo dependerá da natureza do que cada pessoa busca na vida.

A verdade é que se tornou inerente à raça humana a compulsão pelo domínio em três formas distintas: o impulso de controlar, a necessidade de reconhecimento pessoal e o desejo por ser o melhor. Controle, privilégio e exclusividade são manifestações morais do egoísmo que ainda dirige a maioria de nossas decisões e atitudes, experiências afetivas inerentes ao egoísmo humano.

— Cornelius, qual a contribuição para o entendimento do tema obsessão a didática em dividi-lo nesses dois grupos sugeridos por Calderaro?

— Desenvolver um diagnóstico realista do quadro que estiver sob nosso acompanhamento. São duas abordagens elementares que nos permitem melhor avaliar as variedades infinitas das explorações mentais. Sobretudo, para compreender que, por detrás dos transtornos mentais, existe sempre uma estrutura moral a ser reeducada.

As obsessões morais são estruturadas no compartilhamento, uma busca comum de interesses. O tratamento para tais casos não poderá ser conduzido como se houvesse a presença de um verdugo e uma vítima, mas sim uma sinergia, um compartilhamento. A separação abrupta em casos como esses poderá ser desastrosa, conquanto seja o terreno que mais facilmente encontramos chances para tal recurso.

As obsessões mentais, por sua vez, são mais definidas. A pessoa que se arrependeu está no encalço de um futuro melhor, mas está inserido no ressarcimento consciencial e na reconstrução paulatina de uma história milenar de hábitos e condutas, decisões e interesses.

— Essa didática nos ajudaria, então, no modo de ação terapêutica para cada grupo?

— Permite-nos uma ação mais consciente em favor da educação dos envolvidos nos dramas da obsessão. Quando vocês participarem mais ativamente dos chamados trabalhos de desobsessão nos Centros Espíritas, ampliarão, sobremodo, a percepção do que estamos aqui estudando. Em síntese, poderíamos dizer que as obsessões mentais são os sintomas ou os termômetros de aferição para melhor reconhecimento da estrutura e da proporção das obsessões morais que envolvem o obsediado. Ao examinar obsessões de quem quer que seja, compete a qualquer servidor consciente esquadrinhar com seriedade a natureza moral que determinou a alteração mental. Um diagnóstico de profundidade sem o qual a doença mental jamais será compreendida em seu fim reeducativo.

— Já queria mesmo fazer uma pergunta neste sentido – interveio outro membro do nosso grupo de estudos. – Afinal de contas, os Centros Espíritas e os trabalhos de desobsessão funcionam ou não? Perdoe-me a sinceridade da questão! É que, depois de tantos enfoques deste outro lado da vida, já não sei mais avaliar com segurança as tarefas doutrinárias de que participei. Como gostaria hoje de visitar aqueles que foram atendidos em nossa casa para vislumbrar o nível de melhora que obtiveram! Aliás, pergunto-me: será que melhoraram mesmo?

— Teremos oportunidade para o mister, caro irmão. A proposta de nosso curso é preparação e trabalho. Vocês farão visitas a casas espíritas com este propósito. Aliás, alguns aqui, como o nosso José Mario, já integram os setores de atendimento emergencial aos centros doutrinários, e logo estarão com tarefas nos ambientes físicos da Terra.

Os serviços abençoados de desobsessão das casas espíritas são largas portas que se abrem para o bem, em favor das tragédias da obsessão. Consolo e esclarecimento são distribuídos a mancheias. Os amigos queridos que se devotam com abnegação a esta atividade consolidam uma das mais ricas experiências no reino do Espírito imortal, em favor do consolo e da educação espiritual da Terra.

A interpretação humana, no entanto, acerca dos resultados da tarefa, quase sempre obedece à visão limitada que o homem encarnado possui acerca das soluções que cada história de dor exige. Temos, hoje, no meio doutrinário, uma prática comum entre a maioria dos servidores da mediunidade cuja essência se resume a trabalhar sem avaliar resultados, fazer o bem sem olhar a quem. A prática é boa, mas merece reavaliação e complemento no intuito de melhor servirmos à libertação de consciências que padecem a dor dilacerante dos laços afetivos de domínio e vingança.

A coragem de investigar com sobriedade e desprendimento os efeitos do trabalho, no intuito de ampliar seu raio de benefícios, não pode ser tomada como vaidade e personalismo. Alguns alegam que aferir resultados envaidece os trabalhadores. Não discordamos! No entanto, a pretexto de vigilância, fugiremos do exame sobre a qualidade do ato de doar-se? A pretexto de não nos envaidecer abandonaremos o afeto para com aqueles que foram beneficiados, evitando a gratidão e o elogio sincero?

Para melhor interpretação dos casos de desobsessão e, consequentemente, melhor adequação da terapêutica, os trabalhadores no campo físico deverão ampliar sua ação investigativa e experimental. Quem melhor o fez que Allan Kardec em sua tarefa? Perdeu-se esse traço nas relações entre homens e espíritos. Quando o codificador usou a expressão *laboratório do mundo invisível*[13], foi no intuito de conclamar os núcleos doutrinários a fazer ciência no mundo. Ciência fraterna. Ciência com amor. Por conta dessa postura, as atividades deste porte no mundo físico obedeceram a um padrão de segurança que tem sua utilidade educativa. O padrão apenas precisa ser aprimorado diante dos quadros severos de obsessão que campeiam na humanidade atual. As velhas técnicas de desobsessão verbal, extremamente úteis, já não atendem a contento quando isoladas de uma série de outras iniciativas diante dos casos complexos que batem à porta do Centro Espírita nos dias atuais. E, sem uma avaliação grupal, sem estudo e pesquisa, como aprimorar?

— Será por essa razão que muitos de nós aqui no Hospital Esperança, mesmo possuindo larga experiência na doutrinação, após décadas de serviços no mundo físico, não temos integrado as equipes socorristas aos abismos?

---

13 *"O Livro dos Médiuns"*, capítulo VIII, Editora FEB.

— Não! É outro o motivo. Alguns corações queridos, que colecionaram largas folhas de trabalho prestados ao movimento espírita, ao se internar nesta casa de amor, supõem-se campeões nas atividades que desenvolveram. Alguns, em autênticos quadros de alucinação e revolta, golpeiam zeladores amorosos deste Hospital com insultos descaridosos por se sentirem tratados com desvalia ante a bagagem que supõem possuir. Matriculados a contragosto em cursos de aprofundamento são os que mais tumultuam os grupos. Ainda que convencidos dos ensinos novos, querem fazer valer o que pensam. Quadros como o que presenciamos há pouco, com Marcondes, são inexpressivos ante os episódios que se recheiam de reações desequilibradas e até violentas.

Falaremos, oportunamente, sobre técnicas desobsessivas para casos complexos. Visitaremos, na Terra, alguns casos que temos acompanhado. Antes de tudo, vocês farão incursões aqui mesmo no subsolo, estudando com mais minúcias os efeitos da ilusão no campo mental entre religiosos. Será um curso de autoconhecimento e autoexame.

Entretanto, muito antes de tarefas que carecem de aprimoramento e técnica, o assunto mais grave no quadro das nossas necessidades continua sendo a postura íntima no campo do sentimento e da atitude. Aí reside a limitação mais expressiva para a composição dos grupos socorristas a regiões nas quais será exigida larga capacidade de visão espiritual alicerçada na ausência de preconceitos, na ternura incondicional, na dilatação da resistência mental em ambientes áridos, na extensa soma do poder de concentração e, sobretudo, na vontade férrea de servir e ser útil ao semelhante sem sombras de sentimentalismo. Como se sabe, essas conquistas não são desenvolvidas com técnicas, mas com o amor aplicado à luz do Evangelho de Jesus.

— Fico pensando, Cornelius – continuou o mesmo participante – na nossa ilusão, como espíritas, trabalhadores da desobsessão, em nos julgarmos prontos para o trabalho quando aqui chegamos! Na verdade, falo de mim, que militei nessas tarefas por trinta e cinco anos consecutivos. Paguei meu preço com decepções, embora reconhecesse rapidamente minha incapacidade para auxílios mais profundos nos abismos. Fui um dirigente disciplinado e carinhoso. Não bastou.

Somente aqui, em nosso curso, me concedi, por caridade, o direito de pensar em quantos no plano físico se encontram equivocados, nas fileiras da doutrina, acerca de nossas reais possibilidades no exercício da mediunidade e das tarefas intercessoras no mundo espiritual.

Seria de bom alvitre escrever-lhes sobre o assunto. Eu mesmo gostaria, hoje, de enviar um pedaço de papel aos amigos de minha casa espírita e dizer-lhes fraternalmente o que nos espera. Dizer-lhes que trinta anos de cooperação serviram-me apenas para treinar o coração e o cérebro, nada mais.

— Sim, caro amigo. Compreendo seu sentimento. O Hospital Esperança tem aberto canais com o mundo terreno com esse intuito sagrado de esclarecer e alertar.

Despir-se da ilusão da importância pessoal na obra do Cristo é extremamente oportuno. Os médiuns, dirigentes e assistentes dos serviços da mediunidade com Jesus precisam reexaminar suas possibilidades.

Para nós, um trabalhador encarnado deste setor que permanece integrado com fidelidade por meio século ao labor, guardando as características do bom servidor de Jesus, atinge a condição do aluno em treinamento, que poderá ser admitido nas mais amplas responsabilidades junto ao Hospital sem passar por um preparo mais longo como o que aqui realizamos.

— Quer dizer que durante cinquenta anos é treino?

— Quando vividos com perseverança, renúncia, desejo incansável de aprender, disciplina progressiva, estudo sistemático, devoção ao trabalho, autoconhecimento constante e intenso desejo de ajudar a dor alheia. Somente quando fazemos de nossa tarefa espiritual um projeto de vida, amealhamos os recursos morais mínimos para transformar a atividade em caminho de iluminação e promoção pessoal nos roteiros legitimamente cristãos.

— Ah! Me sinto como se tivesse trinta e cinco anos jogados fora!

— Não mensure dessa forma! Só Deus e você sabem o que teve de transpor para manter-se fiel nestas três décadas e meia. O que temos de considerar é que existe o tempo do Cristo e o tempo do nosso orgulho. O tempo do Cristo é elástico e particular a cada individualidade. O tempo do nosso orgulho é medido pelos anos terrenos, uma medida que muito agrada à nossa vaidade de espíritos que quase nada fizemos pelo bem comum nos últimos milênios de nossa criação. Vazios como nos encontramos, pequenas ações de amparo surgem para nós como se fossem a mais meritória ação do universo. Chegando aqui, verificamos que centenas de anos servindo ao bem constituem um pequeno passo na extensa caminhada de aperfeiçoamento e maturidade espiritual. Todavia, é um passo muito valoroso. Não o despreze, caro amigo!

— Está bem, Cornelius! Não vou desprezar o que fiz, mas isso não muda o que sinto hoje.

— É verdade! Esse sentimento de tempo perdido, que quase sempre atormenta as almas que seguiram os roteiros da religião, é um sintoma evidente do quanto ainda buscamos Deus fora, e não dentro de nós. Estar na tarefa de amparo espiritual é uma bênção, contudo, precisamos ter muita lucidez para não confundir ação doutrinária com educação interior. Frequentemente, uma está desvinculada da outra.

— No meu caso, esteve totalmente desvinculada.

— Daí a advertência sábia de nosso Mestre, em Lucas, capítulo 17, versículo 20: *"E, interrogado pelos fariseus sobre quando havia de vir o reino de Deus, respondeu-lhes, e disse: O reino de Deus não vem com aparência exterior"*.

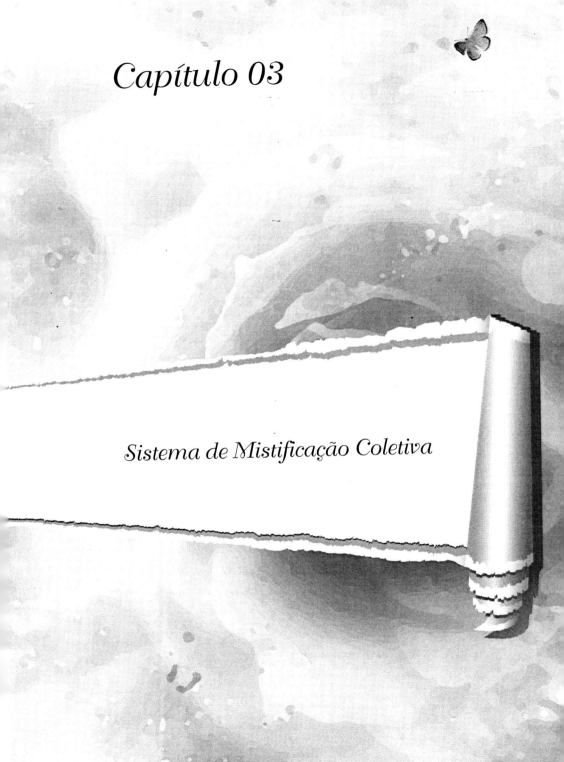

Capítulo 03

Sistema de Mistificação Coletiva

"Vós tendes por pai ao diabo, e quereis satisfazer os desejos de vosso pai. Ele foi homicida desde o princípio, e não se firmou na verdade, porque não há verdade nele. Quando ele profere mentira, fala do que lhe é próprio, porque é mentiroso, e pai da mentira" - João, 8:44.

Após essa resposta inspirada do instrutor, retomei com outras indagações que fervilhavam em minha mente.

— Cornelius, nosso grupo de estudos recebeu, alguns dias atrás, uma súmula dos acontecimentos no Grupo X[14]. Estamos estudando os relatos e temos conversado entre nós sobre o assunto. Como não tenho acompanhado presencialmente os fatos, ainda hoje, antes de iniciar a tarefa, pensava comigo mesmo sobre quais razões levaram o referido grupo a destinos tão perturbadores na esfera da obsessão. Será que poderíamos ouvi-lo sobre o tema? Se a maioria de nós, que estamos fora da matéria, necessita se capacitar com recursos ainda não disponíveis no mundo físico para execuções de labores mais profundos em regiões do submundo astral, será possível que os irmãos do Grupo X, com as percepções limitadas pela encarnação, tenham, de fato, condições de executar os trabalhos de amparo nos abismos da semicivilização?

— Eles nunca alcançaram os pátios de dor localizados nas profundezas da semicivilização. Fazem incursões nas imediações dos abismos, porque ainda não se encontram mental e moralmente preparados para esse gênero de tarefa.

---

14 Nota da editora: o mesmo Centro Espírita no qual se desenrolou o romance *"Quem sabe pode muito. Quem ama pode mais"*, do autor espiritual José Mario. Naquela obra, foi feita uma análise sob a perspectiva da convivência entre os encarnados. Aqui, neste relato sequencial, está sendo feita uma análise das obsessões que envolveram o Grupo X diante dos conflitos de relação.

— Por que, então, asseguram que fazem tais atividades, conforme diz a súmula?

— José Mario, o Grupo X é apenas um entre centenas de grupos espíritas que vêm sendo assolados por um gênero de obsessão perfeitamente ajustável aos conceitos de nosso benfeitor Calderaro. Lá, será um fértil campo de trabalho prático para nosso ciclo de estudos. Teçamos algumas considerações sobre tal episódio da vida mental à luz do Espírito imortal.

Grande grupo de companheiros que reencarnaram, e usufruem dos beneplácitos da luz espírita, são almas arrependidas, tanto quanto nós mesmos. Cansaram do mal e o evitam a todo custo. Entretanto, entre o arrependimento e a reparação consciencial vai larga distância, que é preenchida pela expiação, que, em bom conceito, é o conflito travado entre o eu real, que procura se resgatar por entre os escombros maciços, e o eu ilusório. Expiação é a dor que sentimos por não conseguirmos ser ainda quem gostaríamos de ser. Para almas tomadas pelo arrependimento torna-se extremamente doloroso o conflito íntimo entre ser quem é, ser quem acha que é e ser quem os outros acham que ela é.

Evitar o mal é a postura na qual a maioria expressiva de nossos irmãos de ideal tem encontrado forças para caminhar. O peso do arrependimento, em forma de culpa e estados interiores de insatisfação, costuma onerar a tal ponto que muitos só conseguem marcar presença nas tarefas, tomar o passe, ler algumas páginas instrutivas e pedir muita ajuda pela oração. São quadros psicológicos de intensa pressão interior em decorrência do desajuste íntimo. Como disse: são almas arrependidas, mas que ainda não aprenderam a construir todo o bem que precisam em favor de sua própria estabilidade consciencial. Lutam contra os impulsos menos felizes cultivados ao longo de existências sucessivas e se afogam em tormentas mentais conflitantes entre as tendências de ontem e os novos conhecimentos que adquiriram ao se iluminarem com o saber doutrinário.

Eles sabem, por instinto, que o Espiritismo é como um "remédio amargo" que, se não tomarem, estarão em piores condições que aquelas em que se encontravam. "Largar tudo – raciocinam – seria uma tragédia; todavia, continuar para quê? Parece que a cada dia que mais sei, mais me atormento. Qual o sentido disso? Não buscamos a religião para obter paz? A pouca paz que eu tinha se foi depois que conheci a doutrina. Aumentaram meus embates comigo mesmo. Estou confuso, não sei o que fazer. De que me vale a oração, o trabalho, o estudo, se a cada dia pareço pior? Nada muda dentro de mim. Mágoas, revolta e pessimismo se acumulam em minha vida. Sinto-me um no Centro Espírita, outro fora dele. A hipocrisia me apavora e consome forças. Estou muito longe do ideal espírita. Acho que não tenho a menor chance de me tornar um seguidor de Jesus. Não sei se conseguirei resistir aos apelos da tentação e do mal".

Confusos e com crises existenciais intermitentes! Que traço mais saliente poderia qualificar o significado de almas arrependidas? Somadas aos estados de perturbação encontram-se vinculações de espíritos atormentadores cujo propósito é destruir e impedir o avanço de tais corações. É ai que se desenham categoricamente as chamadas obsessões mentais, por meio de episódios mais ou menos graves de transtornos psíquicos e emocionais, especialmente no quadro dos transtornos de personalidade e da depressão.

A observação tem nos ensinado que nas obsessões morais, o campo de atração ativamente polarizado para o domínio se encontra no obsessor desencarnado. Enquanto nas obsessões mentais, o foco ascendente que polariza o circuito está no obsessor encarnado. Em termos práticos, poderíamos dizer que quem polariza também comanda. Então, temos sempre um ponto de alimentação e outro de retroalimentação. Um fator causal e um fator ressonante. Alguém manda e alguém obedece ños quadros obsessivos.

Os adversários da causa têm informações detalhadas sobre essa condição mental de grande parcela da coletividade espírita. Sabem eles que, mesmo com intenções nobres de avançar e renovar, contra os anseios de luz existem milênios de trevas. Exploram, assim, os velhos costumes da alma, dos quais, em verdade, todos somos portadores. Essa é, sem dúvida, nossa real situação espiritual, isto é, queremos o bem, mas não sabemos como criá-lo. Queremos o bem sem ainda termos nos desvencilhado do emaranhado de sombras que nos chamam para a retaguarda.

Surgem, assim, as obsessões narradas no fichário do Grupo X, catalogadas como obsessões mentais.

— A súmula diz que os irmãos se encontram a caminho de consolidar uma obsessão por sistema. De que se trata?

— Uma obsessão por sistema, também classificada como mistificação coletiva, é a adesão de certo número de pessoas a uma estrutura de ideias ou iniciativas na qual se orientam em seus trabalhos práticos e mesmo em sua vida particular.

— Uma mistificação coletiva! Surpreendente!

— Assim denominamos por se tratar de um embuste do qual raros escapam.

— Raros?

— Em assuntos da mediunidade, considerando o nível moral no qual estagiamos, é impossível não ser enganado. A esse respeito, investigando os Espíritos Superiores, Allan Kardec recebeu, no capítulo 20, em *O Livro dos Médiuns*, item 226, questão 9, a seguinte resposta que muito nos esclarece sobre o tema: *"Médium perfeito seria aquele contra o qual os maus Espíritos jamais ousassem uma tentativa de enganá-lo. O melhor é aquele que, simpatizando somente com os bons Espíritos, tem sido o menos enganado".*

A mentira é um efeito inevitável da ilusão. E a ilusão é a característica mental básica de nossa etapa evolutiva. Estar iludido significa estar distante do real, do verdadeiro, do essencial. Nessa ótica, frequentemente, consciente ou inconscientemente, enganamos a nós e aos outros e vivemos uma vida relativamente afastada daquilo que interessa ao nosso progresso pessoal e grupal. Não só aos médiuns serve a referida reflexão, esse é um mecanismo peculiar à vida mental de todos os seres em regime de comunhão no universo.

Em João, capítulo 8, versículo 44, encontramos uma excelente referência ao assunto: *"Vós tendes por pai ao diabo, e quereis satisfazer os desejos de vosso pai. Ele foi homicida desde o princípio, e não se firmou na verdade, porque não há verdade nele. Quando ele profere mentira, fala do que lhe é próprio, porque é mentiroso, e pai da mentira".*

Quando tratamos o assunto mistificação à luz do Espiritismo, é comum conectá-lo ao tema mediunidade. No entanto, um pouco mais de pesquisa e reflexão nos levará a perceber que se trata de um tema das relações humanas e da saúde mental.

— E quem foi que se disseminou o embuste no Grupo X?

— As falanges organizadas para o mal já utilizam a estratégia dos sistemas há um bom tempo. Perceberam que existe excessiva credulidade na mente de muitos operários da mediunidade. Outras vezes, como é o caso em questão, exploram as imperfeições morais dos dirigentes e médiuns que se julgam proprietários incontestáveis da realidade.

A proposta do Espiritismo inclui a fé alicerçada no raciocínio lúcido. O conhecimento, por si só, não é suficiente para desenvolver tal qualidade. A ele temos de conciliar a experiência prática, a relação amorosa da equipe, que constrói um clima de confiança edificante, e muito bom senso para que a fé não despenque nos pátios da ingenuidade e da fantasia, que são os alicerces da credulidade. Ninguém desenvolve fé raciocinada somente por meio de leitura e cultura doutrinária. A fé é desenvolvida por valores nobres. Credulidade é o impulso emocional que catalisa nossas crenças no rumo do interesse pessoal.

Este gênero de mistificação ganha força e amplitude com as interpretações que médiuns e dirigentes atribuem a algumas comunicações mediúnicas. A imaginação humana acerca dos assuntos do mundo espiritual, mesmo acrescida pelo conhecimento espírita, ainda está muito distante dos verdadeiros panoramas vigentes em nosso plano. De posse de informes nem sempre filtrados com fidelidade, nossos irmãos constroem histórias e desenvolvem um conjunto de ideias entrelaçadas no intuito de formarem um retrato de acontecimentos e explicações veiculadas pelo contato com nosso plano.

Em verdade, o Grupo X tem recebido peças avulsas de largo e valoroso quebra-cabeça, que são colocadas por nossos companheiros nos locais inadequados, impedindo um juízo fiel às realidades que os cercam.

Neste momento, demonstram na vivência uma escassa qualidade para o trabalho com Jesus: a coragem que permite a ousadia de transpor as fronteiras do convencional com objetivos de auxílio e aprendizado. Eles são leais e muito dispostos a ser úteis. Almas que genuinamente se arrependeram. Seus médiuns são dotados de sensibilidade acentuada. Seus dirigentes têm farto conhecimento e acuidade mental.

Com tudo isso, ainda existe um ponto frágil. A ousadia tem limites tênues com a arrogância. O corajoso quase sempre tomba nos braços da excessiva confiança em si mesmo, culminando na ação perturbadora de fixar-se obstinadamente em seus pontos de vista. Muitos de nossos irmãos estão, irredutivelmente, crentes de que formaram o quebra-cabeça por inteiro, quando, na verdade, possuem apenas algumas peças do conjunto. Ao agirem dessa maneira, perturbam o juízo acerca do que estão realizando e participando. Não abrindo mão do ponto de vista pessoal, atolam na credulidade a pretexto de fé. Sem coragem para questionar suas teorias, arrojam-se aos precipícios da prepotência.

Nesse passo, espíritos astutos, sob o comando inteligente das falanges adversárias da causa espírita, semeiam a mistificação por meio de sofismas, isto é, ideias aparentemente sólidas que simulam um encontro com a verdade e que, quando submetidas ao crivo da boa lógica e do bom senso, demonstram inconsistência.

Um sistema, que já existe como mistificação em nosso próprio plano de vida, está sendo implantado na mente dos integrantes do Grupo X: a salvação de Lúcifer.

Relembremos aqui o trecho de *O Livro dos Médiuns*, no item 349: *"Alguns Espíritos, mais presunçosos do que lógicos, tentam, por vezes, impor sistemas singulares e impraticáveis, à sombra de nomes veneráveis com que se adornam. O bom senso acaba sempre por fazer justiça a essas utopias, mas, enquanto isso não se dá, podem elas semear a dúvida e a incerteza entre os adeptos. Daí, não raro, uma causa de dissentimentos passageiros. Além dos meios que temos indicado de as apreciar, outro critério há que lhes dá a medida exata do valor: o número dos partidários que tais sistemas recrutam. A razão diz que, de todos os sistemas, aquele que encontra maior acolhimento nas massas deve estar mais próximo da verdade do que os que são repelidos pela maioria e veem abrir claros nas suas fileiras. Tende, pois, como certo, que quando os Espíritos se negam a discutir seus próprios ensinos, é que bem reconhecem a fraqueza destes".*

Mesmo aqui, em diversos pátios da erraticidade, diversas entidades, por conveniência ou interesse, julgam ser Lúcifer, o pai do mal na Terra. Essa expressão, mais que um nome pessoal, passou a designar, na história dos desencarnados, uma chancela, uma insígnia. Essa mentira já tomou conta de cidades inteiras na erraticidade, dirigidas por falsos lucíferes. Temos até mesmo as falanges luciferianas.

Em várias reuniões mediúnicas, espalhadas em pontos diferentes, essa se tornou a tarefa central dos grupos: salvar Lúcifer e trabalhar pelo apressamento da regeneração.

Chega a tal ponto a crença de nossos irmãos do Grupo X que, fascinados pela própria capacidade, julgam estar salvando o mundo de uma catástrofe arrasadora que se daria em breve sob o comando do gênio do mal. Segundo eles, seus médiuns recebem o verdadeiro Lúcifer e o estão socorrendo por intermédio da mediunidade. Descuidados da humildade e carentes de noções mais abrangentes sobre a hierarquia do mal, julgam-se com credenciais morais para fazer incursões aos mais torpes abismos, resgatando os mais empedernidos espíritos ligados ao grande líder do mal. Em meio aos socorros, recebem orientações de muitas entidades que estão substituindo ou tomando o nome de componentes de nossa equipe espiritual. Além disso, começam agora a ter contato com Francisco de Assis, João Evangelista, Paulo de Tarso, que trazem mensagens diretas de Jesus para suas atividades. Já sabem até mesmo quando Lúcifer reencarnará na Terra e em que condição se dará sua redenção espiritual. Informes que jamais se originaram de nossas equipes socorristas. Escravizados na teia do orgulho pessoal, nossos irmãos abriram as portas da vida mental para a entrada de ideias de grandeza que lhes sustentam a insaciável necessidade de importância pessoal.

Diversos grupos no Brasil estão na mesma condição. Fazem parte de um fascínio induzido por coletividades desencarnadas que incendeiam o orgulho e alimentam a vaidade.

Até mesmo por aqui, nos serviços socorristas, por inúmeras vezes, nos defrontamos com criaturas que se dizem filhos de Lúcifer, irmãos de Lúcifer, empregados de Lúcifer e outras denominações diversas, sendo que muitos coordenam multidões de assalariados alegando ser o próprio genitor do mal no mundo.

A experiência de nossos irmãos seria realmente uma vitória caso nosso velho inimigo moral, o orgulho, não maculasse a oportunidade.

— Que experiência, meu Deus! – expressei como um desabafo.

As colocações de Cornelius abriam um mundo novo de indagações na mente de todos nós, que ali fazíamos aquele curso abençoado para melhor servir. Mal terminei de expressar minha perplexidade, e Juliano, um dos integrantes, questionou:

— Cornelius, em que estágio se encontra o Grupo X, na mistificação ou na obsessão?

— Caso nossas intercessões não apresentem os efeitos desejados nos próximos meses, tememos que se consolide um processo de obsessão sem retorno. Tamanha crença eles têm depositado em suas iniciativas que já se sentem realizando uma tarefa para poucos. Receberam, nos últimos dias, uma orientação suspeita de que apenas oito grupos alcançaram, em todo o Brasil, o ponto no qual se encontram.

Os efeitos de tais descuidos morais vão além, porque agora focam a atividade como um modelo para o futuro, desmerecendo as tarefas convencionais. Um nocivo sentimento de exclusividade começa a se assenhorear de seus corações.

Ainda esta semana, receberam um contingente de pessoas de outra cidade para conhecer a reunião. Depois do impacto e da surpresa, os convidados mantiveram silêncio, mas no dia seguinte iniciaram a difamação sutil e desleal ao Grupo X.

Temos, portanto, nesse caso, uma mistificação a caminho de uma obsessão coletiva. Dentro da divisão proposta por Calderaro, podemos classificar a situação na esfera das obsessões mentais, considerando o nível de patologia psíquica da qual a maioria de seus integrantes é portadora.

— Não existiria ninguém no mundo físico apto a chamar a atenção de nossos irmãos?

— Existe, mas não são ouvidos. Ainda agora, a pretexto de avaliarem suas próprias iniciativas, começaram a visitar outros grupos que tiveram a ousadia de praticar modelos inovadores de trabalho mediúnico. Chegaram mesmo a convidar alguns corações respeitáveis da seara para visitar suas atividades.

Tudo em vão! Quando os amigos fizeram ponderações sensatas, mal tiveram a oportunidade de concluir. Os dirigentes do Grupo X avaliaram o exame de nossos irmãos como sendo falta de maturidade para lidar com assuntos mais profundos.

— E dentro do próprio grupo não existe um componente sequer que possa apontar os riscos?

— Existem três pessoas muito sensatas que permanecem fora do circuito de entendimento ao qual se entregou a maioria dos membros. Quando fazem suas reflexões, são discriminados e desconsiderados, como se fossem canais de influenciação negativa, com o objetivo de perturbar a marcha da "missão" que foi entregue ao Grupo X.

Tal ocorrência se encontra em um dos mais belos e oportunos ensinos de *O Livro dos Médiuns*, Da Identidade dos Espíritos, capítulo 24, item 267, questão 20: "*Muitas vezes, os Espíritos imperfeitos se aproveitam dos meios de que dispõem, de comunicar-se, para dar conselhos pérfidos. Excitam a desconfiança e a animosidade contra os que lhes são antipáticos. Especialmente os que lhes podem desmascarar as imposturas são objeto da maior animadversão da parte deles. Alvejam os homens fracos, para induzi-los ao mal. Empregando alternativamente, para melhor convencê-los, os sofismas, os sarcasmos, as injúrias e até demonstrações materiais do poder oculto de que dispõem, se empenham em desviá-los da senda da verdade".*

— Compreendo – disse Juliano.

Percebendo que o amigo de estudo encontrava-se satisfeito, retomei minha sede de curiosidade e indaguei:

— Cornelius, eu compreendo a mistificação e a obsessão em assuntos que dizem respeito ao orgulho de médiuns que se empavonam diante de belas mensagens ou obras diversas que partem de benfeitores luminosos. Diante disso, tenho dificuldade em compreender como o Grupo X pode sentir tanta vaidade de ser instrumento de informes sobre o mundo das sombras astrais!

— Seu sentimento é legítimo, José Mario! Seria mesmo estranhável se não fosse nossa velha necessidade de projeção pessoal. Na verdade, o orgulho humano em relação aos tesouros de conhecimento da vida espiritual começa a apresentar uma nova faceta nos dias atuais.

Podemos afirmar que começa a existir na comunidade espírita, em vários grupos mediúnicos, uma nova tendência cultural. Uma espécie de "missionarismo em relação aos assuntos das trevas".

— Seria algo como possuir uma farta bagagem em relação aos serviços com o submundo?

— Exatamente! Devido ao novo contingente de informações veiculadas ao mundo físico, por intermédio das mais recentes obras mediúnicas, sobre o *modus operandi* do reino das sombras e sua organização, muitos companheiros de lide, sob hipnose da vaidade, encastelam-se em interpretações acerca dos fatos que presenciam, tirando conclusões apressadas e destituídas de boa fundamentação. Enxergam um lampejo de novidade e constroem teorias precipitadas, cujo teor, algumas vezes, é completamente afastado da veracidade dos fatos e da real capacidade colaborativa em assuntos de socorro aos irmãos na vida astral.

Dessa forma, apegados às suas interpretações, vão edificando um sistema e sendo usados pelas inteligências das trevas, que apenas lhes insuflam ainda mais a sensação de certeza acerca de seus sofismas, consumando, pouco a pouco, uma obsessão coletiva por meio da mistificação.

É assim que, atualmente, encontramos, com certa frequência, em algumas agremiações espíritas, trabalhadores que se supõem detentores de farta experiência técnica, como se fossem exímios magos dos tempos modernos com ampliada capacidade para realizar as mais complexas operações de tratamento da dor humana e influir no destino de quantos estejam assolados pela obsessão cruel e complexa[15], agindo de forma exagerada na retirada de aparelhos parasitários, na eliminação de doenças sobre as quais nenhum tratamento foi eficaz, nas soluções diante de quadros de magia colocada para atrasar a vida de alguém, no convencimento por meio de técnicas energéticas de chefes de falanges cuja atuação envolve elevado grau na hierarquia das sombras, entre várias outras iniciativas que guardam sempre dilatado senso de importância na escala dos trabalhos doutrinários com os temas da bioenergia e táticas das trevas organizadas.

— E o que há em comum nesses assuntos em se tratando dos vários grupos mediúnicos?

— O que há em comum é o orgulho do saber, que incendeia o velho arquétipo humano do herói salvador do mundo, repleto de megalomania e sacrifício pelo bem comum.

— Quer dizer que o sistema da salvação de Lúcifer tem proliferado?

— Com muita frequência.

---

15 Termo criado por Dr. José Lacerda, em seu livro *Espírito e Matéria*.

— Mesmo os grupos não se conhecendo, os informes são repassados de maneira idêntica?

— Nem sempre. Em alguns locais, trocam Lúcifer por magos das trevas, chefes legionários ou dragões. Enfim, o que há de comum são os arquétipos, isto é, há um quadro de catástrofe social iminente, algo que conspira contra o bem, e o herói salvador que aparece para resolver os problemas superdimensionando sua importância no processo. Temos constatado o aumento de casos enquadrados nessa classe das obsessões coletivas.

— E quando é que a mistificação avança para a obsessão, ou seja, quando deixam de ser apenas enganados e passam a ser dominados?

— Quando há credulidade, há uma superexcitação do imaginário humano. Nesse estágio, a obsessão sai do terreno da moral, na qual o orgulho é explorado, e passa para o degrau de doença mental ou obsessões mentais, como classifica Calderaro.

— E que nome dar a essa doença?

— Vai depender de sua expressão comportamental. Inicialmente, podemos chamá-la de delírio místico, no qual o pensamento mágico é o gestor do fanatismo, da prolixidade, da superstição e da adivinhação.

Percebendo que nossa análise convergia para examinar as perturbações do Grupo X, a irmã Railda, que compunha nossa equipe de preparo socorrista, exarou:

— Mas será possível que eles estejam apenas nos braços da doença e da obsessão? Não conseguem ver nada da realidade extrafísica de nosso plano?

— Pelo contrário, amiga querida – respondeu Cornelius com afetuosidade. – O entusiasmo de nossos amigos no Grupo X se justifica sob certos aspectos já considerados. Eles têm travado contato com experiências mediúnicas raras, conseguem filtrar vidências de locais ainda não descritos nos livros mediúnicos, captam muitas das engenhosas formas de agir das trevas contra os servidores do bem e até desenvolveram largo poder de lidar com tais inteligências. O prejuízo fica única e exclusivamente por conta do exagero.

— Exagero?

— O exagero por acreditarem demasiadamente em si mesmos e no valor do que realizam.

— E qual a verdade sobre os espíritos elevados que percebem?

— Eles não estão completamente equivocados, apenas ludibriados pelo orgulho da grandeza pessoal. Escrevem uma novela com dez capítulos, na qual apenas um deles pertence à realidade dos fatos, e os outros nove às suas interpretações pessoais. As entidades que atuam em nome de Jesus existem de verdade e se dedicam a olhar pelo grupo por intermédio de emissários bondosos. João Evangelista, Paulo de Tarso, Estêvão e muitos luminares do Cristo abraçam com muito amor os grupos que demonstram tanta coragem e desejo de servir como o Grupo X.

— E por que, então, não os protegem da fascinação em que se encontram? Não seria justo que isso ocorresse?

— A proteção do Mais Alto, minha irmã, não pode traduzir espírito de acomodação. Os planos maiores da vida endossam medidas contínuas de amparo ao Grupo X diante das qualidades que apresenta para o serviço que poucos querem realizar com as esferas mais rebeldes da vida espiritual. Todavia, são nossos próprios irmãos no mundo físico que limitam as chances de socorro e amparo a eles destinadas. Ninguém alcança um destino sem dar os passos necessários para se deslocar.

— E o que lhes falta para acolher esse amparo?

— A humildade para aquilatarem seu real valor moral, o entendimento para fortalecerem o escudo defensivo da amizade desinteressada e a misericórdia para estenderem a mão uns aos outros sem espírito de cobrança e expectativa.

— E qual será a saída para eles?

— Nossos irmãos estão examinando as trevas para fora de si, quando deveriam, simultaneamente, investigar as raízes emocionais de tais trevas no imo de si mesmos.

— Muito sensato! – manifestou Railda com olhares de reflexão profunda em seu mundo íntimo.

Cornelius, percebendo que chegava a hora do encerramento de nosso encontro, fez o fechamento de suas ideias.

— Agora que já temos uma ideia inicial do tema obsessão e algumas informações sobre o Grupo X, nosso futuro campo de aprendizado, gostaria de propor-lhes a elaboração de perguntas, para que componham nossas discussões do encontro de amanhã. Temos, ainda, muito a estudar sobre a temática da obsessão, especialmente das obsessões coletivas em Centros Espíritas.

Estudem com mais atenção os detalhes da ficha do Grupo X e faremos mais alguns esclarecimentos em nosso próximo encontro.

Assim que Cornelius terminou de falar, pegamos nossos cadernos de apontamentos e registramos diversas indagações. Fizemos um levantamento por escrito, com o qual seria estruturada a próxima reunião, e o entregamos ao nosso instrutor. E quando nos preparávamos para fazer a prece de encerramento, um enfermeiro o chamou à porta. Aguardamos por um minuto e, ao regressar, ele disse:

— Acabo de receber notícias de Marcondes. Ele foi internado às pressas no subsolo, após sofrer uma convulsão, assim que deixou nossa sala. Estarei lhe fazendo uma visita à tarde. Quem poderia me acompanhar?

Capítulo 04

Efeitos da Arrogância na Vida Mental

"E ferirei de morte a seus filhos, e todas as igrejas saberão que eu sou aquele que sonda os rins e os corações. E darei a cada um de vós segundo as vossas obras" – Apocalipse, 2:23.

Juliano, Railda e eu acompanhamos Cornelius na visitação fraterna a Marcondes. Chegamos ao subsolo do Hospital Esperança por volta das quinze horas. As alas destinavam-se a cuidados especiais. O ambiente já não era o mesmo das alas superiores. O ar um pouco rarefeito, menos luz. Muita dor em todos os leitos. Ainda assim, tudo se mantinha em ordem.

Após nos paramentarmos adequadamente, adentramos o corredor principal, e logo no primeiro quarto fui parado, pelo braço, por um senhor muito idoso, que me indagou:

— O senhor me conhece?

— Não me lembro do senhor, mas sua fisionomia não me é de todo estranha – falei receoso e olhando para Cornelius.

— Fui um espírita muito famoso.

— Entendo.

— O que você veio fazer aqui?

— Uma visita fraterna a um amigo.

— Qual seu nome?

— José Mario.

— Muito prazer, José Mario. Meu nome é Benevides.

— O prazer é meu – disse meio desconcertado diante do nome que, de fato, era de uma família muito conhecida na comunidade espírita brasileira.

— Quem você veio visitar, José Mario?

— Marcondes.

— Um pobre coitado! Não se lembra de nada.

— Somos colegas de estudo aqui no Hospital.

— Pode esquecer o estudo, pois tão cedo não sairá daqui. Aqui é a casa dos espíritas fracassados!

— Que é isso, meu irmão! Não fale assim! Temos aqui amparo e carinho!

— Amparo e carinho não nos livram das lembranças. Nesse caso, é preferível ficar como Marcondes. Uma mente muda, calada. Pobre sou eu que já passei dessa fase e agora tenho de olhar para o monstro que fui.

Cornelius, Railda e Juliano mantinham-se quietos e ouvindo, enquanto Benevides falava sem parar.

— Por que fala assim, meu amigo?

— Por acaso não será um monstro todo aquele que desperdiça a riqueza com tolices? É o meu caso. Tive a riqueza da doutrina e me ocupei demasiadamente com os espíritas e seus problemas, sem cuidar dos meus.

— Os espíritas são credores de atenção assim como qualquer pessoa.

— Depende da atenção que se dá a essa raça! No meu caso, minha atenção fixou-se na arte de subestimar e encontrar defeitos. Fui uma serpente em forma humana. Inteligente, só usei a cultura para maldizer. Feri, machuquei e caluniei com o intuito de corrigir. Os espíritas precisam mesmo é de chicote e paredão. De onde vim, Ah! De onde vim! É para lá que tinha de ir a maioria desses trastes hipócritas e sem remissão. E agora veja no que me transformei! Veja, José Mario, Veja! Não consigo conter essa língua viciada. Tenho veneno na palavra. Tome muito cuidado comigo, José Mario.

Benevides começou a esbravejar em voz alta alguns adjetivos pejorativos aos espíritas e, contorcendo-se para a frente, adotou uma postura de vômito. Sua língua, como se alongasse longitudinalmente, começou a sair de sua boca e a descer sem parar, exalando um odor que queimava nossas narinas. Literalmente, ele expelia a língua, que se acumulava no chão formando uma massa cor de sangue coagulado, roxa. Eu me assustei. Fiquei parado, enquanto via Cornelius tomar providências junto ao posto de enfermagem. Benevides se contorcia e, entre uma crise e outra, olhava-me fixamente, como se avaliasse minha reação, sem dizer mais nenhuma palavra. Seus olhos estavam totalmente avermelhados e sua cabeça afunilou-se no alto e arredondou-se na região do queixo. A pele parecia marcada por veias escuras, e uma excrescência em forma gosmenta saía pelos poros, à semelhança de um líquido gelatinoso. A princípio, julguei ser uma ilusão, mas inegavelmente, a cada segundo que passava, sua forma recordava a de uma serpente em pé. Foi tudo muito rápido. Padioleiros atentos chegaram para levá-lo de retorno à sua ala. Eu mal suportava o odor, e fui levado rapidamente ao posto próximo. Durante alguns minutos, tudo o que tinha no estômago coloquei para fora. Fiquei extremamente defasado. A pressão caiu. Cornelius, Juliano e os amigos da enfermagem colocaram-me na maca. Sentia tanto mal-estar que tinha a sensação iminente de desmaio. Passes revitalizantes foram aplicados. Um homem de estatura elevada chegou sua boca até meu plexo solar, deu um sopro tão gelado que me arrepiei. A partir de então, fui me recuperando.

— Está melhor, José Mario? – indagou Cornelius.

— Talvez um pouco alterado. Tenho a sensação de sono e cansaço.

— Não se entregue agora, José Mario. Logo vai passar. É um processo de intoxicação. Continuemos nossa visitação.

— Desculpe-me pelo trabalho, Cornelius. Vim para ajudar e estou dando trabalho.

— Nada disso, José Mario. Façamos o seguinte: vou com Juliano e Railda fazer algumas visitas enquanto você se recompõe. Estarei no corredor quatro. Quando se recuperar, voltamos para visitar o nosso Marcondes. Combinado?

— Não vejo alternativa, pois me encontro deveras indisposto.

— Passará em alguns minutos. Enquanto isso, vá pensando no que conversamos hoje cedo: muitos espíritas estão querendo ir aos abismos, sendo que nem defesas possuem para visitar as alas mais tormentosas do Hospital Esperança...

Cornelius saiu com Juliano e mantive-me deitado, recordando as cenas do que havia presenciado. Não posso negar: tive medo. Por mais que utilize palavras acertadas para descrever o ocorrido, jamais conseguirei passar com exatidão a natureza surreal da cena. Aquela língua que despencava mais parecia uma filmagem cinematográfica, com os típicos efeitos. Perdoem-me a comparação descaridosa, mas somente assim posso dar um toque verbal de realismo ao episódio. Nunca esquecerei este meu primeiro de muitos contatos com o subsolo do Hospital. A bondade dos Celestes Guias do amor trouxe, na verdade, uma pequena parcela do inferno para aquela parte desta casa de esperança. O subsolo do Hospital é uma demonstração clara do amor de Eurípedes Barsanulfo pelos pântanos da dor humana no submundo astral.

Trinta minutos depois, a dupla de amigos regressou para me buscar.

— Vamos ao trabalho, José Mario?

— Sim – levantei ainda sentindo alguma perturbação. Não era ainda o José Mario de sempre. Ainda assim, caminhei sob as ordens do benfeitor.

— Vamos à ala de Marcondes, onde se encontram os tratamentos da vida mental para desmemoriados.

— Marcondes... - quando ia perguntar, o próprio orientador completou.

— Está com amnésia total.

— Meu Deus! - exclamou Juliano, que formulou a pergunta mais apropriada. - Por qual motivo?

— A memória - explicou Cornelius, enquanto caminhávamos lentamente pelo corredor -, é uma das potências de ouro da evolução espiritual. Um departamento sagrado da mente cujas funções são destinadas a servir de arquivo do progresso e repositório dos hábitos. Ali se arquivam o material de interesse para aquisição da experiência e também os complexos autômatos que se agregam para esculpir as tendências.

— E por que a amnésia localizada em um departamento tão importante da vida mental? - interrogou Juliano.

— Defesa.

— Contra o quê?

— Defesa contra a loucura capaz de provocar as culpas.

— Marcondes carrega muitas culpas?

— Sua vida mental gira na esfera de recordações culposas. E o mecanismo mental mais saliente, nestes casos, é a autopunição. Quando perdeu o controle na sala de estudos hoje cedo, na verdade, escondia de nossa equipe de enfermagem o desejo secreto de suicidar-se. Preparava uma porção medicamentosa com remédios que adquiriu em contrabando.

— Contrabando! Aqui no Hospital Esperança?

— E por que não?

— Mas...

— Mas! - instigou Cornelius o questionamento do amigo de grupo.

— Eu juro que não entendo! - exclamou Juliano, solicitando-me com o olhar um aval.

— Sei que isso é muito novo para vocês, que ainda não se inteiraram da rotina desta casa. O Hospital não é um reduto angélico. É uma casa de recuperação para dores bem humanas e graves. Quem espera encontrar aqui a tecnologia dos céus, verá que nos erguemos ao poder de vigílias, cooperação e muito labor. Nossa capacidade de controle tem limites. Contudo, para a vida mental subjetiva não existe controle. Sempre somos surpreendidos por uma reação, por uma ideia, por um acontecimento ou conduta. Não existem normas ou padrões suficientes para gerenciar a vida mental. Quem poderia prever que, naquele exato momento, o Benevides teria aquela crise infeliz? Quem poderia prever sua reação súbita, José Mario, diante de nosso irmão? Procedimentos não eliminam possibilidades. Uma casa com milhares de doentes e outros milhares de auxiliares, por mais organizada que seja, não elimina totalmente as intempéries do desejo e da escolha. Oportunamente, os levarei até os muros do Hospital Esperança, nas alas de saída dos portais, para que vejam o interesse que tem despertado nosso ambiente nas esferas mais inferiores da erraticidade.

— E como Marcondes conseguiu remédios?

— Com enfermeiros.

— E estes enfermeiros...

— Já não se encontram entre nós.

— Haveria demissões por aqui?

— Autodemissões. Eles próprios, ao terem suas ações descobertas, fugiram. Temos fugas, abandonos, roubos, política e extorsões nesta casa.

— Meu Deus! – externei. – Que dirão muitos espíritas que já pensavam em vir para cá descansar ou trabalhar em um ambiente de luz, distante das mazelas terrenas...

— É bom que se desiludam de "céus" exteriores, José Mario! Bom será que, ao pensarem no Hospital Esperança, pensem em carinho, acolhimento e misericórdia, mas, igualmente, em trabalho, educação e desafios. O melhor lugar para nossa alma se encontra no altar íntimo, no qual podemos guardar o clima que nos pertence por justiça.

Enquanto caminhávamos em direção à enfermaria de Marcondes, tivemos um diálogo de larga instrução sobre enfermidades que envolvem amnésia após a morte do corpo físico.

Aproximando-nos da enfermaria, começamos a ouvir gemidos e urros repetidos. Cornelius acalmou-nos com novas instruções sobre a necessidade de nos resguardarmos nos melhores sentimentos.

Entramos e logo vimos o leito de Marcondes. Ele se encontrava de olhos abertos e virou o rosto para nos olhar.

— Quem é você? – falou, dirigindo a pergunta a Cornelius.

— Sou Cornelius. E você?

— Eu não me lembro – falou com dificuldade de se expressar.

— Somos seus amigos e viemos visitá-lo. Este é José Mario, ela é Railda e ele é Juliano.

— Obrigado pela visita. Eu acho que passei por um acidente grave. Estou aguardando minha família chegar. Os médicos disseram que já chamaram todos eles.

— E como se sente?

— Com dores fortes aqui – e apontou para os genitais[16].

---

16 Nota da editora: Em *"Lírios de Esperança"*, da autora espiritual Ermance Dufaux, Editora Dufaux, Marcondes passou por uma cirurgia para separar um ovoide que se alojava na região citada, causa de um processo cancerígeno que o levou ao desencarne.

Quando paramos todos de falar, Marcondes fitou o olhar no teto e, em seguida, sem mais nem menos, adormeceu instantaneamente. Seu quadro inspirava piedade. Somente quem o havia visto pela manhã poderia mensurar sua mudança fisionômica e psíquica. Assim que dormiu, seus ouvidos começaram a expelir uma matéria pastosa avermelhada. Imediatamente, enfermeiros prestimosos se aproximaram para a higiene e providências de contenção.

Marcondes, assim como muitos naquela enfermaria, passava as agonias da adaptação após a perda do corpo físico. Uma enorme resistência em esquecer as lembranças da Terra e da vida que tiveram.

Cornelius, como um pai amoroso, afagou-lhe a cabeleira e olhou para um retrato do Cristo estampado na parece. Fechou os olhos e orou pedindo a Deus por nosso irmão. Não ficamos mais que dez minutos ao lado de Marcondes, dadas suas condições limitantes.

Ao sair, depois de se despedir dos generosos enfermeiros, ele nos instruiu:

— Eis um dos efeitos psicológicos e mentais da velha doença da arrogância. Para almas iluminadas com o conhecimento espiritual, permanecer obstinadamente nos braços da arrogância significa prolongar a sementeira de dor em desfavor de nós mesmos.

Marcondes, com a atitude hostil de hoje cedo na sala de aula, apenas depositou a gota d'água que fez transbordar o contingente de instintos que ele mesmo tem cultivado ao longo de séculos.

Cada departamento da mente sofre severas mutilações em seu funcionamento como resultado da atitude arrogante repetidamente praticada. O desejo converge para a prepotência. A imaginação sustenta o delírio da grandeza e importância pessoal. A vontade impregna-se do personalismo. A memória empalidece e assume funções seletivas.

A personalidade arrogante constrói, na vida mental, o conjunto de características psicológicas que servirão de prisão corretiva por meio de inúmeras perturbações.

Uma das ações da consciência é recordar com o intuito de mapear os caminhos do futuro. A fixação prolongada em más recordações é o mecanismo produtor da culpa. Por este motivo, a memória, quando é sistematicamente impedida de registrar os clarões da consciência por meio de atitudes renovadas, organiza-se de forma defensiva e cria a seletividade, isto é, prontifica-se a esconder temporariamente aquilo que possa ser oneroso ao psiquismo já enfermo. Tudo começa com pequenos lapsos, até atingir o patamar da amnésia total. Quando no corpo, esse processo poderá ocorrer na fase adulta, em quadros diversos de alteração da atenção e da capacidade de concentração. Alguns casos de senilidade precoce, não todos evidentemente, poderão ser efeito de hábitos extremamente arrogantes praticados em uma vida de abusos.

A rigor, a personalidade arrogante tem erupções dominadoras de seu ego que invadem o reino da vida mental com ordens imperativas, determinadas e muitas vezes intransigentes. É o individualismo em mais alto grau. O egoísmo é o vírus contaminador, e a arrogância é o conjunto de sintomas decorrentes da ação desse vírus. O egoísmo é o padrão mental; a arrogância é seu reflexo na conduta.

A perda da memória, entre outros variados fatores, pode ser um sintoma de personalidade altiva que provocou em seu engenho mental uma disfunção, cujo objetivo é defender a própria criatura de seu estado íntimo. Culpas e hábitos, complexos afetivos e tendências podem ser melhor administrados pela vontade quando sofrem o bloqueio defensivo do esquecimento temporário. Mesmo no plano físico, a arrogância já processa essa seletividade no campo da memória, levando a criatura a recordar somente daquilo que lhe interessa na sustentação de seus pontos de vista. O arrogante não tem a vida afetiva aberta para a sensibilidade em relação aos efeitos desastrosos de sua conduta. Ele sempre se acredita rigorosamente impecável, correto e feliz nas suas decisões, anulando suas próprias chances de avaliar as más sementes plantadas pelo caminho.

Marcondes está com enorme dificuldade em se perdoar pelos acontecimentos em sua existência pregressa. Quando encarnado, o cérebro cumpria sua função defensiva, agora experimenta a dilatação do cosmo mental. Mais sensibilidade, menor poder de ação da vontade sobre o subconsciente e predominância de desejos inconfessáveis. Tudo o que seria possível ocultar na matéria revela-se aqui no plano espiritual. Como registra de forma sábia o livro do *Apocalipse*, capítulo 2, versículo 23: "*E ferirei de morte a seus filhos, e todas as igrejas saberão que eu sou aquele que sonda os rins e os corações. E darei a cada um de vós segundo as vossas obras*".

Colhemos as sementes que plantamos. O dever nos chama para o serviço de amparo no Hospital Esperança, mas, de forma alguma, a esperança exclui a educação ou a dor, se necessárias forem.

Fora da matéria estamos submetidos aos mesmos princípios de progresso do homem encarnado. Guardadas as proporções vibratórias que determinam uma nova ordem no dinamismo da Lei Divina, todos estaremos frente a frente com nossa própria consciência.

Por essa razão, torna-se imperiosa a campanha para chamar os irmãos espíritas encarnados a examinar com cuidado fraternal a natureza de suas atitudes.

— Estou impressionado! – manifestou Juliano – Marcondes era um hoje cedo, e agora, naquele leito, parece ser outra pessoa. Irreconhecível!

— De fato! – expressei em concordância.

— Vocês têm razão. Entretanto, Marcondes é, na verdade, o que vemos agora. Seu desabafo durante nosso estudo, hoje cedo, nada mais foi que um dos efeitos da obsessão que já carrega de longa data.

— Obsessão?

— Sim, Juliano. Obsessão!

— Mas...

— Obsessão sem presença de obsessor. Isso lhe é novo?

— É que estamos tão habituados a conceituar obsessão dentro da classificação de Kardec, no capítulo 23, de *O Livro dos Médiuns*, item 237: "*(...) o domínio que alguns Espíritos logram adquirir sobre certas pessoas. Nunca é praticado senão pelos Espíritos inferiores, que procuram dominar. Os bons Espíritos nenhum constrangimento infligem*".

— É isso mesmo, Juliano. E neste mesmo capítulo, no item seguinte, número 238, é definido: "*A obsessão consiste na tenacidade de um Espírito, do qual não consegue desembaraçar-se a pessoa sobre quem ele atua*".

Quase sempre definimos obsessão como um acontecimento nocivo, desprovido de justiça e fortuito, ou seja, que acontece à revelia da vontade e do proceder de quem sofre a obsessão.

O codificador, em *O Livro dos Médiuns*, priorizou a análise desse tema com enfoque nos médiuns, no entanto, não deixou de estender seu exame sobre as mais variadas situações de obsessão.

Essa tenacidade a que alude Allan Kardec é um dos elementos fundamentais do conceito de obsessão sob a ótica da socialização humana. A imposição do pensamento sobre a vida alheia, o desrespeito à liberdade de caminhar de outrem. Se pensarmos assim, veremos que as relações humanas são preenchidas por relações exploratórias.

Obsessão, se quisermos formar um juízo mais adequado, é conviver com coação, tolher, conduzir conforme a vontade. Avaliando assim, no estágio moral de nossas manifestações nos encontramos em regime de obsessão coletiva. Criamos uma malha social na qual nos envolvemos e aceitamos seus princípios, quase sempre voltados para os reflexos do egoísmo cristalizado no psiquismo humano.

Qualquer desejo de se impor à liberdade alheia, seja com que pretexto for, é violação ao livre-arbítrio alheio. A mãe chamará de educação, o pai de corretivo, o professor dirá que aplica a orientação, o amigo dirá que age no intuito de ajudar. Entretanto, qual de nós poderá afiançar com exatidão a natureza profunda de nossas ações ao interferir na vida de nosso próximo? Qual de nós poderá negar a ilusão dos costumes? Existem pais, mães, professores, amigos e as mais diversas formas de convivência nas quais existe a presença da enfermidade da imposição, do apego e do controle. Em quaisquer dessas situações, ninguém poderá, em são juízo, dizer que alguém quer o mal de outrem, que alguém quer se vingar de alguém. A vingança é apenas um dos móveis da obsessão, e não seu único viés de vinculação. Por isso, obsessão é também, e mais ainda, o desejo de dominar a vida de outrem por alguma razão que nos pareça justa ou necessária.

Temos aqui nesta ala mães e pais, educadores e religiosos, profissionais e amantes que, em nome do amor, feriram e destruíram sonhos, magoaram e desorientaram mentes. Todos alegam ter feito tudo em nome do dever que lhes competia. Poucos de nós enxergamos nossa sutil tendência de dominar, nossa arrogância em querer tomar conta da vida de outrem. Almas com intenções nobres de acertar, fixadas com seu modo de pensar, entregaram-se à fascinação da arrogância de conduzir e gerir os destinos de quem mais diziam amar. Como esclarece Kardec: *uma tenacidade em dominar, isso é a obsessão.*

Aquilo que hoje cedo lhes mostramos na teoria em nosso curso poderá ser comprovado aqui nesta ala. Marcondes é um exemplo desse quadro.

— Se Marcondes está obsediado, onde está o obsessor?

— Nem sempre obsessor e obsediado residem no mesmo "endereço geográfico". Podem ter sido separados pela reencarnação ou pela desencarnação. A obsessão se concretiza muito mais por cordões energéticos do que pela atuação local de obsessor sobre obsediado.·

Marcondes desenvolveu muitos valores morais. Foi pai, deu vida a quatro lindos filhos, venceu a jogatina que lhe era um costume antes de conhecer a doutrina, retirou a esposa de uma situação caótica de analfabetismo e deu-lhe afeto, cultura e família. Dedicou-se ao serviço público com esmero até a aposentaria. Foi um bom vizinho. Como espírita, era devotado, assíduo e estudioso. Tudo isso pesou favoravelmente em seu campo mental para lhe elevar o plano de consciência na sua evolução e o fazer credor da atenção dos Bons Espíritos, que anseiam pela promoção humana.

Seu núcleo moral de ilusão foi a arrogância. Hábitos envelhecidos no costume de controlar.

Sua ficha de valores concedeu-lhe créditos de amparo e atenção. Ao examinarmos a ficha reencarnatória de Marcondes, ficaremos surpresos em saber que, há duzentos anos, ele foi um dos maiores líderes extremistas dos jacobinos na Revolução Francesa. Uma alma inquieta, revoltada com as injustiças, experiente médico na França e político de temperamento austero. Morreu assassinado de forma trágica.

Marcondes é um caso típico de obsessão mental por arrependimento. Como espírita atuante e conhecedor das questões espirituais, deu passos decisivos em seu destino renovador.

Trouxe para a condição de filho seu próprio assassino de outrora, do tempo dos jacobinos, livrando-se de um pesado ônus consciencial. Homem de temperamento altivo, passou a ser mais brando após essa desvinculação mental, ingressando em um período de relativo serenamento mental. Entretanto, não se livrou das matrizes deixadas nos corpos profundos, onde se gravam os códigos da obsessão. É no corpo mental inferior que são feitos os registros mais graves dos quadros de dominação. Por essa razão, ainda hoje, qualquer contato mental entre pai e filho, mesmo separados pelos universos vibratórios, significa um desafio de refazimento no caminho de ambos.

Eles guardam, entre si, ligações magnéticas ressonantes que interagem em regime de enfermidade dos sentimentos. Digamos que a obsessão de Marcondes, assim como a da maioria destes internos no subsolo do Hospital Esperança, é desvinculação a caminho da solução.

Para se ter uma ideia mais justa das sutilezas da obsessão, durante a noite, quando os homens na humanidade dormem no corpo físico, muitos corações vinculados por esses laços de inimizade varam as camadas fluídicas e batem à porta desta casa à procura de seus elos. Muitos deles sem consciência do que procuram. Apenas sabem que aqui se encontra algo que lhes é caro. Para atender a essa demanda de educação e tratamento, criamos encontros de apaziguamento. Desdobrados do corpo, nossos irmãos são tratados em macas, e alguns chegam mesmo a cooperar conosco com a doação ectoplásmica aos serviços de socorro. A maioria, entretanto, vem reclamar reencontros, contas a quitar e apelos por justiça. Temos uma sala apropriada ao mister, que se tornou um pequeno fórum de causas espirituais. Profissionais competentes, com experiência jurídica, e psicólogos preparados na vivência evangélica conduzem, com sabedoria e muito tato, os diálogos que são realizados com cautela e atenção. Para alguns deles, o Hospital Esperança é uma penitenciária que aplicou a pena justa aos seus vínculos. Para outros, somos protecionistas.

Duas noites atrás, o filho de Marcondes o procurou nestas dependências. Mesmo não havendo o encontro presencial, ambos tiveram agravamento de seus estados mentais, sem conhecimento das causas, em face da simples proximidade do campo energético de suas auras.

Assim é a obsessão. A separação necessariamente não significa término.

Somente um estudo detalhado do capítulo da dinâmica da vida afetiva entre os homens poderá nos dar uma noção mais legítima do que é uma constrição mental.

Casais reencarnados, mesmo separados matrimonialmente, duelam dentro e fora da matéria. Duplas afetivas, independentemente dos componentes morfológicos sexuais, convivem mentalmente durante décadas mesmo após instantes de prazer ou de convívio destrutivo. Mães, pais e filhos criam a teia mental da família e nela se ajustam, sustentando elos que dobraram os séculos. Quaisquer ligações que envolvam a vida afetiva podem ser a maior fonte de tesouros da alma ou campos de batalhas intermináveis nos roteiros do ódio, da traição e da adversidade intencional.

Obsessão e amor, lados de uma mesma moeda. Afeto e desafeto, experiências submissas à escolha de cada um, que tecem no manto da vida os fios invisíveis dos cordões energéticos.

A obsessão de hoje foi o amor de ontem. O amor que sofreu os golpes da traição, da má orientação, da dominação e do apego. Só existe obsessão onde existem laços. Quase sempre laços afetivos ou de interesse. Amor e egoísmo juntos, quais joio e trigo. Compreendeu, Juliano?

— Creio que sim!

Ao findar daquele dia, quando fui repousar, olhei para as estrelas e comecei um profundo exame em mim mesmo. Lembrei-me de Benevides, que até aquele momento me causava um profundo mal-estar. Pensei na minha intensa e instantânea perda de vitalidade nas câmaras do subsolo e, por fim, recordei-me de Marcondes naquele estado crítico.

Perguntava a mim mesmo, diante de tudo, o que significa um serviço de apoio aos abismos da humanidade. Perguntava a Jesus, na oração, se algum dia eu poderia cooperar nessa frente abençoada de serviço regenerador. Como as respostas não se faziam claras à minha ingênua sede de saber, detive-me a pensar no que parecia ser o mais sensato, ou seja, no quanto minha arrogância apagou da memória uma vastidão de culpas e falhas que deixei no caminho ao longo da reencarnação.

Capítulo 05

Quesitos para os Serviços Socorristas ao Submundo Astral

"E havia em Damasco um certo discípulo chamado Ananias; e disse-lhe o Senhor em visão: Ananias! E ele respondeu: Eis-me aqui, Senhor"
– Atos, 9:10.

No dia seguinte, logo pela manhã, retornamos à sala de nossos estudos preparatórios. Não me continha de ansiedade para continuarmos o debate em torno do tema obsessão. Desde o dia anterior, as perguntas anotadas pelo grupo não saíam de meus pensamentos.

Após os benefícios da oração, Cornelius considerou:

— Amigos, analisando as várias questões registradas na última reunião de estudos, gostaria de manifestar algumas considerações educativas. Pelo que percebi, dilata-se a curiosidade de vocês em relação ao Grupo X, nosso futuro laboratório de aprendizado.

O trabalho com almas da semicivilização é um ato virtuoso, de proporções inconcebíveis. Qualquer desapreço de nossa parte aos esforços dos irmãos no Grupo X é descaridade e invigilância.

Qual de nós, no lugar de nossos companheiros, faria algo melhor? Não falharíamos ante os apelos do orgulho? Não nos sentiríamos especiais por realizar uma tarefa a que poucos se dispõem e não medem sacrifícios para exercê-la?

Analisemos o assunto e formulemos nossos juízos a título de aprendizado, entretanto, com todo o engano pelo qual passam os amigos no plano físico, Eurípedes Barsanulfo deu-nos liberdade irrestrita de amparo e socorro para com eles. Quaisquer apontamentos sobre a natureza moral de suas lutas nada mais deve significar que um alerta para nós próprios.

Jesus escolheu uma pecadora para anunciar a imortalidade, convocou um defensor implacável da lei religiosa para divulgar ao mundo os seus ensinos e colocou um comerciante perspicaz e iludido no conjunto de seus apóstolos. Maria de Magdala, Saulo e Judas são expressões da misericórdia celeste.

Tecerei ponderações sobre as perguntas elaboradas por todos vocês, tomando por base que o Centro Espírita sob nosso foco é a extensão de nossa família espiritual, suplicando socorro, carinho, apoio e orientação. Longe de nós quaisquer intenções de menosprezá-los ou julgá-los. Que em nossos sentimentos, o melhor de nós próprios seja a luz do nosso raciocínio.

Os integrantes das legiões luciferianas não vieram sozinhos até o Grupo X. Foram trazidos por mentes ardilosas que querem dizimar os esforços legítimos de ascensão daquele núcleo de espiritualização.

Seus médiuns abriram horizontes mentais para aspectos ainda desconhecidos da maioria dos trabalhadores da tarefa mediúnica na vida física. Penetraram vales sombrios; alcançaram regiões com completa ausência de ética e pudor; descobriram ardis envolvendo a organização da comunidade espírita que nenhum livro mediúnico, até então, registrou no mundo físico; visualizaram táticas totalmente movidas por tecnologias avançadas para travar o progresso de casas espíritas; aprenderam a investigar vibrações e formas perispirituais pertencentes à fauna e flora da erraticidade; puderam visitar vales nos quais religiosos cristãos falidos consciencialmente são castigados e acompanharam muitos que, ainda no corpo físico, são levados a tais paragens; estiveram na presença de espíritos que sofreram mutação em seu corpo espiritual jamais mencionada nos registros da literatura espírita; aprenderam a detectar a vibração dessas mutações quando lúcidos, no corpo físico; viram de perto os aparelhos parasitas e sua implantação nos corpos inferiores dos seres humanos; acompanharam socorros a locais de dor no mundo espiritual, cujo ambiente é capaz de colocar em "coma mental" qualquer alma desavisada das realidades de tais locais; foram aos pântanos, aos lagos gelados de enxofre, aos presídios abaixo do solo terreno. Experimentaram vivências dolorosas que lhes custaram estados psíquicos de dor e vazio quando acordados na vida corporal.

Nem por isso, como já mencionamos anteriormente, tiveram o alcance que julgam ter conquistado nos abismos profundos da erraticidade. Digamos que fizeram um curso básico para incursões profundas, aos reinos primitivos da semicivilização, em um futuro próximo.

De posse da bagagem abençoada no serviço desinteressado, conseguiram um piso intelectual que nos permitiu nortear informações valorosas sobre as atividades de socorro aos ambientes mais abandonados do planeta.

Agora que se encontram de posse de um incomparável volume de informações, sentem-se privilegiados, exclusivos, sofrendo o assédio da arrogância, que é filha dileta do orgulho.

Jesus, em Mateus, capítulo 17, versículo 21, orienta: *"Mas esta casta de demônios não se expulsa senão pela oração e pelo jejum"*.

De fato, nossos amigos lidam com almas sagazes, inteligentes e intensamente dispostas a quaisquer atitudes antiéticas. São espíritos assalariados por uma das falanges mais organizadas nas esferas inferiores da vida espiritual, os dragões.

Habitantes da mais antiga sociedade na hierarquia da maldade, os dragões são espíritos agressivos e amantes do poder. Objetivam dominar e gerenciar a Terra. Uma casta de demônios que requer a oração da conduta reta e o jejum da ilusão da arrogância, a fim de que tenhamos condições de realizar algo em favor deles próprios.

Usam, atualmente, os escravos de uma facção dissidente que desejou encabeçar o título de *sucessores legítimos de Lúcifer*, fundadores da falange luciferiana. Os conflitos no reino dos dragões, também chamado *Vale do Poder*, são de todos os tempos da história. Facções e facções surgiram ao longo dos séculos em tais paragens, refletindo a luta pela soberania.

E por que os adversários do Grupo X se utilizam de escravos desta facção? Por que eles próprios não adentram as dependências da casa? Foram algumas das perguntas que vocês registraram para nosso encontro de hoje. Boas indagações!

Com esta estratégia, os dragões pretendem se preservar desta visão mais ampla que adquiriram os encarnados. Sabem que o Grupo X bateu às portas do abismo e, por mais um pouco, lá penetrarão. Pensando assim, para não correrem o risco de ter sua vida social desnudada, buscam confundir informações e destruir as que já circulam no plano físico. Não querem que o mundo físico se esclareça acerca da hierarquia das trevas e obtenha informações sobre sua tecnologia. Criam a dúvida e a descrença no Grupo X acerca das notícias reveladas. Querem embaraçá-los e depois separá-los. Não adiantaria desuni-los com uma convicção tão sólida. Primeiro confundem, depois imputam o golpe de morte por meio da discórdia e da inimizade. São inteligências preparadas nas questões do mundo íntimo da raça humana, almas experientes nos assuntos que envolvem o mando, o controle, e as estratégias de dominação e guerra.

No intuito de complicar, exageram as noções adquiridas pelo grupo, explorando o sentido de grandeza já existente na postura dos dirigentes e médiuns. Insuflam ideias desmedidas sobre a natureza do que fazem, causando-lhes sensação de importância e supremacia, tais como: *"vocês conseguiram chegar aos abismos onde ninguém foi até hoje"*, *"agora têm a chave para salvar a humanidade"*, *"o único grupo que esteve em contato com o verdadeiro Lúcifer"*, *"ninguém jamais ousou esse tipo de contato mediúnico com os dragões"*.

Os seguidores de falanges luciferianas, na condição de assalariados dos dragões, estão hipnotizados por meio de microimplantes na região que tangencia o centro de força frontal no perispírito. São completamente controlados. De fora do Centro Espírita, comandam-lhes o pensamento, assumindo uma personalidade que já fazia parte do imaginário desses espíritos quando atuavam nas suas falanges de origem. Incendeiam, na mente de seus serviçais, a ideia de que aquela casa espírita quer destruir Lúcifer e todos os seus seguidores. Dizem que Jesus veio buscar Lúcifer. Acirram o ódio dos corações adoecidos para lutarem por sua bandeira. Para isso, basta enganarem o grupo dos encarnados inventando todo tipo de mentira acerca da conversão e aceitação das doutrinações, tomando tempo dos trabalhadores. Quando chegam ao campo mental dos médiuns, são dopados com altas doses de medicação sonífera destilada pelos implantes. Em sintonia com os medianeiros, que também já se encontram com seu campo mental povoado pela imaginação fértil, embasada no sistema insuflado, ocorrem as manifestações mediúnicas que jamais temos como prever o resultado.

Há quem imagine, no plano físico, que temos em nossas mãos as rédeas de quaisquer reuniões e que, por essa razão, poderíamos afastar ou vigiar os intrusos que visam perturbar as atividades espirituais. Os nossos irmãos encarnados esquecem-se ou ignoram que o processo natural da busca pela sintonia não é fruto daquele instante de encontro semanal. Nesse caso, os próprios médiuns do grupo, de posse das informações adquiridas sobre as realidades dos planos inferiores da vida, julgam-se prontos o suficiente para o socorro, mantendo sua mente em estado de adesão permanente aos apelos de aproximação das entidades desorientadas. Não podemos suprimir-lhes a necessidade do aprendizado. Amparamos até o ponto em que temos o mínimo para realizar. No momento, a entrega tem sido sistemática. Cultivando a ideia de que participam de uma atividade rara, não querem perder o ensejo do aprendizado. Passam por climas difíceis e somatizam os quadros pertinentes às entidades que os sintonizam, sendo que, em verdade, mais do que entidades espirituais, manifestam, em várias situações, seu próprio conteúdo anímico e energético em desequilíbrio. Envolvem-se entre boa vontade, disposição de ser útil, entrega mental e uma obsessão em via de se consumar. Como sempre, joio e trigo se misturam.

Diante deste episódio, cada dia mais perdem a noção de realidade de seu mundo pessoal e avançam na aceitação de um delírio persecutório[17], no qual são perseguidos por seus inimigos espirituais. Tudo o que lhes acontece de indesejável é classificado como assédio em razão da "tarefa especial" que julgam realizar.

Na direção do Grupo X encontramos outros fatores de análise para os acontecimentos de agora. Nossos amigos dirigentes, nesta casa, aprenderam que um dos fatores fundamentais para o progresso dos médiuns é incentivar-lhes a crença, a fé em suas próprias faculdades mediúnicas. Longe de nós contestarmos essa iniciativa, que trará frutos auspiciosos na grande maioria das vivências da mediunidade. Chega, porém, o momento no qual médiuns, dirigentes e colaboradores necessitam do diálogo franco e da avaliação desinteressada para a troca de impressões sinceras e educativas para o bem da tarefa e o amadurecimento de todos.

Infelizmente, no Grupo X essa possibilidade está longe de acontecer. Nosso irmão Calisto, que conduz as atividades, é um homem bom, um batalhador incansável. Carrega, como nós mesmos, as lutas interiores que assediam para a loucura da

---

17 Nota do médium: aqui abstraímos os conceitos técnicos desta expressão para defini-la apenas como mania de perseguição. Mais adiante, serão usadas algumas conceituações mais técnicas para melhor enquadrar a situação do Grupo X na perspectiva científica da psiquiatria.

importância pessoal. Todavia, um componente grave em sua conduta alimenta a estrutura de fascínio de toda a equipe. Nosso irmão perdeu, há muito tempo, a medida entre coragem e altivez. O mais grave disso tudo é que, pelo menos por enquanto, não demonstra a menor intenção de adquiri-la, mesmo com os inúmeros chamados que a vida tem lhe endereçado acerca de seu traço psicológico de inquietude, que já o levou a diversas situações constrangedoras nos negócios materiais, na família e na vida afetiva das relações humanas. Com muita facilidade podemos perder a noção de limite entre a determinação e a teimosia, a coragem e a vaidade.

Variados grupos mediúnicos, na atualidade, estão sendo mistificados não somente pelos ardis direcionados aos médiuns, mas também pela atitude imprudente de muitos diretores. No caso em questão, Calisto alcança o patamar de uma enfermidade mental patente: a "megalomania". Sua bravura alcançou o patamar de perturbação.

Ao lado desse exagero da interpretação humana, encontramos Ana, presidenta do centro e dirigente de mediúnicas, que, por sua vez, não faz mais nenhum esforço no intuito de acreditar nas clarinadas que partem de nosso plano para a Terra. Sua cautela excessiva é o outro extremo da imprudência de Calisto.

Em meio aos dois irmãos, temos Antonino, médium devotado que passa por um instante de instabilidade e ajuste emocional, entregue a profunda confusão mental com todas as situações. Em busca de uma postura adequada, termina, muitas vezes, sendo precipitado e inconveniente, imaturo e ingênuo.

Cada qual com suas qualidades e lições a aprender, eles formam a identidade da casa espírita que vamos auxiliar mais de perto. Almas arrependidas tanto quanto nós outros e com muitas lutas interiores a vencer.

Bom! É isso, meus irmãos! Fiz essa introdução com base em seus questionamentos. Coloco-me ao dispor para o debate.

Juliano foi o primeiro a perguntar:

— Sendo almas arrependidas, por que a presença da arrogância? Arrepender-se não significa mudar, renovar-se?

— Meu irmão, arrependimento é estado psicológico. Arrogância é tendência moral sustentada pelo sentimento de orgulho, enraizada no subconsciente. Quem se arrepende não se livra imediatamente da construção moral que ergueu dentro de si mesmo. Veja a situação de Calisto como exemplo. É um homem em busca de sua redenção consciencial. Genuinamente arrependido dos males que semeou. Ainda assim, luta com tenazes impulsos de sua personalidade condicionada em mandar e controlar. Sem perceber, manipula e articula impensadamente.

— Mesmo lendo a súmula, ainda não consegui compreender – continuou Juliano – como tudo começou na experiência do Grupo X. O que terá acontecido para terem chegado a esse ponto?

— Nossos irmãos fizeram o que a maioria não quer se arriscar a fazer: investigar, experimentar, ultrapassar os padrões. Receberam o chamado de Eurípedes e sua falange para a limpeza do submundo astral e lançaram-se ao serviço. Assim como Ananias, foram chamados e, conforme narra em Atos dos Apóstolos, capítulo 9, versículo 10: *"E havia em Damasco um certo discípulo chamado Ananias; e disse-lhe o Senhor em visão: Ananias! E ele respondeu: Eis-me aqui, Senhor"*.

Apresentaram-se ao serviço incondicionalmente. Neste momento de recuo nos serviços da mediunidade junto à sementeira espírita, o Grupo X fez-se escolhido para uma tarefa que raríssimos se dispõem a realizar. Chamados todos são, mas escolher-se é uma questão de atitude.

Entregaram-se, pois, ao serviço, sem queixas ou lamentações. De nossa parte, nada mais temos a ajuizar sobre a sinceridade de nossos irmãos.

— Quer dizer, então, que foi assim que chegaram até aqui?

— Arriscaram.

— Arriscaram em que sentido?

— Decididos a ultrapassar os limites preestabelecidos com sua própria segurança no intuito de melhor servir.

— Que segurança?

— Os grupos mediúnicos da seara, evidentemente, com honrosas exceções, objetivando maior segurança contra os perigos e inconvenientes da mediunidade, equipam-se com medidas cautelares para uma prática mais cristalina e fiel aos propósitos superiores. A maioria pautou-se por excesso nesta atitude, criando normas e padrões que terminaram por cercear a criatividade e a espontaneidade dos servidores da tarefa mediúnica.

A regra passou a ser mais importante que os valores da alma. Daí para a padronização foi questão de um passo.

Nenhum progresso será fruto do mero cumprimento do dever. Dever é justiça, obrigação moral, e o serviço de Jesus é amor, vai além da obrigação.

Enquanto nos mantivermos na esfera do habitual, corremos o risco da acomodação. Com a acomodação, sustentamos a ilusão. E com a ilusão nos distanciamos da Verdade.

Não será essa a nossa condição espiritual há milênios? Mistificados por nossos próprios interesses?

Com todas as lutas de nossos companheiros, temos autorização de Eurípedes Barsanulfo para creditar-lhes condições excepcionais, em razão do valor moral de seus esforços.

Fique claro: quando analisamos seus descuidos, o fazemos para nossa própria educação espiritual, nutridos do maior carinho e respeito. Todavia, guardamos no coração o tesouro da boa parte de nossos companheiros e preferimos vê-los na condição dos servidores despreparados que se apresentaram para servir. Nossos irmãos no Grupo X fizeram como Ananias diante do chamado de Jesus, e responderam: *"Eis-me aqui Senhor"*. Mesmo não estando prontos, estavam de prontidão.

— Quer dizer que – emendou Juliano, em tom de questionamento – eles são vistos de uma perspectiva diferente pelos orientadores do Hospital Esperança?

— São vistos pela perspectiva de Jesus: da tolerância incondicional e do apoio possível nos regimes da solidariedade.

— Que bom ouvir isto! Confesso que meu contato com a história escrita do Grupo X despertou certos sentimentos em meu coração.

— Quer falar sobre tais sentimentos, Juliano?

— Sem dúvida! Creio mesmo que me fará enorme bem.

— Certamente – arrematou Cornelius.

— Eu tive um desgosto ao ler a história. São feitas muitas referências ao preparo recebido pelos integrantes do grupo. Fiquei incomodado e até com certa dose de revolta com a arrogância de Calisto e a ingenuidade dos médiuns do grupo. A certa altura, ensimesmado em meus pensamentos, me vi dentro do conjunto enfrentando Calisto e dizendo a ele o que achava que deveria ouvir. Há registros de sua personalidade controladora dentro do próprio lar. Aquilo me deixou, por assim dizer, colérico. Por fim, quando participei dos encontros de meditação no Hospital, identifiquei em mim mesmo o "Calisto interno". Fiz apenas uma projeção do que estou procurando não ser mais.

— Que bom ter chegado a este estágio de autoenfrentamento, Juliano. Por esta e outras várias razões não podemos permitir incursões aos abismos sem o devido preparo. Há de se ter uma neutralidade afetiva muito intensa para viajar a esses pátios de dor. Neutralidade que não signifique negação do que sentimos, e sim consciência do nosso tônus afetivo. Você já imaginou se tivesse de visitar o Grupo X com esse estado interior?

— Seria um desastre! Por certo conflitaria com o dirigente e poria tudo a perder. Não contribuiria.

— Imagine, então, como são intensas e perturbadoras as emoções sentidas nas regiões do submundo astral!

Terminada a fala, iniciei minha sequência de indagações acerca do tema.

— Existe algum médium reencarnado em condições de visitar a semicivilização?

— Visitar, sim. Prestar socorro, raríssimos.

— Haveria outros sistemas embasados em sofismas que foram mais amplamente disseminados nos grupos espíritas?

— Inúmeros. O campo da mediunidade é um dos terrenos mais explorados. As regras excessivas impostas à mediunidade foram alvo, e ainda continuam sendo, de intensa atuação das entidades que querem nublar o conhecimento humano acerca das questões da imortalidade da alma.

— O problema é o excesso!

— A disciplina é bem-vinda. Sem ela nada realizamos neste campo de serviço espiritual. A título de segurança contra o excesso de imaginação, adotou-se a normatização, e uma "nova proibição", em forma de cultura e hábitos, tomou conta de quase todos os núcleos de intercâmbio com nosso plano na seara espírita. Uma poda injustificável. O resultado é o cerceamento do mais rico atributo no exercício mediúnico: a espontaneidade. A espontaneidade significa o fluir dos sentimentos em busca da verdade. O temor de errar, o sentimento de inutilidade nas sessões, a tensão mental criada em razão da idealização para servir ao mundo espiritual bloqueiam os reflexos naturais que poderiam ser estampados no espelho da mente livre, retratando com mais fidelidade as paisagens ignoradas da vida fora da matéria no âmbito das esferas que nós mesmos ocupamos ao deixar o corpo físico.

Espontaneidade, entretanto, significa apresentar-se de modo mais autêntico. Ser espontâneo é ser quem é ou expressar-se mais livremente. Nisso reside a causa de excessivos cuidados, pois quem está apto a lidar com a autenticidade alheia, com a expressão livre dos sentimentos?

Os dirigentes da seara, com raríssimas exceções, foram treinados para doutrinar. Aprenderam técnicas de diálogo fraternal com os desencarnados. Fizeram verdadeiros e valorosos cursos que, em síntese, são orientações para relações humanas previsíveis com os desencarnados. Foram orientados para a convivência com espíritos, sendo que se distanciam da boa convivência com seus pares no plano físico.

Foi-se o tempo em que a tarefa mediúnica era feita somente a poder de boa vontade. O tempo renova as necessidades entre os homens e, igualmente, as mudanças ocorrem entre nós, fora da matéria física.

Percebendo essa larga porta aberta, falanges adversárias dos espíritas e do Espiritismo organizaram campanhas pela disseminação de uma cultura de engessamento, usando o próprio despreparo dos homens no trato com assuntos da vida do Espírito. Sussurraram em corações bondosos, mas desprevenidos, a suspensão de tarefas mediúnicas e o afastamento de médiuns que não se adequavam às novas normas. Muitos desses médiuns foram taxados de indisciplinados, rebeldes a regras e obsediados. O esclarecimento foi incentivado a título de melhor preparar os médiuns para seus deveres. E, enquanto crescia o estudo, diminuía a autenticidade. Modelos de reunião começaram a ser adotados, e as reuniões mediúnicas, que no início do Espiritismo eram ricas de simplicidade e afeto, passaram a ter denominações e graus diversos.

A história dos últimos quarenta anos do movimento espírita conduziu a prática mediúnica ao patamar de uma atividade discreta, seletiva, quase oculta e extremamente intelectualizada.

Sua função social dos tempos de Kardec e do Espiritismo nascente no Brasil foi quase totalmente abandonada. Não fosse o esforço de corações sensíveis, que guardam o tesouro de suas nobres intenções voltados para o socorro à dor alheia, por intermédio de legítimas frentes de serviço de tratamento espiritual a encarnados e desencarnados, não teríamos mais as sessões onde o povo pode confabular com o mundo espiritual.

O processo de educação que permite a mediunidade social, ensejando ao homem do mundo físico sentir o "pulso da vida imortal", é um curso intensivo de Espiritismo por via do coração.

— Afinal, o que tem faltado para os serviços com as trevas profundas, técnica ou qualidade moral?

— Sobretudo qualidade moral. Nos dias atuais, estamos incentivando o esclarecimento em torno dos assuntos da erraticidade inferior para formar melhor noção da realidade dessas paragens. É necessário que os grupos mediúnicos de serviços intercessores alcancem mais vasta consciência da geografia das trevas e seu modo social de organização. Sem isso, as informações e comunicações de seus habitantes serão mera fantasia para a maioria dos lidadores da mediunidade no plano físico.

Todavia, nosso foco prioritário nos labores de assistência às furnas da dor e da maldade deve ser a educação moral de quantos assumam o desafio de ser úteis nesse gênero de ação, seja no plano físico ou extrafísico.

Para nossos irmãos no corpo físico, em razão da limitação natural das percepções, os cuidados devem ser ainda mais amplos. O cérebro os impede, naturalmente, de identificar as sutilezas da ação dos espíritos sobre o pensamento e também as manobras sagazes dos adversários do trabalho no campo dos planos organizados. Resta-lhes a vigília lúcida e a conduta cristã.

A técnica auxiliará na obtenção de melhores resultados no auxílio e na fidelidade à Verdade dos vastos panoramas da erraticidade, ainda desconhecidos até mesmo pelos irmãos que se iluminam com o conhecimento espírita. Ela é a ferramenta promissora que, a exemplo da enxada, facilitará a tarefa da semeadura do agricultor nas suas frentes de ação. Entretanto, de que servirá arar e fertilizar o campo, se a lavoura não recebe a semente abençoada que produzirá o fruto? O Evangelho é claro nesse sentido, quando afirma em Lucas, capítulo 6, versículo 44: *"Porque cada árvore se conhece pelo seu próprio fruto; pois não se colhem figos dos espinheiros, nem se vindimam uvas dos abrolhos"*.

Quem anseia por cooperar com as atividades de regeneração do planeta, em atendimento ao chamado de Eurípedes Barsanulfo e os outros espíritos elevados, para a limpeza do submundo astral, deverá ter em mente que a preparação moral dos grupos é a única garantia para a continuidade e o bom proveito. Do contrário, a natureza das forças enfermiças poderá arruinar os mais bem-intencionados planos de ação em favor do bem coletivo nesse terreno.

Afeto, respeito e amor fraternal serão os brasões morais de proteção para as equipes na construção da concórdia libertadora. Onde não floresce a amizade legítima, será improdutiva a arregimentação de tais iniciativas, pela fragilidade de seus membros na concretização de laços consistentes em sua convivência.

A técnica facultará o desenvolvimento experimental, mas somente a honestidade emocional vertida na mais santificada capacidade de pacificar as relações permitirá que o conjunto consiga superar as intempéries e servir decisivamente pelo bem do ideal.

Somente a edificação de laços de afeto cristão será capaz de oferecer um campo fértil aos serviços. Afora isso, teremos ensaios promissores que poderão ser dizimados ao peso das provas da convivência.

Muito sacrifício e devoção serão pedidos ao trabalhador e ao grupo que se comprometer em ser útil à nossa família espiritual, que se encontra atolada nos pântanos das sombras nos reinos inferiores.

No Evangelho de João, capítulo 6, versículo 60, encontramos grave advertência a esse respeito, quando os discípulos, sentindo a dureza das provas para seguir Jesus, proclamaram: *"Muitos, pois, dos seus discípulos, ouvindo isto, disseram: Duro é este discurso; quem o pode ouvir?"*

— E que qualidade moral seria mais valorosa para estabelecer uma amizade sincera? – perguntei interessado em refletir sobre as minhas próprias limitações no assunto.

— Em situações como esta, vividas por nossos confrades, a melhor qualidade de pacificação para a convivência diária é a atitude de renúncia ao ponto de vista pessoal. Só nesse clima surge o carinho, o perdão e a bondade espontânea. O carinho é o alimento da socialização, o perdão é ato de tolerância máxima aos lapsos alheios, e a bondade é mola propulsora da motivação para trabalhar e continuar a criar vínculos com as diferenças e os diferentes a caminho da complementaridade de nossas faculdades.

No Grupo X esgotou-se a afabilidade do início, os pedidos de desculpa simplesmente desapareceram dos lábios, e pouquíssimos gestos de bondade são feitos com real desinteresse de soberania.

Nossos irmãos sucumbem sob a opressão de suas imperfeições. Essa é a base das chamadas obsessões mentais. Guardam interesse real de progredir e se libertar das amarras do passado, contudo, colhem o fruto da sementeira espinhosa que cultivaram em milênios de ilusão nos desfiladeiros sombrios da prepotência.

— Cornelius, posso satisfazer uma curiosidade? – mais uma vez indaguei pensando em minhas próprias experiências vividas quando no corpo físico.

— Fique à vontade.

— Nossos irmãos querem sair deste momento tumultuado?

— É o que mais anseiam.

— E por que não saem?

— A melhor receita para superar conflitos humanos, amigo querido, foi dada por Paulo de Tarso, quando enunciou, em sua carta aos coríntios, capítulo 6, versículo 7: *"Na verdade é já realmente uma falta entre vós terdes demandas uns contra os outros. Por que não sofreis antes a injustiça? Por que não sofreis antes o dano?"*

Sem a excelência da renúncia jamais florescerá a concórdia.

Quase sempre, na condição de seguidores imperfeitos da mensagem de Jesus, fazemo-nos orientadores arbitrários do serviço celeste. O caráter rígido de nossos irmãos nos conduz a atitudes destemidas em favor da tarefa e, sem perceberem, extrapolam os limites, entregando-se nos braços das crenças pessoais. Imbuídos de intenções honestas em servir, guardam fidelidade ao que acreditam. Fazendo o melhor que podem, distraidamente, alcançam a arbitrariedade.

Em nome de intuições e do bom senso, guardando sincero sentimento de lealdade às crenças, fixam-se em metas e decisões no trabalho doutrinário sem sensibilidade o bastante para mensurar, na intimidade de cada um, a repercussão de suas atitudes. Esquecem um princípio fundamental em assuntos da vida de relação: o diálogo transparente que deve preceder cada rumo escolhido nos labores.

Não basta querer sair de conflitos criados nos relacionamentos, pois cada arranhadura provocada pela decepção, pela mágoa e pela discórdia é como teia aprisionante enredando cada membro do grupo nas sutis algemas do revide silencioso.

Há de ser ter muita capacidade de amar para participar de uma vivência desse porte e manter-se isento da constrição imposta pelo clima espiritual que se forma. Nos dicionários humanos, são chamadas relações destrutivas, e quem nelas penetra perde completamente o discernimento sobre como sair. Vive-se uma ilusão capaz de provocar a terrível hipnose da razão, na qual todos se acham corretos em seu proceder e donos do mais justo juízo.

É assim que assumimos a condição de orientadores arbitrários dos serviços do Mestre.

— E, mesmo com todo esse cenário moral, são alvo da mais cara atenção do Mais Alto!

— Joio e trigo, José Mario, estão no íntimo de todos nós. A pretexto de extirpar o joio, não podemos matar o trigo, do contrário, qual será a colheita?

— E nesse ambiente os adversários não têm muito trabalho para prejudicar o serviço, não é mesmo?

— De muito pouco necessitam para perturbar.

— Se não conseguem zelar com equilíbrio pelo próprio ambiente de trabalho cristão, como chegarão aos abismos de dor?

— Eis o quesito elementar aos labores com os abismos! Solidez de laços fraternais. Afora isso, será correr riscos incalculáveis ao próprio bem-estar mental dos cooperadores.

— Qual de nós está pronto para tais incursões? Diante de suas observações sensatas, Cornelius, sinto-me totalmente inabilitado ao mister. Chego mesmo a recear quanto a minha fragilidade.

— Vivendo todos os dias ao lado de equipes de amparo, posso lhes dizer que nenhum de nós está pronto para esta lição extrema. Menciono aqui as lutas de dona Modesta nos abismos. Os tipos de ameaça, os locais impenetráveis. O estado perispiritual no qual retornam de tais labores. Só quem vê essa realidade de perto é capaz de aferir a grandeza do testemunho.

Mesmo os mais dedicados ao serviço passam por enfermidades e efeitos dolorosos, em seus corpos espirituais após cada incursão nos recônditos da semicivilização.

Todavia, não podemos imaginar esse gênero de atividade somente nas regiões mais inferiores da erraticidade, porque o inferno tem subido para solo terreno como efeito inadiável da lei de progresso.

É necessário que haja um regurgitar das furnas mais densas. Está se tornando quase impossível aos grandes líderes da hierarquia do mal manter-se velados. A luz chega aos pântanos morais.

Nem sempre os irmãos do Grupo X vão aos abismos astrais. Quase sempre, os abismos vêm até eles.

Quem vai às favelas educar os traficantes ou aos berços de ouro orientar a inteligência corrompida? Quem vai aos corruptos para retirá-los das ardilosas armadilhas da usurpação? Quem vai às zonas de sexo livre para imunizar-lhes o pensamento com o lampejo de uma nova vida? Quem vai aos antros de jogatina para acenar-lhes com novas opções? Quem penetra os lares do adultério para tentar salvar famílias? Quem vai aos poços de amargura onde jazem companheiros que desistiram de viver? Quem fará algo pelos que são escravos do poder? E a mentira, quem é seu verdadeiro "pai", onde está seu verdadeiro foco? Quem vai socorrer o louco obsediado? Que podemos fazer pelos vândalos da violência ou do fanatismo? E como agir pelo orgulho humano?

Nós temos feito algo por todos eles, mas precisamos de apoio. Precisamos de calor sanguíneo, voz de garganta, toque na temperatura do corpo, odores perfeitamente fiéis aos do organismo físico, força magnética material, energia nêurica restauradora, ectoplasma.

Podem-se criar clones disso? Claro. Mas nunca exatos; nunca perfeitos. Do contrário, seríamos Deus. Dominaríamos a Criação. Em verdade, somos cocriadores, ou seja, apenas modificamos o existente. Recriamos o Criado.

Nossos irmãos dispõem da maior potência energética já construída no reino humano, o corpo físico. Possuem forças de atração e magnetismo em ondas mentais centrípetas e centrífugas. São os sentimentos humanos. Criam uma perspectiva não imitável, única, portadora dos mais salutares medicamentos energéticos e cicatrizantes, um antibiótico natural contra muitos vermes astrais.

Não esperamos mais por médiuns heroicos e devotados, mas por equipes cristãs. Por mais extraordinários a faculdade mediúnica e os valores morais do médium, uma tarefa desse porte, nas atuais condições psíquicas da Terra, requisitará uma estrutura apropriada e resistente. As tarefas haverão de se converter em laboratórios fraternos de investigação.

Médiuns como operários. Dirigentes como parceiros. Sustentadores como apoio afetivo.

Os que mais servem e não os que mais controlam, eis o quesito elementar.

Ficamos, assim, com a sábia colocação do codificador a respeito dos quesitos essenciais aos serviços de amparo e assistência mediúnica contida em *O Livro dos Médiuns*, capítulo 24, item 267: *"Para julgar os Espíritos, como para julgar os homens, é preciso, primeiro, que cada um saiba julgar-se a si mesmo. Muita gente há, infelizmente, que toma suas próprias opiniões pessoais como paradigma exclusivo do bom e do mau, do verdadeiro e do falso; tudo o que lhes contradiga a maneira de ver, as suas ideias e ao sistema que conceberam, ou adotaram, lhes parece mau. A semelhante gente evidentemente falta a qualidade primacial para uma apreciação sã: a retidão do juízo. Disso, porém, nem suspeitam. É o defeito sobre que mais se iludem os homens".*

Cuidar da nossa fragilidade com atenção, José Mario, será um ato de vigilância. Que isso não nos afaste, porém, do desejo de servir onde raríssimos oferecem sua parcela de colaboração.

Pela aquisição desta retidão do juízo aludida por Kardec, abandonemos o personalismo nocivo e agreguemo-nos à noção de grupo, eis nossa maior proteção.

— Pensava exatamente neste tópico: grupo. Os amigos do Grupo X formam uma equipe e, no entanto, atravessam um momento de extrema delicadeza em sua convivência. Por sua explicação clara, Cornelius, há uma fixação nos pontos de vista pessoais que coloca em risco o futuro. Uma expressão em sua resposta chamou-me a atenção: "orientadores arbitrários do serviço celeste". Perdoe-me a indiscrição, mas existe alguém que assume esta condição entre nossos irmãos?

— A situação é um pouco mais grave, José Mario. Se fosse apenas uma pessoa assumindo esta atitude infeliz, os fatos colocariam cada coisa em seu lugar.

— Então existe mais de um componente nesta posição?

— José Mario, a título de aprendizado, e sem qualquer julgamento aos irmãos queridos, credores de nossa amizade sincera, raros naquela casa são os que se encontram fora desta postura arbitrária. Não fosse a luz da sinceridade que emana de suas almas, decerto estariam nas malhas da perturbação mental consumada, sem nenhuma possibilidade de ação da misericórdia divina.

— Meu Deus! Quando entramos neste tema, inevitavelmente, penetro nas recordações de meus próprios fracassos. Isso dói até hoje! Vejo-me nesta condição.

— Desde o primeiro grupo formado pelo próprio Cristo, caro amigo, temos notícias da influência danosa de nossas imperfeições morais. Pedro, Tiago e Saulo duelaram ardentemente, colocando em risco a obra nascitura do Evangelho.

— Ainda não ouvi algo que me fizesse compreender tal quadro. Com tanta luz jorrada pela doutrina, ainda pelejamos com tantas sombras!

— Eis a explicação, bom amigo.

— Onde? – expressei com um misto de indignação.

— No Grupo X temos um encontro de sombras atraídas pela luz de um ideal. Foi preciso algo muito forte e impactante para reuni-los: o ideal do afeto. Sem exceção, são almas atraídas para a afetividade ante o cansaço no qual se encontram pelas pelejas travadas em sucessivas vivências carnais. Estão cansados de si mesmos e mendigando uma gota de sossego interior.

O volume de informações e conteúdos mediúnicos recebido pelos companheiros acendeu-lhes no íntimo o ideal luminoso da fraternidade. Formou-se um ideal que os agregou. Todos ansiosos pela luz do amor verdadeiro. Dona Modesta, avalista amorável do Grupo X, destinou-lhes projetos de cooperação. Inebriados ante a proposta, entregaram-se incontinente ao serviço. O grupo matriculou-se na preciosa escola de serviços socorristas aos abismos.

Corações impenetráveis e espíritos nas condições mais infelizes fizeram parte da mesa farta de alimento espiritual no

Grupo X. Os dragões empedernidos do *Vale do Poder*, servidores de Baco do *Vale da Luxúria* e almas cruéis do *Vale da Descrença* foram atendidos nas atividades, criando um campo de batalhas intermináveis com as falanges mais austeras e odientas das regiões inferiores da erraticidade.

E quando começaram as primeiras lições por meio do contato com habitantes do submundo astral, as lutas surgiram. Não poderia ser diferente. Temos milênios de trevas contra nossos mais sinceros anseios de luz.

O grupo se uniu por um ideal superior, mas a conquista desse ideal, para qualquer um de nós em busca de ascensão espiritual, será alcançada somente ao preço de muito sacrifício de autossuperação. Surgiu, assim, o encontro das sombras interiores de cada trabalhador.

É da Lei Divina que sejamos sempre atraídos para nossas próprias criações. Vamos sempre ao encontro de nós mesmos na caminhada evolutiva. Nossa vida exterior reflete as buscas mais profundas e desconhecidas de nós próprios. Cada componente do Grupo X aspirava à luz, todavia, o conjunto de suas características morais tornou-se elemento decisivo. Valorosos, porém, por demais orgulhosos. A sombra do orgulho é o mais poderoso ingrediente da vida mental para definir nossos destinos. Nossos irmãos se complementam. Veem, um no outro, aquilo que possuem dentro de si mesmos e não conseguem assumir.

Os momentos iniciais de alegria e carinho, afeto e disposição esvaíram-se ao peso das rixas intermináveis e exaustivas. O clima estava propício à obsessão.

Os articuladores das falanges adversárias, aproveitando-se do ambiente desarmônico, acirraram seus planos de interferência e destruição.

— Um encontro de sombras! – exclamei pensativo.

— Que outra análise fazer, José Mario?

— Quer dizer que os amigos espirituais que os orienta chamou-os à aplicação do afeto e eles se viram atraídos para o tema?

— Completamente atraídos.

— Eu sempre tive muito receio desse assunto. Afeto e intimidade sempre andam juntos e arruínam amizades.

— De fato, José Mario, o afeto é como uma pedra de raro valor em uma galeria cercada de variadas medidas de segurança, a fim de não ser roubada. A afetividade sem valores morais nobres que a protejam pode resvalar para decepções sem conta nas relações humanas.

— Se eles foram tão chamados à afetividade, por que não conseguiram se entender?

— Faltou-lhes um destes valores de proteção para que o afeto se transforme em argamassa construtora de paz na convivência humana.

— Qual valor?

— A misericórdia. Eis um dos mais belos ensinos do Evangelho que tem faltado à maioria de nós, seguidores de Jesus. Misericórdia é ter os olhos voltados para a boa parte da vida, saber extrair luz dos acontecimentos e das atitudes humanas. Isso só será possível se tivermos compaixão das misérias uns dos outros. Misericórdia, aliás, significa isso: *cordia*, que lembra coração, em grego *Kardia*; e *miseri*, que remete à dor, ao sofrimento e à penúria. Somente nesse clima propício de bondade o afeto pode florescer sem atiçar a sombra interior.

— Talvez por isso sempre temesse o afeto. A intimidade nos faz entrar em contato com a riqueza e a pobreza alheia. Isso causa inveja por um lado e crueldade por outro. Ao não admitirmos a luz que o outro tem, tombamos na ciumeira enfermiça ou, então, verificando as imperfeições desta mesma criatura, procuramos ser cruéis com suas deficiências no intuito de apagar sua luz, que ofusca nossos olhos.

— A convivência, José Mario, com ou sem a afetividade, é um espelho no qual, queiramos ou não, temos de nos olhar através do outro. Somente no deserto teríamos condições de anular essa possibilidade, ainda assim ficaríamos escravos da miragem que fazemos de nós mesmos.

— É verdade! – exclamei procurando analisar a profundidade do ensino de Cornelius.

Apenas mais uma questão, intercedeu Juliano:

— E hoje, como se encontram os irmãos do Grupo X?

— Isto será alvo de nossas reflexões nos próximos encontros. Vocês serão chamados a cooperar ativamente no melhor encaminhamento das vivências em curso, a pedido do professor Cícero Pereira.

— Professor Cícero está envolvido com os acontecimentos do Grupo X?

— Além de dona Modesta e doutor Inácio, que guardam laços estreitos com nossos irmãos, talvez o professor possa ser considerado o grande tutor do Grupo X. Foi ele quem zelou durante algumas décadas, com incomparável devoção, pela união de um grupo extenso de almas comprometidas com velhas contas a quitar.

— E conseguiu reuni-los no Grupo X?

— Não, Juliano. Não é este o objetivo. Nem um décimo deste grupo foi reunido. São aproximadamente trezentos corações, hoje reencarnados, que se vinculam a um novelo de histórias iniciado no século XV, com a infeliz Noite de São Bartolomeu.

— Meu Deus!

A reunião de estudos corria rica em comentários, mas, quando dei por mim, Juliano e eu havíamos monopolizado as indagações. Sentindo um desconforto pela minha atitude, resolvi interrogar:

— Cornelius, será que alguém mais quer participar? Estou exagerando nas minhas perguntas.

— O diálogo está em aberto, amigos – falou Cornelius, em tom de simplicidade e convite aos integrantes de nosso grupo de estudos.

Assim que foi franqueada a palavra, Railda, uma encantadora integrante de nosso grupo, atuante na seara espírita do Ceará, na cidade de Juazeiro, quando encarnada, apresentou uma questão de rara inspiração:

— Diante de tantas noções enriquecedoras, gostaria de saber se existe algum grupo que esteja conseguindo se manter nos compromissos de assistência às furnas da semicivilização.

— Pergunta oportuna, Railda! – procurou motivá-la nosso instrutor. – Faz parte de nosso programa no curso visitar um desses ambientes. Vocês conhecerão de perto um homem e médium honrado no estado do Rio de Janeiro, Zequinha, um abnegado servidor do Cristo.

Capítulo 06

O Poder Mental de
Pai João de Angola

*"Respondeu-lhe Jesus: Não vos escolhi
a vós os doze? e um de vós é um diabo"*
– João 6:70.

Após nossos cursos preparatórios pela manhã, rumamos à tarde para as visitações confortadoras nas enfermarias. Cornelius, Juliano, Railda e eu estávamos à porta de entrada do subsolo 1, quando um toque de emergência foi disparado no subsolo 2, um nível abaixo de onde nos encontrávamos. Cornelius, ciente de que se tratava de algo grave, pensou por alguns segundos e solicitou-nos a companhia, saindo apressadamente.

Chegando lá, fomos recebidos por Salustiano, um enfermeiro servil que nos informou:

— Temos um caso de mutação.

— Meu Deus!

— Qual a classe?

— Um ex-dragão.

— Em qual cela está?

— Na 22.

Sem a menor noção do que se tratava, seguimos Cornelius, que nos solicitou muita vigilância e oração. Em passos largos e apressados, dirigimo-nos com uma equipe de soldados para a cela 22. O ambiente era muito carregado. Um pedaço do inferno no céu, não tinha outra definição para tal quadro. A diferença entre os andares superiores e o subsolo era marcante. A respiração de todos ofegava, inclusive a dos mais afeiçoados ao ambiente. Aproximando-nos da cela 22, ainda muitos metros distantes, podíamos perceber uma luz de cor laranja saindo pelas frestas da porta. Parecia que estava tudo em chamas lá dentro. Um odor causticante queimava nossas narinas. Não suportando o ritmo dos passos da equipe, andamos mais lentamente, e Railda, Juliano e eu ficamos para trás. Éramos, ao todo, uma equipe de vinte pessoas.

Alguns soldados habituados aos trâmites daquela hora postaram-se diante da cela, enquanto outros olharam pela pequena janela na porta. Devidamente paramentados, traziam uma arma no coldre. Uma farta chama de fogo foi literalmente cuspida lá de dentro, fazendo com que todos se arredassem abruptamente, menos os soldados. Impressionei-me com a postura deles, que apenas fecharam os olhos e se mantiveram intactos. Mesmo guardando alguns metros da cela, tive uma terrível sensação de ser sugado em minhas forças por aquelas chamas ardentes e malcheirosas. O odor aumentou a tal ponto que nós três, os aprendizes, começamos uma tosse seca que nos deixava com a garganta ardendo. Máscaras apropriadas foram distribuídas para quem não se adaptava.

De repente, comecei a ouvir uma música sendo cantada baixinho, que foi aumentando e aumentando, até que localizei sua direção, e pude perceber, no corredor pelo qual caminhamos, que um senhor negro, vestido como escravo, de baixa estatura, apoiado em uma bengala de madeira brilhante, vinha dançando e cantava:

"*Se a pedra é dura*

É dura de quebrar

Coração que não bambeia

Hoje tem que bambear..."

Logo percebi que se tratava de um conhecido ponto[18] de Umbanda cantado no mundo físico, cujo fim é auxiliar nos trabalhos mais pesados com corações empedernidos no mal. Imediatamente, os soldados acompanharam a música seguida de um gesto similar às palmas, na qual apenas encostavam uma mão na outra, o que provocava uma irradiação dirigida

18 Cantigas de louvor ou evocação aos orixás e linhas de entidades na Umbanda.

à cela 22. Quanto mais se aproximava o velho, mais éramos tomados por uma força descomunal de coragem, bem-estar e alegria. A vontade que tinha era de me jogar naquela cela, mesmo sem saber o que lá acontecia, e resolver o que fosse preciso. A força vibratória da entidade fazia uma barreira protetora e saudável de uma energia que nos revigorava.

O velho, com andar lento, passou à nossa frente e, com seu olhar meigo, saudou-nos de forma carinhosa: "Louvado seja *nossu* senhor, *muzanfio!*" Jamais esquecerei o olhar do velho sábio, que nos enviava uma mensagem de força divina, fazendo-nos sentir que, mesmo diante de um perigo iminente, Deus conosco estava.

Aproximando-se da porta, foi saudado de forma respeitosa pelos soldados e falou:

— *Muzanfio, abri* essa porta!

Aberta a porta, logo vimos o ser que lá se encontrava. Descrevê-lo seria gastar palavras, porque a similaridade com os dragões imaginados pelo homem no mundo físico era algo de impressionar. Uma cópia fiel. Quem copiou de quem? O homem copiou o daqui ou os daqui copiaram os de lá?

Aquele velho olhou fixamente a criatura, bateu sua bengala no chão por três vezes e repetiu:

— Deus te ama, *muzanfio*. Deus te ama, *muzanfio*. Deus te ama, *muzanfio*.

A singeleza da frase não traduzia o poder energético daquela fala, porque já na segunda vez pronunciada, aquele ser, que parecia indomável, horripilante e destruidor, simplesmente caiu aos pés do velho, totalmente inerte, e passou a ter terríveis convulsões.

Médicos e enfermeiros prestimosos aproximaram-se com farto material asséptico, esponjas e muitas tigelas para recolher o caldo gorduroso que era expelido pela pele daquela estranha entidade.

Não fossem os ensinos que já havia recebido, e acreditaria tratar-se de um animal vivente nas plagas imortais, mas não era isso. Estávamos diante de uma das mais temíveis criaturas na vida espiritual, um dragão.

Com uma rapidez impressionante, toda aquela forma composta de pequenas escamas da epiderme de réptil se desfazia, deixando transparecer hematomas e feridas similares às que se formam no corpo humano.

O odor no ambiente havia melhorado, embora ainda fosse difícil de suportar.

O velho, vendo o ser tombado, não demonstrou preocupação com ele, mantinha seu olhar fixo dentro da cela. Solicitando que o arredassem para o corredor, foi entrando com o olhar atento, concentrado. Cornelius pediu uma oração em voz alta, e o velho entrou e fechou a porta.

De repente, a serenidade da oração foi invadida por um silvo estridente que machucava nossos tímpanos. Uma dor perpassava meu coração, como se fosse uma angústia dilacerante. Luzes multicoloridas foram vistas por nós e novamente ouvimos aquele velho bater a bengala e repetir por três vezes: "Deus te ama, *muzanfio*".

Após o mantra transformador, uivos horripilantes foram ouvidos. Eu estava completamente tomado pelo medo. Um misto de desespero e vontade de me esconder. Não foi uma experiência fácil nem agradável. Não tinha a menor noção do ocorrido. Tudo aconteceu em breves minutos, que pareciam uma eternidade.

De repente, o velho negro saiu da cela, foi até o cóccix da criatura e, com uma tesoura específica para tais fins, fez uma incisão. O que vimos a seguir era de impressionar. Como fosse uma ferida enorme purgando, era expelida uma matéria pastosa de cor esverdeada como lodo, com odor de enxofre. Ela se derramava aos borbotões. Com a mão estendida sobre o cóccix, vimos que o velho fazia uma sucção e, em meio àquela pasta esverdeada, vi surgir um dispositivo do tamanho de uma pequena moeda, que se imantou à palma de sua mão. Ele pegou a pequena peça e a entregou a Cornelius. Como quem já sabia o que estava fazendo, dois enfermeiros conectaram um pequeno tubo para absorver a matéria, enchendo potes enormes rapidamente. Na medida em que ela vazava na epiderme, a forma daquela criatura diminuía, como fosse um balão inflado esvaziando. Pouco a pouco, apareciam os primeiros traços humanos em sua face, depois no peito e, por fim, nas pernas.

Após dez a quinze minutos, aproximadamente, nos quais nos mantivemos em absoluto silêncio, eu olhava cada detalhe. Agora, quase totalmente humano, o corpo daquele homem parecia ter sofrido um acidente grave. Hematomas por todo lado, inconsciência total, flacidez muscular, como se estivesse completamente quebrado.

Terminadas as operações emergenciais, ele foi cuidadosamente colocado em uma maca e levado ao centro cirúrgico de emergência, acompanhado pelos soldados, os enfermeiros e o velho sábio.

Ficou apenas nossa equipe de estudos junto a Cornelius. Olhamos para o benfeitor sem saber o que dizer. Ele, que em nenhum momento demonstrou perturbação, guardando invejável serenidade, nos dirigiu a palavra.

— Imagino o quanto estão curiosos! Posso adiantar-lhes que, neste momento, a vida envia um recado prestimoso em relação ao futuro das atividades que lhes aguardam o concurso fraterno. Raríssimas vezes algum aprendiz de nossos cursos preparatórios teve contato com tal nível de atendimento tão cedo, como tiveram vocês. A vinda ao subsolo 2 costuma ocorrer somente com autorização prévia e em fase bem mais adiantada nos estudos. Ainda assim, proponho que regressemos ao andar de cima, onde poderemos fazer uma pequena pausa para o diálogo.

Continuamos os três em silêncio e seguimos Cornelius para o subsolo 1. Paramos em um posto de enfermaria e nos assentamos em confortáveis cadeiras.

Um pouco mais refeitos, cada um de nós trazia ainda alguma alteração vibratória. Railda tinha náuseas, Juliano guardava enorme dificuldade na respiração e eu trazia uma palpitação no coração que me causava um cansaço inexplicável. Somente Cornelius mantinha-se inalterado, por estar habituado à natureza dessas atividades.

— Eu sei o que sentem. Logo passará – externou o benfeitor, solicitando um suco refazedor no posto central da enfermaria.

— Cornelius – falei, ainda bebericando o saboroso líquido que nos restaurava as forças instantaneamente –, que será daquele pobre homem daqui para a frente?

— Espera-lhe a sementeira que plantou na obra do Pai. Quase sempre, depois de inúmeras cirurgias reparadoras do perispírito, passam por longo tratamento psiquiátrico e, mais adiante, caso consigam resultados satisfatórios, fazem gradativas atividades de preparação e, posteriormente, iniciam o serviço de sua própria redenção por meio da reencarnação. Faremos tudo ao nosso alcance para auxiliá-lo em sua redenção, eis o fim maior desta casa de amor. Todavia, ele próprio poderá criar obstáculos instransponíveis ao amparo que lhe será dispensado.

— E nesse caso?

— Nesse caso, podem ocorrer fugas do Hospital ou podemos encaminhá-lo para prisões educativas mais próximas da crosta. Tudo dependerá do homem que vai surgir daquele dragão impenitente.

— De onde ele foi recolhido? Veio dos abismos?

— Não, José Mario! Agora vocês entenderão melhor por que lhes disse que a vida lhes envia recados alvissareiros em relação ao futuro de suas atividades socorristas. Este dragão atacava as dependências do Grupo X até duas semanas atrás, quando, em paciente serviço de amor, dona Modesta conseguiu trazê-lo ao Hospital. Vejam como os seus laços com esse Centro Espírita vão se estreitando!

— Porventura, Cornelius – indagou Juliano –, ele é um dos luciferianos?

— É mais complexo, Juliano – respondeu Cornelius, como quem reflete se seria mesmo o momento certo de nos confiar revelações sobre os verdadeiros fatos.

— Seria ele então...

— Sim, Juliano. Era a entidade que se passava por Lúcifer no Grupo X. No momento adequado, vocês poderão obter mais detalhes dessa ação socorrista – expressou novamente Cornelius, como se desejasse alterar o rumo da conversa.

Railda, com a típica sensibilidade feminina, fez a pergunta que todos mais queriam saber.

— E quem é aquela alma boa que irradia paz e alegria? Que vontade de beijar aquele velho!

— Aquele velho sábio é Pai João de Angola, distinto trabalhador das furnas.

— Ele parecia um mago! – exclamou Juliano, também inebriado pela figura do velho.

— Ele é um mago. Um mago do bem. Pai João, junto à equipe de dona Modesta, tem prestado serviços valorosos a vários grupos doutrinários que se erguem em nome do Cristo na Terra.

— Ele seria o que na Terra chamamos de preto velho?

— Sem dúvida. Ele integra as falanges protetoras do bem-estar social. Sua ação é muito focada na saúde, especialmente no capítulo das interferências obsessivas na ótica da medicina espiritual. Mais do que mago, Pai João é um médico do bem a serviço da libertação da consciência humana.

— O que eu não imaginava – aparteou Juliano – é que realmente eles ainda traziam essa aparência. Quando na vida física, supunha se tratar de animismo dos médiuns essa descrição em forma de escravo.

— Pai João é muito singelo na sua forma de se apresentar. Temos outros servidores da casa que chegam a se paramentar a rigor, assemelhando-se aos pais de santo da vida física ou escravos dos tempos idos.

— Estranho isso, não? – intercedeu Railda, com nova prova da acuidade feminina.

— O que é estranho, minha filha?

— Essas vestes dentro de um hospital.

— Você viu alguém assim vestido nos andares superiores?

— Não!

— Somente aqui, onde a doença se manifesta com expressões cruéis torna-se necessário reproduzir semelhante quadro. Soldados com armas, magos com túnicas e assim por diante.

— E as armas? Eram de verdade?

— Diferem do armamento do plano físico porque eram apenas disparadores de tranquilizantes, embora em situações mais próximas da crosta sejam usados armamentos defensivos pesados e específicos.

— E por que vocês chamam o quadro apresentado na cela 22 de mutação?

— Railda, esse pobre ser está há quinze dias, entre nós, apenas tomando medicações contra sua vontade e recebendo atendimentos técnicos no intuito de ser desligado totalmente dos cordões energéticos que ainda o prendem a seus mandantes. É o tempo habitual para o que chamamos de mutação, isto é, o desligamento dos seus dominadores e a possível mutação perispiritual com a perda da carapaça de réptil. A mutação é o que você presenciou, a mudança de forma. Um fenômeno da biologia perispiritual que se torna inevitável após o rompimento com as matrizes sustentadoras do plasma, que organiza e mantém a forma reptiliana sob comando de pequenos dispositivos de ação mental implantados em seus corpos.

— Quer dizer que em quinze dias os dragões perdem sua forma original?

— Não, minha filha! Cada caso é um caso. O que, na verdade, ocorre no período aproximado de quinze a trinta dias é o desligamento dos cordões energéticos. Há casos em que a forma perispiritual demanda meses ou anos em serviços complexos de cirurgias plásticas e retificadoras para chegar ao ponto daquela mutação. Mesmo que tenha havido a anulação dos pequenos implantes de biotecnologia fabricados nas engenharias do mal, muitos casos requerem ação técnica especializada. Tais implantes são colocados no perispírito, que aqui em nosso plano é forma, mas sua ação *mentoquímica* ocorre na fôrma, isto é, no corpo mental inferior. Basicamente, o microchip retroalimenta genes de répteis que foram separados e alojados na constituição plásmica do perispírito, algo como uma transfusão de sangue no corpo astral. Esses genes têm o poder de reativar componentes biológicos adormecidos dos antepassados, pelos quais todos peregrinamos nas faixas da evolução primária há milhões de anos. O princípio da biotecnologia é ativar as memórias ancestrais nos depósitos da vida subconsciente do corpo mental inferior, também chamado de corpo mental concreto. Em alguns casos, dependendo da intensidade e do tempo de semelhante experiência, o perispírito não só expressa em sua plasticidade os contornos da forma ordenada pela vinda mental profunda como vai além e cria registros genéticos capazes de reavivar ou manter a forma reptiliana com toda sua constituição molecular nas engrenagens fisiológicas do próprio perispírito, absorvendo o modelo em toda sua vida microrgânica, passando a desenvolver todas as características da vida dos répteis.

— E esse dispositivo foi aquele retirado pelo preto velho?

— É apenas um deles.

— Nós podemos dar uma olhada nele?

— Sim, venham cá e olhem – e tirou do bolso uma pequena caixinha metálica na qual havia guardado a peça.

— Parece um dedal – falou Juliano.

— Ainda está sujo com aquela matéria que vazou, mas ela mudou de cor – observou Railda.

— Quer dizer que estava alojado no corpo mental inferior?

— Alojado no perispírito, mas com funções destinadas à vida mental profunda, especialmente nas estruturas da vida celular e na fisiologia do organismo mental inferior.

— Mudando um pouco o nosso assunto – falou Railda, que sempre trazia sutilezas muito ricas aos nossos estudos –, eu me senti muito surpresa ao penetrar o subsolo 2 e constatar a presença de celas prisionais. Tive um ímpeto de achar desconexa a relação hospital com prisão. Todavia, depois de ver aquele pobre ser, compreendi a gravidade do serviço ali desenvolvido.

— De fato, minha filha, é uma das alas que mais exigem nossa compaixão, diante dos dramas e tragédias ali reunidos. Nossas celas são muito mais recintos de segurança para casos específicos do que locais de sanção. Muito raramente alguém passará mais que alguns meses por ali, por mais grave seja o caso.

— E para onde ele foi levado depois do socorro?

— Aos centros cirúrgicos aqui no subsolo 1, onde poderá permanecer por mais longo prazo.

— Cornelius, gostaria de voltar a um assunto – expressei em tom de curiosidade.

— Fale, amigo!

— Embora não seja habitual a presença de pessoas paramentadas nos andares superiores do Hospital, já tive oportunidade de encontrar pais de santo, padres e outros religiosos cristãos com alguma vestimenta ou artigo que os caracterize como no mundo físico. Haveria dependências especializadas no Hospital para essas designações religiosas?

— O Hospital Esperança, com sua filosofia de ecumenismo cristão, abriga em suas áreas todo tipo de templo para cultos a quantos ainda sintam necessidade de suas manifestações religiosas. Somos adeptos do livre-pensamento, e Jesus e Suas sábias diretrizes evangélicas são nossa área doutrinária catalisadora de todos os interesses.

Temos Centros Espíritas, Capelas, Tendas Umbandistas, Igrejas Evangélicas e outras entidades sociais aqui organizadas.

— Isso vai arrepiar muitos espíritas quando chegarem aqui – manifestou Juliano com toda espontaneidade.

— É verdade, Juliano – disse Cornelius em tom de ternura.

— Como diria o doutor Inácio, arrepiar os daqui e mais ainda os de lá, na matéria, quando tomarem conhecimento desse fato.

— As revelações obedecem ao progresso da alma – novamente respondeu Cornelius, querendo elevar o tom da conversa para não tombar na crítica.

— Cornelius – continuou Juliano –, o que são aqueles silvos? Havia outra entidade dentro da cela?

— Não, Juliano. Aqueles silvos partem de regiões inferiores, de onde veio nosso irmão, e são ouvidos ali por meio dos cordões energéticos.

— Esses cordões são visíveis?

— São radiações muito intensas, como fios transmissores de comandos, que são assimiladas pelo microimplante no cóccix de nosso irmão.

— É assim que teleguiam o dragão?

— É assim os habitantes dessas paragens mantêm laços com suas regiões de origem e também com seus pares. Os cordões energéticos não são o que se poderia chamar de tecnologia fabricada por mãos humanas, e sim uma natural expressão das relações humanas.

— Quer dizer que todos temos cordões energéticos?

— Inevitavelmente. Oportunamente, faremos um estudo especial sobre o assunto em nossos cursos preparatórios e veremos que não se pode entender a obsessão sem compreender bem este tema.

Capítulo 07

Uma História de Maledicência

"Porque quem quer amar a vida,
e ver os dias bons, refreie a sua língua
do mal, e os seus lábios não falem engano"
– I Pedro 3:10.

A conversa nos distraía quando, de repente, ouvimos um som estranho. Era Benevides. Novamente aquele homem entrava em contato conosco. Ele soprava a própria língua de dentro da boca esparramando cuspe intenso. Babava como uma criança bem novinha. Parou diante da porta do posto e olhou-nos de forma vaga. Ficou quieto como se varasse o íntimo de cada um de nós. Soprou a língua de forma mais branda, o que me fez recordar alguns meninos com síndrome de Down, que a ficam mastigando com a boca semiaberta. Olhou para o corredor e começou a dizer, para minha surpresa:

— Eu conheço José Mario!

Virei o rosto para Cornelius, como se perguntasse o que fazer e, sem que algo me ocorresse, olhei para o corredor, e novamente Benevides pronunciou:

— Eu conheço José Mario! José Mario é meu amigo!

Ficava clara a condição mental de nosso irmão. Ele estava em pleno surto esquizofrênico. Ainda assim, recordou-se de mim por causa do dia anterior, quando fizemos a visita ao subsolo 1. Eu estava atônito, sem saber o que fazer ou dizer, quando fui incentivado por Cornelius a me aproximar dele. Então o saudei:

— Olá, Benevides! Está se lembrando de mim?

— Benevides conhece José Mario – respondeu e continuou olhando para o corredor, como se estivesse sob o efeito de sedativos.

— Como você está hoje? – perguntei totalmente desconcertado.

— Benevides quer morrer.

— O que é isso, amigo!

— Benevides já morreu e quer morrer de novo. Benevides é espírita ruim. Benevides tem língua grande, veja só!

Ao pronunciar a palavra língua, ele a colocou para fora como no dia anterior e, como se fosse um grande elástico vermelho, puxou-a novamente para a boca.

— Viu a língua de Benevides? - e, sem mais nem menos, ele continuou caminhando pelo corredor afora.

— Não se perturbe, José Mario – disse Cornelius. - Ele está sedado e ainda confuso.

— É esquizofrenia?

— Um quadro parecido.

— Está fora de si?

— Quase completamente.

Railda indagou:

— Benevides era espírita?

— Sim, Railda. Foi um grande trabalhador do Rio de Janeiro.

— O que faz um homem desse chegar aqui assim, meu Deus? - intercedi na conversa.

— Ele foi fundador e tarefeiro devotado de uma creche no subúrbio do Rio de Janeiro. Cuidava de mais de 300 crianças. Fazia sopa para mais de 180 famílias. Tinha uma farmácia impecável. Era uma obra social de largo porte que contava com mais de 200 trabalhadores efetivos e muitos outros indiretos. Foi um homem de boa vontade. Pai honesto, marido fiel, espírita convicto.

Benevides, como todos nós, tinha enfermidades morais a vencer.

Sua doença nuclear foi o preconceito. Ele tinha uma visão

muito distorcida, que o conectou com forças sombrias que desenvolveram uma severa doença mental ao longo de décadas. Um quadro típico de obsessão mental, conforme a conceituação de Calderaro. Depois da morte, o contato com o remorso e a doença da consciência lhe trouxeram perturbações de vulto.

No mesmo bairro onde existia sua obra social, havia também uma Casa Umbandista renomada e muito procurada pelos serviços de caridade que prestava. Era a Tenda Umbandista Espírita Pai João de Angola.

Benevides não suportava a palavra Umbanda. Tinha rejeição sistemática por umbandistas, que denominava pembeiros[19] ignorantes. Além disso, ele também não tinha uma gota de tolerância com os pretos velhos, a quem designava como escravos analfabetos. Se ele somente pensasse dessa forma, talvez tivesse poupado a si mesmo de muitas decepções, mas era impetuoso e fazia uma campanha infame contra a Tenda Umbandista.

Orientado por companheiros espíritas ligados aos órgãos de unificação de sua região, entregou-se a uma insistente ação para tirar o nome espírita da Tenda, principalmente porque tal entidade manifestou desejo de participar das atividades de unificação. Entretanto, como não se dispuseram a cumprir com as severas exigências impostas, não só recusaram o pedido de adesão como passaram a dar demasiada importância ao fato de se dizerem espíritas umbandistas.

Valendo-se de influência política, influenciou a cabeça de homens públicos com maledicência e calúnia até conseguir um escândalo de proporções desastrosas contra a Casa Umbandista vizinha à sua. Em uma batida policial interesseira e abusiva, carregada de preconceito social dos próprios órgãos públicos,

---

19 Pemba: instrumento usado para riscar pontos e símbolos nos rituais umbandistas. A palavra pembeiro é um neologismo popular para designar os seguidores da umbanda.

a confusão se estabeleceu em briga, agressão e prisão do líder pai de santo e dois integrantes. O assunto virou manchete, e a casa se esvaziou, atingindo o objetivo ilícito de Benevides, que prometeu votos de seus assistidos para os comparsas da politicagem que lhe prestaram o favor.

Certo de ter feito o mais honesto em favor do futuro do Espiritismo, Benevides ainda pediu favores a juízes, aos quais convenceu da periculosidade da Tenda, solicitando o fechamento da entidade ou seu deslocamento para outras bandas.

Após saírem da prisão, os líderes da tenda umbandista lutaram para reerguer o templo, que fora devastado por vândalos, que se aproveitaram da interrupção das atividades para saqueá-lo em manifesto repúdio social de preconceito. Depois disso, ainda ficaram por dois anos em pendências e papéis, taxas e burocracias para reativar as tarefas, tendo suspensas todas suas atividades sociais.

Toda a ação do servidor espírita ficou na penumbra do silêncio conivente.

Benevides não é um homem mau. Ele não tinha noção de que o episódio pudesse chegar a tanto. Na verdade, ele queria mesmo que a Tenda fosse fechada ou que mudasse de bairro para não empanar o brilho de sua obra pelas confusões, que não eram toleradas por ele. Muitos dos que frequentavam sua casa espírita também participavam da umbanda no bairro. A obra social dos umbandistas incomodava Benevides. Todas as sextas-feiras, mais de 140 médiuns incorporavam pretos velhos para o diálogo com o povo. Nas giras mensais, de exu e caboclo, a casa chegava a reunir mais de 1.000 pessoas. Eles possuíam um terreno dez vezes maior que sua casa espírita, no qual planejavam uma obra assistencial para o povo. Muitos pais das crianças assistidas em sua creche trabalhavam na tenda, e sofriam pressão para mudar de casa, sob pena de perderem a vaga de seus filhos na organização espírita.

Embora as atividades umbandistas tenham sido reativadas, ficou a sombra da calúnia pairando sobre a Tenda. O próprio Benevides tinha agora como justificar sua tese, reavivando sempre o lamentável episódio na lembrança de todos os que ainda manifestavam qualquer referência saudável ao núcleo de Umbanda.

Veio um dia, porém, em que sua filha mais velha foi tomada por terrível doença no sangue. Ele gastou quase tudo o que tinha em exames, remédios e tratamentos para livrá-la da dor, e nada conseguiu. Um sofrimento interminável, que durou anos a fio. Certa feita, a esposa, já sofrida ao extremo, na iminência da morte da filha, conforme previsão médica, foi aconselhada por uma amiga a procurar às escondidas a Tenda. A amiga, também tarefeira da creche de Benevides, tinha acesso ao pai de santo e poderia conseguir um atendimento especial e sigiloso. Assim foi feito. Após duas sessões de tarefas de descarrego e outros rituais de libertação, Marisa, a filha de Benevides, readquiriu forças, começou a recuperar o peso e tudo o que perdeu nos anos de enfermidade. Com um mês de melhoria, os exames médicos foram unânimes: Marisa estava curada. E estava mesmo, porque, na verdade, o diagnóstico médico de leucemia linfoide nada mais era que um pequeno aparelho similar a uma agulha de costura conectada em sua medula[20] por adversários das sombras, retirado nos serviços protetores da abençoada tenda umbandista.

Em um domingo de festa na família Benevides, todos os parentes foram reunidos para comemorar a bênção da cura de

---

20 Nota do médium: é necessário muito bom senso com a informação aqui prestada pelo autor espiritual. Esse é um caso incomum de tecnologia parasitária gerando uma doença grave. Em geral, o câncer tem como causa o processo de desorganização celular em função de condutas do passado e do presente no terreno da moral, que alteram a vida mental e consequentemente a vida celular.

Marisa. Nessa ocasião, a própria filha, que até então, a pedido da mãe, guardou segredo, não só contou o episódio dos trabalhos na umbanda, mas declarou-se apaixonada pelo pai de santo, que se tornou seu amigo inseparável e o homem com quem pretendia se casar.

A determinação de Marisa, aliada à surpresa da notícia, causou o pior sentimento que poderia existir no coração de Benevides. Com indisfarçável contrariedade, levantou a taça de brinde na comemoração como quem fora colhido pela mais infeliz decepção de sua existência.

Daí por diante, as lutas não cessaram, porque Marisa consolidou seu casamento, presenteando os pais com dois netos que, já na infância, demonstravam enorme atração pelo som dos atabaques, pouco a pouco ingressando nas fileiras umbandistas. O sogro jamais aceitou o genro, a atitude dos netos e a atitude da esposa. Enveredou por um mau humor sem precedentes na sua vida. Tomado pelo rancor, incendiava a vida da família com as labaredas da reclamação, da malquerença e da mentira.

Os anos se passaram sem que o trabalhador demonstrasse uma mínima disposição de mudar sua amargura provocada pela mágoa e pela não aceitação contumaz.

Benevides cometeu a imprudência de acreditar que a vida lhe impunha uma dura prova em razão de erros do passado. Lamuriava com os amigos, que também adotavam os falatórios improdutivos, e formavam grupos de enfermos da palavra a depreciar quem não se moldava ao figurino de suas exigências de conduta.

Da lamúria ele tombou no vitimismo, criando um quadro de autopiedade, ficando cada dia mais com a sensação de abandono.

Com o tempo, o clima de revolta irrompeu em estranhas condutas que deixaram a todos preocupados, porque ele conversava sozinho e, em muitas ocasiões, foi surpreendido falando palavrões e xingando pessoas invisíveis ao olhar humano com extrema irritação. Dava murros na parede. Por fim, a memória também foi atacada e ele começou a esquecer nomes, lugares. E pequenos incidentes começaram a surgir, até o momento em que não sabia mais como voltar sozinho para casa e ficava perdido na rua. Algumas vezes, falava que sua mentora, o chamava a lugares desertos para nada...

Ficava clara sua condição de perturbação mental.

— Quanta dor! – manifestou Railda, compadecida do pobre homem. – A maledicência realmente é um dos mais tristes descuidos humanos.

— É verdade, Railda! Benevides caiu em uma das mais sutis armadilhas nas quais valorosos espíritas estão sucumbindo.

— A maledicência é realmente uma armadilha cruel!

— Não se trata da maledicência, Railda.

— Como?

— A armadilha a que me refiro não é o uso indevido da palavra.

— É o preconceito?

— Também não!

Observando que Cornelius instigava a capacidade de pensar em todos nós, Juliano e eu nos arriscamos a participar.

— Seria a revolta?

— Também não!

— Então só pode ser a arrogância – falei como se tivesse matado a charada.

— Tudo o que vocês apontaram esteve presente na vida moral de Benevides. Ele, porém, foi vítima de uma questão muito sutil nas fileiras religiosas, que necessita ser muito estudada e divulgada para diálogo, principalmente nos ambientes espíritas.

Nosso irmão padece de uma enfermidade da qual pouquíssimas pessoas na Terra estão conseguindo escapar: a descrença.

Quando nos fixamos no lado sombrio da vida, nada mais fazemos que deixar de acionar nosso potencial de fé. A fé é o alimento divino da alma, que a vitaliza e a conecta com a essência luminosa da vida. Sem esse sentimento em ação, enredamos na morte interior.

Acreditar na parte melhor das pessoas, ser indulgente com suas imperfeições, apoiar sempre, mesmo quando alguém falha, constituem caminhos de aplicação libertadora nos rumos da fé viva. A misericórdia nada mais é que acreditar na luz. Acreditando no que há de bom, fora e dentro de nós, seremos mais compassivos, tolerantes, amáveis e flexíveis, beneficiando, antes de tudo, a nós mesmos com estados íntimos de alegria, otimismo, visão universalista, paz diante dos diferentes e suas diferenças.

A descrença é exatamente a morte do ideal que sustenta nossa vida em sintonia com o bem. Com o nosso bem e o bem dos outros. Quem se fixa nos aspectos sombrios do próximo, ativa sua própria sombra e cria uma cadeia de emoções que formam a teia da inimizade e da discórdia, do preconceito e da antipatia.

— Que interessante! – exclamou Railda. – A descrença teria, então, gerado o preconceito em Benevides?

— Possivelmente! A descrença é um mecanismo da vida mental que acessa os arquivos das emoções primárias do ser, que são o medo, a raiva e a tristeza. A partir dela, alguns comportamentos são previsíveis, tais como a mágoa, a indiferença, a rigidez, o preconceito, a inveja, o ódio, o pessimismo, a melancolia e outras tantas manifestações doentias.

Os Sábios Condutores da Luz, em resposta a Allan Kardec, na questão 886, de "O Livro dos Espíritos", afirmaram que existem três posturas morais que conceituam a caridade segundo o entendimento de Jesus: a benevolência, a indulgência e o perdão.

São os três pilares fundamentais da vida emocional sadia focada na fé. Acreditar na força do bem e realizá-lo, estender sempre a cordialidade fraterna, independentemente das imperfeições alheias, e perdoar as pessoas por não serem como gostaríamos que fossem formam a base da crença viva e vibrante. O conjunto dessas ações é a misericórdia aplicada na convivência humana.

Nosso irmão, assim como a maioria de nós, derrapou na ausência de indulgência e não perdoou a vida por ser como é.

— Não perdoou a vida ou os irmãos de outra crença?

— Ele não perdoou a vida e suas leis, que se expressam naquilo que chamamos de realidade. A realidade que nos cerca é o que é, todavia, poucos a aceitam. Queremos controlá-la e conduzi-la conforme nossa visão egoísta da realidade pessoal. Rebelar-se contra a realidade que não podemos mudar é rebeldia, e rebeldia é a morte dos ideais nobres do ser por querer contrariar algo que tem de ser como é.

Preconceito nada mais é do que não querer aceitar o que escapa da esfera de nossos conceitos particulares no campo do intelecto e que, por efeito, determinam nossas emoções e atitudes.

O próprio conceito de caridade de inúmeros religiosos é um atestado de descrença no poder alheio de se ajustar e superar suas lutas e sofrimentos. Um conceito preconceituoso que tem impedido muitas pessoas de descobrir, por si mesmas, a força que possuem. Ao construírem obras de amparo e apoio, muitos grupamentos se esquecem de ensinar a seus beneficiados que a solidariedade que socorre não pode ser um leito de acomodação. O maior presente que podemos dar a quem sofre, depois de lhe mitigar a dor e socorrer o estômago, é auxiliá-lo a perceber sua luz pessoal e incentivá-lo a trabalhar sua autonomia.

— Cornelius de Deus! – expressou Railda espontaneamente. – Esse enfoque dá um nó em minha cabeça. Então, como ficam as atividades de caridade espírita?

— Estou me referindo ao velho costume religioso de tomar o sábado pelo homem, e não o homem pelo sábado. Trocar o conteúdo essencial de nossa melhoria pelas práticas de ação social.

Jesus deixou o seguinte ensino em Marcos, capítulo 2, versículo 27: "*E disse-lhes: O sábado foi feito por causa do homem, e não o homem por causa do sábado*". Em outras palavras, seria dizer que a formalidade religiosa do sábado, aqui representando as normas, rituais ou práticas, foi feita para ajudá-lo no desenvolvimento da relação homem-Deus. Quando o sábado se torna mais importante que o homem, inverte-se a ordem educativa, e o que foi criado para ajudar passa a ser uma prática limitadora, afastando o homem do divino.

É muito comum verificarmos homens e mulheres aqui em nosso plano que foram religiosos devotados e consagraram suas vidas ao ideal do amparo social, fundaram obras de valor incontestável para a melhoria das condições da sociedade terrena ou aderiram com devoção incondicional às obrigações ritualísticas, e que, ao desencarnarem, esperam o céu em virtude de suas ações benemerentes.

Entre espíritas não tem sido diferente. Muita confusão tem se criado entre experiência doutrinária e renovação íntima, conhecimento espiritual e libertação da consciência, ação pelo bem e conquista da paz interior, amor ao semelhante e tratamento afetivo digno a nós mesmos, cargos hierárquicos e autoridade moral.

O conceito de caridade nos ambientes espiritistas está demasiadamente centrado em assistência social. E, nesse sentido, existem os que encontram na tarefa assistencial o ambiente educativo de seus sentimentos em direção ao Cristo, enquanto a maioria edificam um ambiente de proteção contra suas próprias intempéries emocionais.

Benevides foi um homem corajoso, desprendido e legitimamente amoroso na sua obra social, entretanto, quando foi chamado pela vida a tolerar e a romper barreiras emocionais em seu coração, nem mesmo o volume de suas iniciativas louváveis pelo bem alheio foi capaz de servir como medicação eficiente ao seu preconceito e à sua maledicência.

Sem sombra de dúvidas, muitos corações generosos, que ergueram alicerces e tijolos na edificação de creches, asilos, escolas e outros núcleos de amparo coletivo, seriam mais amargos, intolerantes e descrentes caso estivessem distantes de tarefas como essas, que lhes desenvolvem o afeto e consomem energia e entendimento. Não se trata, pois, de deixar de fazer a obra, mas entender seu significado sagrado no reino profundo da alma, que procura sua autêntica alforria nos refolhos conscienciais.

O grande problema está na distração para com assuntos tão essenciais de renovação íntima diante de serviços que causam a nítida sensação de paz e libertação interior.

A prova do que falo está nas atitudes, ainda enfermiças, de muitos líderes religiosos mantenedores de grandes atividades de benemerência e educação para a sociedade, que, quando na relação humana, são insuportáveis, demonstrando que os mais simples hábitos a que todos somos chamados a educar, não merecem deles a mínima atenção. Agem se desculpando com o tamanho do trabalho que realizam pelo próximo em amplitude social.

Ofendem e ignoram pessoas, sentem-se os mais engajados com a proposta do Evangelho e, por isso, julgam as demais tarefas como periféricas em relação ao que fazem. São pródigos distribuidores de bênçãos a multidões, mas são mendigos atribulados nos relacionamentos pessoais.

Muitos deles chegam aqui no Hospital Esperança como Marcondes, agressivos, ditando ordens, incapazes de obedecer a pequenas normas de disciplina e querendo regressar às obras que deixaram no mundo físico. Compreenderam?

— Sim! – respondi titubeante, embora a resposta tenha sido dada a Railda.

— Então, Benevides está na atual condição por conta dessa distração com sua melhoria? – retomou o diálogo nossa companheira de curso.

— Railda – asseverou Cornelius –, digamos que ao passar pela porta da ilusão de grandeza com a obra social, nosso irmão entrou no reino da invigilância e sucumbiu aos encantos do preconceito, que tem por juíza a maledicência. Ficou claro?

— Para mim está bem claro!

— E você, José Mario, como dizem os bons mineiros, o que está matutando?

— Estou matutando mesmo – e dei uma gostosa risada.

— Diga o que pensa!

— Estou pensando no conceito de caridade diante de suas colocações. Eu sempre achei, sinceramente, que as pessoas em melhores condições espirituais nas atividades espíritas seriam mesmo esses homens e mulheres que doam tempo, saúde e seus recursos pelo bem do semelhante. Aliás, sempre admirei esses baluartes da caridade. Fiquei um pouco confuso com suas observações.

— É muito simples, meu bom amigo! Não é a tarefa para fora que define o homem espiritual que está sendo gerado por dentro. É o que se constrói por dentro que o define perante a consciência. Não confundamos os valores morais eternos e incorruptíveis pertinentes às criaturas devotadas a servir em favor do próximo com suas necessidades mais profundas no reino do caráter e das tendências que ela ainda terá de transformar à luz da educação do comportamento.

De mais a mais, a alma da caridade chama-se relação humana. Sem os predicados de um relacionamento construtivo capaz de promover a amizade, tais como o afeto, a atenção, a saudade, a alegria da diversão, o gosto pelo diálogo ou ainda a gratidão pelos laços que unem, aquilo que chamamos de caridade pode não passar de filantropia, solidariedade, esmola ou assistencialismo – tarefas fundamentais que, sem amor nas relações, são apenas gestos de generosidade e cooperação de grande valor moral.

Muitos "caridosos", como Benevides, são incapazes de colocar no colo uma criança de sua creche ou nem sequer sabem o nome de seus tutelados. A obra, nesse caso, é uma vitrine de personalismo que torna seus responsáveis doadores de coisas. Temos constatado, claramente, que para muitos servidores do bem, a obra social que ergueram serve de estímulo ainda maior para sua arrogância e sua loucura egoística.

Recordemos, novamente, o codificador, quando indagou aos Orientadores de Luz sobre qual o conceito de caridade como a entendia Jesus. Eles foram categóricos em dizer, na questão 886, de *O Livro dos Espíritos*: *"Benevolência para com todos, indulgência para as imperfeições dos outros, perdão das ofensas".*

Semelhante resposta deixa bastante claro que os Guias da codificação ocuparam-se em focar a caridade nos assuntos da convivência humana.

Em *O Evangelho Segundo o Espiritismo*, capítulo 13, item 10, irmã Rosália ensina: *"Desejo compreendais bem o que seja a caridade moral, que todos podem praticar, que nada custa, materialmente falando, porém, que é a mais difícil de exercer-se".*

"A caridade moral consiste em se suportarem umas às outras as criaturas e é o que menos fazeis nesse mundo inferior, onde vos achais, por agora, encarnados".

Caridade, portanto, é relação humana construtiva com base na benevolência, na indulgência e no perdão. Está mais claro, José Mario?

Apenas balancei a cabeça afirmativamente, como quem pensava profundamente na resposta do benfeitor.

— E Benevides está aqui há muito tempo? – indagou Railda.

— Há três meses.

— E do que veio a falecer?

— Um aneurisma cerebral.

— Ele ficou perturbado mentalmente na matéria?

— Tomando por base o CID, Código Internacional de Doenças, ele desenvolveu um Transtorno de Personalidade, com delírios persecutórios e místicos. Supunha-se perseguido por macumbas feitas pelo genro para adoecê-lo. Não acreditava na cura da filha e dizia que a magia do pai de santo, a qualquer momento, iria desmoronar, exigindo da filha a frequência às atividades do Centro Espírita. Para ele, os umbandistas são gente ignorante e supersticiosa.

O preconceito realmente fomenta tal transtorno, entretanto, para a medicina da alma, Benevides é apenas um homem imaturo emocionalmente.

Ele está com uma perturbação natural, proveniente da morte que teve.

Como asseveraram os Orientadores de Luz a Allan Kardec, na questão 175 de *O Livro dos Espíritos*: *"Por ocasião da morte, tudo, a princípio, é confuso. De algum tempo precisa a alma para entrar no conhecimento de si mesma. Ela se acha como que aturdida, no estado de uma pessoa que despertou de profundo sono e procura orientar-se sobre a sua situação. A lucidez das ideias e a memória do passado lhe voltam, à medida que se apaga a influência da matéria que ela acaba de abandonar, e à medida que se dissipa a espécie de névoa que lhe obscurece os pensamentos".*

Vai se recuperar muito rápido desse surto passageiro. Nem por isso, podemos correr riscos de permitir sua internação em alas mais livres nos andares superiores do Hospital. O que vem depois é o pior, e poderá exigir mais contenção e cuidados.

— Por que o pior vem depois?

— Porque ele ainda não tomou contato com sua verdade pessoal. Pouco a pouco, na medida em que tomar consciência de sua distração, terá severas crises de depressão, assim virão tratamentos lentos e muita terapia para auxiliá-lo, seguidos de episódios repetidos de loucura passageira e muita revolta. Esperam-lhe, ainda, como é natural e necessário, dias angustiosos de aflição e arrependimento no rumo de sua autorrecuperação.

Quanto a isso, esteja certa, minha irmã, obra social alguma pode nos defender de experimentar a dor da desilusão, caso não decidamos por edificar o reino de Deus na própria intimidade.

— E esse pai de santo – externou Juliano, depois de longo silêncio –, é um homem bom? Como ele ficou com tudo o que aconteceu?

— Muito bem, Juliano – brincou Cornelius –, achei que estivesse com trauma de usar a língua por conta dos assuntos.

— Em verdade, também tenho meus problemas com esse tema.

— Quem não tem, não é mesmo?!

— Sim, é verdade.

— O pai de santo é um homem bom, e vocês terão o ensejo de conhecê-lo. Ele é o Pai Zequinha a que me referi em nossas conversas. Sua Tenda Espírita Umbandista Pai João de Angola tornou-se uma referência de amor do Hospital Esperança, para onde são levados casos gravíssimos que em outros locais não conseguiram bons resultados.

— Quer dizer que aquele grupo exemplar a que você se referiu sobre os serviços às furnas da semicivilização é uma Tenda de Umbanda?

— Exatamente!

— E esse nome da tenda tem algo a ver com o velho sábio Pai João? – interferiu Railda, conectando os acontecimentos.

— Exatamente! – repetiu Cornelius diante da surpresa de todos nós.

Enquanto a surpresa tomava todos, eu me mantinha pensativo nas respostas do benfeitor, que, percebendo minha introspecção, aduziu:

— Pensativo ainda, José Mario!

— Estou pensando em tudo, Cornelius, e tentando imaginar qual seria o verdadeiro significado das obras assistenciais para nós, considerando que nem sempre a criatura devotada está se libertando automaticamente por estar no serviço de altruísmo. Confesso que fica uma sensação de injustiça na minha alma. Tanta devoção por parte de criaturas como Benevides e para quê? Será que isso poderá acontecer com os servidores mais dedicados da caridade cristã que ergueram hospitais, escolas, orfanatos e tantas outras obras meritórias na vida física? O mundo está tão carente de amparo e torna-se, para mim, difícil entender a vida espiritual com tantas decepções para quem se doou tanto. Eu me pergunto se Benevides, mesmo com tanto preconceito, pelo tamanho do benefício que fez a tantas famílias e crianças, não deveria chegar aqui em melhores condições.

— Seu sentimento é muito compreensível, José Mario. Você traz do mundo físico as noções ainda incompletas de paz pessoal e consciência liberta. Em assuntos da alma, não é o tamanho do que se faz que servirá de medida para as conquistas interiores.

Benevides não está colhendo algo que não faça parte de sua semeadura. A lei da vida é muito perfeita nesse sentido. O que ele fez pelo bem do próximo é uma sementeira de luz da qual, no momento exato, colherá os mais prestimosos frutos. Entretanto, sua vida mental não estava em comunhão mais estreita com os dotes morais que o motivaram aos serviços generosos na creche. Seu altruísmo e carinho com as crianças não foram suficientes para pacificar sua alma em relação ao preconceito.

Temos sombras dentro de nós que necessitam de remédios específicos para o tratamento correto. Nem sempre fazemos aquilo que mais precisamos, mas sim o que convém aos nossos interesses ou que esteja em conformidade com nossos pendores. Nosso irmão está nesse segundo grupo.

— Você estaria afirmando que até mesmo a escolha de uma obra social deveria obedecer ao campo das nossas necessidades pessoais de crescimento?

— Certamente! Seria uma escolha bem ajuizada e madura. O bem é sempre o bem em qualquer circunstância, todavia, na medida em que a criatura percebe com mais clareza suas próprias necessidades, naturalmente deveria procurar ajustar suas ações na direção de seu próprio aprimoramento.

— Nesse caso, o que você diria de Benevides? Que obra daria melhores condições ao seu crescimento?

— Seria um julgamento de minha parte se respondesse a essa intrigante questão com uma sugestão de tarefa, seja ela qual fosse. Posso lhe afiançar, porém, que a vida quase sempre traz essa obra no encalço de todos nós e não percebemos.

Nas paredes do lar, na maioria das vezes, está nossa grande obra de redenção consciencial. Benevides faria um curso intensivo de alteridade[21] e misericórdia caso se esforçasse por aceitar os alvitres que a família lhe constituiu.

— Compreendi – externei mais vez, como quem tivesse de pensar por longos dias na resposta de Cornelius.

À noite, quando fui repousar, tomei o Evangelho e meditei longamente no que estava escrito na primeira epístola de Pedro, capítulo 3, versículo 10: *"Porque quem quer amar a vida, e ver os dias bons, refreie a sua língua do mal, e os seus lábios não falem engano"*.

---

21 Capacidade humana de se flexibilizar diante dos diferentes e suas diferenças. Conduta moral de entendimento perante o outro diferente de nós.

Capítulo 08

Como os Oponentes do Bem Penetram nos Centros Espíritas

"Jesus, porém, ouvindo, disse-lhes:
Não necessitam de médico os sãos, mas,
sim, os doentes" – Mateus 9:12.

O momento pelo qual tanto ansiei chegou. Após longo período de preparo e visitações de observação, ingressei nas equipes de apoio emergencial aos Centros Espíritas. Desta data em diante, dividia meu tempo entre o subsolo do Hospital Esperança e as idas e vindas aos diversos ambientes na vida material que recebiam o amparo das equipes de auxílio.

O Centro Espírita, como célula bendita do bem, é uma das organizações que mais atenção despertam no mundo espiritual, em razão da extensão de seus benefícios espalhados.

Mentores, amigos, pais, mães, filhos, conhecidos e instrutores encontravam elos queridos recorrendo aos labores da casa espírita. Ali, também, reuniam-se elos de vingança, sintonias espoliadoras, obsessões especiais. Ao lado de tanta luz e amparo, encontravam-se dramas lamentáveis originados em vidas pretéritas, estabelecendo laços de ódio e maldade.

No Grupo X, três corações eram o centro do tumulto naquele momento: Calisto, Antonino e Ana. Companheiros valorosos e dispostos ao trabalho de espiritualização, porém, como a maioria de nós, carregando limites morais estabelecidos pelo orgulho no transcorrer dos milênios.

Calisto é um homem bom, profissional exigente e dirigente de reuniões mediúnicas dotado de rara perspicácia. Um orientador da mediunidade que auxiliou inúmeros médiuns a se conduzir conforme as diretrizes espíritas e evangélicas. Seu temperamento viril é marcado por uma determinação severa. Um homem cujo cerne das cogitações é a dor dos desencarnados. A ânsia de socorrer as lutas dos desencarnados, em muitas ocasiões, o promoveu à condição de exagerado em assuntos da vida espiritual. Suas explicações para os acontecimentos são recheadas por um zelo excessivo com as questões da vida dos espíritos. Raramente encontra outro motivo para quaisquer assuntos que não sejam as interferências de obsessores e a manipulação engenhosa de mecanismos orientados para a perturbação espiritual.

Ana, uma mãe cuidadosa, é presidenta do Grupo X e dirigente de reuniões mediúnicas. Carrega uma enorme dificuldade em aceitar os alertas ponderados que a casa está recebendo por intermédio da mediunidade dedicada de Antonino, raiando agora para a descrença, a antipatia e a disputa com o médium, criando, através da maledicência, o contágio de toda a equipe da casa espírita. Além do que, em razão de inúmeros processos íntimos, atravessa um momento de definição no lar. Culpa e carência são traços marcantes de sua personalidade. Por causa da resistência em aceitar os alvitres de nosso plano, sob tutela de Eurípedes Barsanulfo e outros instrutores do bem, começou a questionar as mensagens escritas e as comunicações psicofônicas, criando atritos principalmente com Calisto, responsável pelas atividades mediúnicas do Grupo X. Além disso, em razão das diferenças com nosso irmão dirigente, alimenta profunda descrença nas ideias de salvamento a Lúcifer, atribuindo a tudo mistificação e exagero.

Antonino, um coração sincero, está atravessando um instante turbulento em sua vida material e emocional. Médium disciplinado e persistente, vem sendo um canal cristalino pelo qual fluem as premissas para um tempo de inovação e regeneração no seio da comunidade espírita. Entretanto, ainda nutre muita insegurança em assumir as rédeas de suas responsabilidades espirituais, entregando-se à dependência na condução de seus potenciais. Estabeleceu um vínculo de submissão com Calisto que o prejudica na consolidação de sua própria identidade psicológica. Embora de nada desconfiasse até aquela data sobre as dúvidas de Ana acerca de sua mediunidade, podia registrar uma vibração de incômodo em todo o conjunto para com sua pessoa. Uma alma carente, com um histórico de desvios afetivos graves, que hoje trabalha intensamente por sua libertação nos catres da solidão interior. Em face de suas instabilidades emotivas, apresenta um enorme obstáculo para conviver com diferenças e diferentes em sua caminhada reencarnatória. Especialmente quando percebe que sua conduta está sob análise, apresenta uma doentia sensação de reprovação decorrente de sua baixa autoestima.

Nossa equipe, sob comando de dona Modesta, doutor Inácio, Cornelius e outros servidores devotados, dirigiu-se ao ambiente do Grupo X. Uma hora antes da chegada dos membros, acomodamo-nos nas dependências espirituais do centro. Era a noite das atividades socorristas.

— Todos foram visitados? – perguntou dona Modesta, com carinho, aos vigias.

— Sim, dona Modesta.

— Como se encontram?

— O médium Antonino foi quem apresentou maior resistência às nossas ideias. Calisto está tenso e Ana foi a única que orou.

— Onde está o irmão Ferreira?

— Na porta da residência de Antonino. Ele fará a escolta pessoalmente.

— E os clones?

— Hoje já vimos dois deles no quarteirão próximo ao centro.

— Quem clonaram?

— A senhora e o doutor Inácio.

— Perceberam mais alguma movimentação?

— Achamos que está tudo quieto em demasia. Vamos fazer uma checagem em níveis mais abaixo do solo nas imediações da casa.

— Há algo que não sabemos. Sinto isso por intuição. Façamos uma prece conjunta.

Alguns minutos após a prece de dona Modesta, em nosso ambiente o clima era de vigilância máxima. Estabeleceu-se um silêncio que só foi quebrado com a chegada de Antonino.

Era uma cena nova para mim. Em torno do automóvel do médium havia um grupo de protetores que se deslocavam por volitação, em velocidade idêntica à do veículo, como se a ele estivessem acoplados. Mais atrás alguns metros, um séquito de espíritos corria a passos largos. Ele parou o carro diante das dependências do centro e, logo ao descer, pude ver que uma entidade estava algemada ao seu braço esquerdo. Ao tentar se levantar, o médium apresentou uma dificuldade respiratória, regressou ao automóvel e assentou-se para se recuperar. Nossa equipe se aproximou e logo o acompanhante espiritual reagiu:

— Não cheguem tão perto eu ou acabo com o médium de vocês!

A entidade era um homem jovem e belo. Sua voz causou-me estranheza. Era uma voz de mulher. Sua maneira de gesticular o braço era igualmente feminina. Entretanto, seu timbre e postura eram de determinação e total controle da situação. Ao ouvi-lo, tive um arrepio e pude perceber uma corrente de intenso magnetismo se espraiar entre todos.

— Calma, amigo – falou Cornelius.

— Não sou amigo de ninguém aqui e não se aproximem. Se me atacarem, é ele quem vai pagar. Eu sei muito bem quem são vocês, capangas de Eurípedes.

Ao se pronunciar desta forma, pegou a mão esquerda e colocou no pescoço de Antonino.

— Só queremos tirar essas algemas.

— Você não vai tirar porcaria nenhuma, velho estúpido!

— Você prefere passar pelo tratamento mediúnico?

— Se for esta a única forma de entrar nesse reduto do Cristo...

— Você se recorda de como aconteceu das outras vezes.

— E não adiantou de nada, pois não vão separar o que Deus juntou.

— De forma alguma. Não temos nenhuma intenção de separá-los. Você pode entrar quando e como quiser.

— E fazer o jogo de vocês! Ha! Ha! Ha! – gargalhou com ironia. – Jamais, velhote! Sou um *camicase* das sombras. Qualquer sobra de espionagem é comigo mesmo...

— Se preferir desta forma, então seja bem-vindo.

— Pare de maluquice, seu cristão de meia-tigela. Vocês não controlam nada por aqui. A coisa está na mão de quem veio para mandar! Vocês... Han! Vocês são vermes fracassados, feitos para rastejar e querem dominar algum pedaço da Terra. Lúcifer já fincou aqui sua bandeira!

Enquanto a cena se desenrolava, os luciferianos, chamados por um apito ensurdecedor tocado na porta do Grupo X, chegavam em grandes grupos, permanecendo nos quarteirões vizinhos.

Irmão Ferreira, por sua vez, intensificou toda a equipe em torno da casa. Pelo menos uma centena de cooperadores, com experiência militar. Confesso que tive ali meu primeiro instante de medo nas novas atividades. Não podia prever o que ocorreria com base nos conhecimentos recebidos no curso. Qual seria o destino daquele encontro fatídico? Repentinamente, em meio à aglomeração que se formou, saiu dona Modesta. Com olhar atento na entidade, expressou:

— Stefan!

— Oh, vejam quem apareceu – falou o jovem, com gestos femininos e certa dose de estardalhaço. – Olá, dona Maria! Achei que não viria hoje! Para variar, seus capangas estão me enchendo a paciência.

— Você sabe que é bem-vindo, mas nessas condições... – e ele nem permitiu a conclusão da fala.

— Nessas condições, sou eu quem dá ordens, dona Maria. E vocês vão ficar caladinhos e bem quietinhos, não é mesmo? – falou com ironia. – A senhora conhece bem nossa história e tenho certeza de que não vai interferir. Seu tutelado continua o mesmo carente de sempre!

— De forma alguma, meu querido! Não vamos interferir! Nada nos resta senão respeitar a lei que une você a Antonino. Ambos se necessitam!

— Gosto da senhora por isso. Somente sua sensibilidade de mulher é capaz de entender o que sinto.

— Não queremos interromper os laços que o tempo construiu. Apenas suplico que não maltrate o médium e mantenha silêncio na casa.

— Quanto a isso, se não abusarem de poder, eu não usarei o meu. Vou entrar nesta casa e ninguém vai me impedir.

— Como queira, Stefan! Pediremos a Jesus por vocês dois nos serviços da noite.

— E tem mais uma condição.

— Qual?

— Eles entrarão comigo – e apontou para as demais entidades que acompanhavam o carro de Antonino.

— Tenho também minhas condições. Cada um entrará acompanhado por um dos guardas de Ferreira.

— Que não valem de nada! São uns dorminhocos e interesseiros – e olhou para os guardas à porta do Grupo X, provocando-lhes o sentimento com um gesto obsceno, dando um "adeuzinho" a eles.

— Se o acordo está feito...

— Como é duro entrar na Casa do Cristo! – e fez um sinal da cruz antes de acompanhar o médium que, instantaneamente, obteve melhora em sua respiração e mal-estar.

Dona Modesta tranquilizou a cena. O médium, após a recuperação, levantou-se do automóvel, respirou fundo e disse:

— Seja o que Deus quiser!

Antonino estava triste. Sentia enorme pressão craniana em razão do estado mental desorganizado. Completamente ligado a Stefan, ouviu parte da conversação acontecida em nosso plano. Sentiu a presença de dona Modesta, a quem pediu ajuda e, em seguida, dirigiu-se para a intimidade do Centro Espírita. Cumprimentou os amigos na entrada com indisfarçável melancolia no olhar. Quando chegou à sala das atividades, encontrou Ana folheando alguns papéis. Em clima de profundo desgosto, teve a cortesia de saudá-la, no que foi retribuído da mesma forma. Em nossa faixa de ação, vimos a reação de Stefan, falando ao campo mental do médium:

— Essa cobra venenosa nem sequer merecia um olhar! Como é que você ainda suporta essa víbora disfarçada? Saia da sala, não fique aqui. Só volte quando os outros chegarem. Ela não merece seu carinho. Você ainda não sabe o que ela está fazendo contra você, mas vou arrumar um jeito de te mostrar! Vá! Vá para outro cômodo! Arrume alguém para conversar! Vá!

O médium registrou com exatidão as palavras de Stefan. Não foi difícil, considerando que já estava tomado por uma antipatia contra Ana, mesmo sem conhecer os motivos até aquela data. Tomado pela indisposição adicional à sua, teve um ímpeto de ir embora e abandonar a tarefa, entretanto, seu companheiro espiritual interferiu, formando-se um verdadeiro diálogo mental em fração de segundo:

— Ir embora? Se alguém tem de sair daqui é essa louca. Nem pensar, Antonino. Fique quietinho aí que vou dar um jeito nisso.

— Sinceramente, não acredito que mereça passar por isso! – ponderava Antonino em seus pensamentos.

— Com certeza – reforçava a entidade espiritual.

— Não sei mesmo o que fazer. Estou confuso. Que decepção a minha. Ah! Jesus! Eu não suporto mais isso!

— Nem o seu Jesus crucificado aguenta isso, homem! Que cristianismo é esse?! Essa mentirosa só quer te algemar e tomar você de mim! Ela não sabe viver sem mandar e controlar a vida dos outros, e não dá conta nem da vida íntima dela! É uma mulher cheia de culpas! Uma infeliz que jamais chegará aonde você chegou! Ela não te merece! Esse grupo não te merece. Você é melhor e eles vão ter de caminhar muito para alcançar sua bagagem. Largue esse grupo! Ele é um peso na sua vida! Já não chega o peso que você tem de enfrentar com os problemas da vida?

O clima psíquico do médium carregava-se mais a cada segundo passado. Não suportava mais as vibrações. O dinamismo do corpo perispiritual estava completamente alterado. Não seria demais chamar tal estado de enfarto do centro de força cardíaco, pois estava quase totalmente inerte, causando um terrível estado íntimo de desconforto a Antonino. A região do coração estava com uma tonalidade avermelhada, que desenhava uma pequena aura de aproximadamente uns cinco centímetros em torno do órgão vital.

Dona Modesta mantinha-se vigilante, porém discreta. Tive, em alguns instantes, o impulso de dirigir-lhe uma pergunta, e lembrei do que aprendi com Cornelius em nossa preparação.

Aquele momento requisitava o melhor de nossos sentimentos. Pus-me a orar, rogando pelo bem de todas as iniciativas.

Sem conseguir esconder seu estado, o trabalhador deixou rolar uma lágrima, que foi percebida por Ana.

— Está tudo bem, Antonino?

— Não, Ana! Não está!

— Eu sei muito bem o que acontece! Fique firme! Na reunião de hoje tudo será resolvido!

— Está bem! Está bem! – respondeu o médium com voz embargada de emoção.

Ouvindo a conversa, Stefan protestou com o indicador apontado para Ana:

— Sua infeliz e falsa, você não sabe de nada que acontece! É uma arrogante sem limites. Pensa que sabe tudo! Quem é você? Assassina de crianças! Você nem sabe como perdoar a você mesma pelo que fez. Sua sina é ser uma cobra e se arrastar. Cobra merece se arrastar! Arrastar! Arrastar!

Ele atuava com largo poder magnético sobre Ana. E foi aí que, pela primeira vez, dona Modesta se interpôs.

— Stefan! Stefan! Basta uma algema! Chega!

— A senhora sabe que essa mulher é a única culpada por tudo o que acontece nesta casa!

— E será você quem vai julgá-la?

— Julgar? A senhora acha que uma tirana merece julgamento? Eu quero é puni-la.

— Mas você não vai!

— E por que não?

— Porque não tem autoridade para isso e porque punir não educa. Sua fatia de compromissos já te foi entregue para que Deus os ajude, você e Antonino, a lapidarem o diamante translúcido que existe em suas almas. Passando disso, você não toca em ninguém aqui.

— A senhora não é fácil!

— Qual de nós é?

— Somos todos uns tiranos, não é mesmo, dona Modesta?!

— Com a diferença de que uns já pretendem largar esse título infeliz.

— E a senhora acha mesmo que essa assassina de crianças – e fez um gesto de ironia com a cabeça em direção a Ana – quer mesmo deixar esse título?

— Se ela não estivesse fazendo por onde, não teria nosso apoio.

— Não sei como pode acreditar nisso, quando ela ainda faz o que faz. A senhora, por acaso, tem notícias dos ardis que criou para comandar este grupo? Sabe o que ela tem feito contra Antonino?

— Em que isso te incomoda, Stefan?

— A mim?

— Você nem sequer faz parte do grupo. Não gosta do Espiritismo. Não vem às reuniões. Qual é seu motivo?

— Bom...

— Eu sei qual é seu motivo!

— Se alguém aqui me interessa é o médium. Nada mais!

— Interessa mesmo? – disse a benfeitora, colocando em xeque a afirmativa da entidade.

— A senhora sabe...

— Eu sei, Stefan. Ah, se não soubesse! Com certeza, já teria determinado seu caminho, assim como fiz com o do médium. Eis a questão!

— Que moral ele tem para voltar e eu não?

— Sua queixa não procede! Está quase há trinta anos ao lado dele nesta encarnação, e o que fez pelo futuro de vocês?

— E ele? O que fez por nosso futuro?

— Meu filho, pelo futuro de vocês eu não sei responder, mas posso te garantir que pelo dele tem feito muito.

— Agora sou eu quem digo: eis a questão, dona Modesta, ele vai e eu fico mais uma vez?

— Quem tem de resolver isso, Stefan?

— Nós dois.

— Sim, mas cada um tomando conta do seu caminho.

— Eu não aceito.

— Não aceita e vai buscar ajuda onde? Com dragões! Não, Stefan! Veja se tem lógica! Com sua atitude, deu ao médium uma carta de alforria, sabia?

— Eu pedi aos dragões porque eles sabem do que eu preciso.

— Meu filho, abra seus olhos! Quantas vezes terei de repetir a você? Quantas vezes você algemou Antonino? E para quê? Aonde chegou? Alguns minutos mal vividos de prazer sexual? É só isso que você quer? Seus "advogados" te atenderam em alguma coisa?

— Muitas!

— Em quê?

— Pelo menos alguns encontros com meu parceiro no corpo consegui como gostaria.

— Antonino não é de ninguém, meu filho.

— Ele é meu e não abro mão para ninguém. E sei que ele ainda me quer.

— E resolveu o pedido de ajuda?

— Ainda não, mas os dragões disseram que agora vão fazer um "trabalho especial".

— Especial? Stefan! Stefan! Você já conversou com alguém que tenha recebido estes trabalhos especiais e tenha alcançado o que queria?

— Muitas pessoas tiveram êxito!

— Por quanto tempo? O que é êxito para a luz dos nossos caminhos?

— Quem sou eu sem Antonino, dona Modesta?

— Assuma sua fragilidade, Stefan, e nos te ajudaremos de verdade.

— Fragilidade?

— Será que você já parou para medir com exatidão o tempo, meu caro?

— Como?

— Se você renascer agora, com Antonino à beira dos cinquenta janeiros de vida física, quando atingir a maturidade ele já estará com setenta, quem sabe oitenta. Estará voltando para cá. E, então, como ficará você? Será mais um insatisfeito na vida física desejando algo que não sabe onde encontrar?

— Ainda não tinha feito esta conta, mas pouco me importa.

— Pouco te importa! Não é isso que demonstra. Vamos seguir passos novos. Muita coisa boa te espera, se tiver a coragem de seguir o destino ao qual a vida te encaminhou. Temos laços afetivos seus na França prontos a acolhê-lo na vida física.

— Não quero! Tenho uma reencarnação encomendada. Vou tirar o médium desta casa e serei premiado com o retorno ao corpo. Meu lugar é aqui. Não quero a França, quero o Brasil e está acabado.

— Se os planos de Deus forem esses, meu filho, não teremos como evitar esse caminho de aprendizado. Aliás, pense bem, Stefan! Talvez até no mal haja a vontade de Deus!

— A senhora quer me pirar!

— Não! Quem visse, de nosso plano, o que aqui se desenrola e não estivesse devidamente preparado nas questões da alma, acharia que somos todos uns loucos. Não queira saber quantas foram as reencarnações promovidas pelos departamentos da maldade organizada que redundaram em resultados inesperados para as hostes das trevas. Quais lírios no pântano, conseguiram florir para a vida.

— A senhora acha que vou renascer?

— Nessas circunstâncias, nada posso afirmar. Tudo é possível. É possível que Ana enlouqueça, Calisto passe por tormentas com a família e Antonino assuma seu próprio destino. Quem sabe? Aqui estamos para trabalhar pelos Interesses Maiores, e não por vontades passageiras.

— Eu tenho medo de renascer e ele fugir de mim.

— De que lhe adiantará renascer? Você será um jovem e ele estará em idade avançada, talvez se despedindo da vida material. Além disso, e se os dragões não cumprirem a promessa e o colocarem distante dele? E se, ao invés de renascer, você for *congelado* por eles? Quem reclamará por ti?

— No fundo, Eurípedes Barsanulfo é o grande responsável por tudo isso estar acontecendo, desde que resgatou Antonino. Viu o que vocês fizeram? Impediram nossos destinos de se encontrar.

— Isso é de Deus, meu caro! É de Deus!

— Mas não é o que eu queria, e tenho a certeza de que ele também não – e apontou para o médium.

— Equívoco de sua parte, Stefan! Você tem notícias de que ele, nesta existência carnal, tenha se entregado aos prazeres da homossexualidade?

— Com ninguém!

— Acha mesmo que, se ele ainda quisesse viver tais experiências, não as teria vivido?

— Ele está me esperando.

— Te esperando?

— Também, com essa loucura de Espiritismo na cabeça, o que a senhora quer?!

— Foi Antonino quem buscou seus caminhos, meu filho! Por isso, e somente por isso, tivemos o cuidado de facilitar-lhe a reencarnação. Não foi o Espiritismo que lhe retirou os desejos ilusórios, e sim sua decisão de mudar que o levou à doutrina.

— Mas ele ainda me quer.

— Cada dia menos. E menos ainda para sensações grosseiras. Ele já cultiva novos ideais.

— Sinto-me traído por todos vocês. Enquanto o amor da minha vida está na matéria, eu aqui estou de mão em mão, de cama em cama... Não sei o que é o verdadeiro amor que sentíamos há décadas, ou séculos, quem sabe? Raramente ele sai do corpo e olha para mim, de uns tempos para cá. Está amando uma mulher, tem filhos. Era o sonho que tinha para nós, mas agora realizado com uma mulher... Ai que horrível pensar nisso!

— Nós não te traímos. Estamos aqui abertos a você. Quando abrir seus olhos para a verdade, talvez nos compreenda melhor.

— A senhora não mente! Ele agora sai do corpo e nem sequer olha para mim. Eu fico lá, esperando um olhar de misericórdia. Um minuto da atenção dele.

— Você constrói seu próprio sofrimento ao não aceitar a realidade. Está deprimido e não sabe.

— Eu deprimido? E, porventura, não são reais os meus motivos?

— Você é quem diz que são. Nós os respeitamos de coração.

— Olhe para mim, dona Modesta! Sou uma mulher por dentro, mas nem meu próprio corpo espiritual obedece às minhas ordens. Barba, pelos, esse órgão maldito no corpo – e apontou para sua genitália. Corpo de homem. A vida está toda contra mim. Deus parece ter tanta raiva de mim que nem meu próprio sexo eu posso expressar.

— Deus? Meu caro irmão, você talhou seus caminhos!

— Sinto-me, também, se a senhora quer mesmo saber, um traidor.

— Por quê?

— Porque a cada dia deito-me com um. Não suporto viver sem sexo. Já que não tenho o amor de quem desejo, pelo menos tenho de viver o desejo sem amor, senão enlouqueço.

— Eu entendo!

— Com toda a sinceridade, dona Modesta, me responda – manifestou Stefan com um misto de angústia e raiva.

— Fale!

— A senhora sabe onde este grupo está mexendo. Eu não tive como recusar a proposta. Não quero o mal de Antonino, embora não suporte estes espíritas intrusos em sua vida, especialmente esta mandona, presidenta de meia-tigela! Os dragões estão jogando pesado contra esta casa.

— Eu sei! Aonde quer chegar? Fale!

— Se eu os trair, a senhora acredita que poderiam me achar?

— A menos que você se escondesse pelo resto dos dias.

— Entendeu a razão de eu não poder desfazer meu trato?

— Com certeza! Creio que almas como você merecem o que

procuram. Cumpra seu trato. Não foi por outra razão que permitimos sua entrada, esta noite, aqui na casa. Sua presença não me atormenta, conquanto machuque corações que já estão por demais sobrecarregados no mundo físico. Como lhe solicitei, apenas suplico silêncio no ambiente.

— A senhora sabe que hoje sou eu quem está aqui, mas logo eles virão. Os dragões vão dizimar este grupo. Então por que não parar de avançar e mexer com o submundo? Quem esta mulher pensa que é?

— Ana é uma servidora, meu filho, corajosa.

— E muito arrogante.

— Pode ser!

— Ela está usando os outros médiuns da casa contra Antonino, e já duvida de sua mediunidade. É uma descrente fazendo força para continuar.

— De fato, ela é uma mulher infeliz. Por essa razão, credora de nosso mais incondicional amparo.

— É uma manipuladora de ordens. Julga-se dona da tarefa.

— Está bem-intencionada.

— Eu não posso acreditar nisso vendo as atitudes dela. Vocês podem falar o que quiserem de mim e dos dragões, mas não tentem me fazer acreditar que este grupo pode ajudá-lo.

— Aqui todos estão precisando de ajuda, Stefan, essa é a verdade.

— Aqui não é o lugar dela. Ela não pensa dessa forma.

— Por certo, meu caro Stefan, aqui é o lugar de todos os que anseiam pela luz.

— A senhora não tem medo de que os dragões atinjam seus objetivos?

— Todo objetivo é, antes, de Deus, meu filho! Eles podem

decepar a plantação de flores que poderia lançar o perfume da fraternidade a distância e encantar os olhos cansados de muitos servidores do Cristo nos ambientes do Espiritismo, entretanto, jamais conseguirão extirpar as raízes sólidas que pertencem ao mérito de nossos irmãos encarnados. Poderão obter triunfo temporário. Ainda assim, nossos irmãos encarnados, cansados das refregas, persistirão ávidos pelo alimento espiritual que lhes enrijece as fibras no serviço de moralização e evangelização de suas tendências.

O submundo também é a Casa de Deus. O fato de os dragões se julgarem donos dessas paragens não lhes credita autoridade para agir a seu bel-prazer. Para os próximos decênios, entre os vários caminhos que serão abertos pelas luzes do Consolador na Terra, a limpeza do submundo é tarefa de prioridade decretada pelo Governador do Planeta. E esse serviço foi delegado a Eurípedes Barsanulfo e às falanges do bem.

Se as hostes da maldade arregimentam, nesse momento, arsenais contra quem lhes presta acolhida em nome de Jesus, os postos interplanetários, sob a Interferência Augusta do Mestre, dispensam os mais avançados recursos para sanear os delírios da maldade calculada.

A vitória será dos que aprenderem a escolher. Escolher como andar na Luz, assim como ressalta João, em sua primeira epístola, capítulo 1, versículo 7: *"Mas, se andarmos na luz, como ele na luz está, temos comunhão uns com os outros, e o sangue de Jesus Cristo, seu Filho, nos purifica de todo o pecado"*.

— Eu não sei não, dona Modesta! Tem horas em que fico muito confuso com tudo isso.

— Eu já lhe disse, outras vezes, que você está sendo usado.

— Eu não consigo viver sem Antonino.

— E, no entanto, seu desespero aumenta a cada dia, não é mesmo?

— Cada dia eu o sinto menos. Chego a pensar que ele não me ama mais, embora ainda tenha saudades do que vivemos. Ele me ignora. Isso dói!

— Em verdade, a capacidade de Antonino de percebê-lo é reduzida.

— Eu só queria que tudo voltasse a ser como antes.

— Lamento informá-lo, Stefan...

— Já sei, já sei! Por favor, ajude-me, dona Modesta! Ajude-me a reconquistá-lo!

— Comece tirando essas algemas, meu filho. Quem ama de verdade não algema!

— São ordens draconianas, dona Modesta! Não posso tirá-las!

— A quem você vai seguir?

— Não sei! Confesso que não sei!

— Tire as algemas, faça isso por mim! Você sabe que, se não o fizer, o próprio médium o fará logo mais, quando adormecer e sair do corpo. Quem ama ampara. Você, a cada dia, tem menos acesso ao corpo do médium, e menor ainda é sua capacidade de interferir nos desejos dele.

A entidade não suportou a força magnética do carinho de dona Modesta. Enfiou a mão em um bolso da camisa, pegou uma chave e abriu as algemas.

— Tome! Pobre de mim, quando descobrirem o que fiz!

— Aconselho-te a não sair na rua agora, Stefan. Desapareça por uns tempos. Temos amigos no grupo de Ferreira que podem ajudá-lo com alguns endereços. Se você cooperar, terá largas chances de se manter escondido por uns meses, até que possamos realizar algo definitivo seu destino.

— Eu não suportarei a saudade e voltarei. Ou, talvez, ele me chame de volta. Quem sabe?

— Vá, meu filho, e não olhe para trás. Fique alguns dias fora. Depois, nós mesmos vamos te buscar para rever Antonino.

— A senhora promete?

— Sim, prometo.

— Dona Modesta!

— Diga!

— Tire Antonino deste grupo. Eles vão acabar com a vida dele.

— Fique tranquilo quanto a isso. Os destinos destas pessoas estão selados.

— A senhora sabe o que Ana quer com ele.

— Não acontecerá nada. Fique tranquilo!

— Ele é meu.

— Compreendo seu amor. Agora vá!

Após dizer a última palavra, dona Modesta fez um sinal e dois integrantes do grupo caminharam com Stefan até os fundos da casa.

Em um muro, no fim do lote, estava o portal para a enfermaria espiritual erguida no plano astral do Grupo X. Ele foi sedado e adormeceu.

Antonino sentiu um alívio instantâneo em seu campo mental. Algumas entidades que acompanhavam Stefan, logo que perceberam o ocorrido, saíram do ambiente da casa para notificar a seus chefes.

Mesmo com a mente fervilhando de dúvidas, mantive meu clima de aprendiz atento. Apenas para melhor me localizar na tarefa, interroguei:

— Aonde foram os acompanhantes de Stefan?

— O que eles queriam era vigiar esse pobre coitado e ter uma razão para estar no ambiente espionando. Agora, que ele mudou de ideia, saíram para denunciá-lo.

— Agora entendi – falei com desejo de perguntar um tanto mais.

As tarefas de amparo emergencial aos Centros Espíritas crescem ininterruptamente.

Compondo tais equipes no Hospital Esperança, a cada dia mais, temos visto a importância de esclarecer os irmãos no mundo físico sobre os cuidados necessários para preservar a instituição espírita dos ciclones de trevas que costumam varrer os melhores planos de fraternidade.

Que será dos Centros Espíritas sem o abrigo protetor da convivência sadia e da oração benfazeja? Como agirá a Misericórdia Celeste nas nobres intenções de proteção sem o mínimo de sentimentos cristãos?

Evidentemente, as agremiações do Cristo não são locais santificados nos quais a dor e a perturbação não possam entrar. A exemplo do próprio Mestre, que cumpriu sua tarefa junto de pecadores e sofredores de toda natureza, o núcleo espírita é o lugar de quem se arrependeu e quer recomeçar; de quem sofre e de quem enxergou a luz de suas necessidades pessoais. Quem ainda o imagina como local de angelitude, por certo se decepcionará. É o hospital para nossas dores, a escola para nossas tendências, a oficina para nossas criações no bem e o templo de refazimento ante os ditames das provas.

Os oponentes do bem, ou mesmo os que ainda não se decidiram por fazê-lo, são bem-vindos à Casa do Senhor.

Por isso, os serviços emergenciais aos Centros Espíritas, em crescente demanda, são também destinados aos trabalhadores, até porque, como no caso do médium Antonino, somos nós mesmos os maiores responsáveis por carrear a treva para dentro de nossas casas de amor.

Jesus entregou Sua Obra nascente a homens falíveis, pescadores singelos. E, nos dias atuais, a cena se repete. O tesouro imaculado da Doutrina Espírita, que alimenta a fome do Espírito nos ambientes da casa espírita, foi entregue a criaturas em recuperação. Nós, os espíritas de ambos os planos de vida, recorremos às tarefas abençoadas do Consolador na condição dos Filhos Pródigos, vazios da Herança Divina que nos foi entregue, mas dispostos a ser úteis.

Jesus, realmente, foi muito honesto ao dizer em Mateus, capítulo 9, versículo 12: *"Não necessitam de médico os sãos, mas, sim, os doentes"*.

Capítulo 09

*Discordar sem Amar Menos,
A Grande Lição da Fraternidade*

*"Mas aquele que odeia a seu irmão
está em trevas, e anda em trevas, e não
sabe para onde deva ir; porque as
trevas lhe cegaram os olhos"*
- I João 2:11.

Assim que Stefan se retirou, Antonino apresentou melhoras e, imbuído de melhores sentimentos, resolveu regressar à sala onde estava Ana.

Infelizmente, tudo concorre para acontecimentos lamentáveis quando o clima espiritual perde a proteção da fraternidade legítima. Ao regressar, o médium encontrou um quadro desagradável. Ana e duas dirigentes de atividade mediúnica conversavam em voz baixa:

— Vejam vocês se não tenho razão! Isso é pura vaidade e perturbação. Em minha opinião – afirmava Ana –, acho mesmo que deveríamos afastar Antonino e submetê-lo a um tratamento espiritual.

— De minha parte – falava a outra companheira – não tenho a menor dúvida de que se trata de uma obsessão. Onde já se viu receber mensagens de entidades tão elevadas! As informações de outros médiuns todas confirmam isso.

— De outros médiuns?! – entrou Antonino na conversa, surpreendendo as três.

— Antonino! – reagiu Ana, desconcertada, tentando reunir as mensagens psicografadas esparramadas em cima da mesa.

— Que isso?! Agora vocês vão ter de me esclarecer direitinho tudo o que está acontecendo aqui! Calisto já havia me falado sobre uma reunião de diretoria para tratar de assuntos mediúnicos da casa, mas sempre achei que ele colocava pano quente no assunto, e agora pego essa conversa secreta de vocês a meu respeito. Eu quero saber o que está acontecendo agora!

— Antonino, desculpe-me, mas isso é assunto de dirigentes!

— E quem disse que autorizo vocês a pegarem estas mensagens e julgarem sem me consultar!

— Você não precisa autorizar nada, Antonino. Essa é nossa tarefa na direção desta casa e vamos cumpri-la. Médium tem de ser analisado! – exclamou convictamente.

— O médium ou o seu trabalho? Porque do jeito que você tem agido nesta casa, quem está sendo analisado sou eu como pessoa, e não minha mediunidade.

— Ambos devem ser analisados.

— Com que fim? Excluir? Por que até agora não sou colocado a par do que vem acontecendo nesta casa? Sinto que algo não vai bem aqui e ninguém diz nada. Reunião de diretoria, conversas em surdina...

— Sim, algumas coisas não vão bem, e você sabe muito o que são...

Infelizmente, era aqui que Ana mais se descuidava. Possuidora de uma índole sincera, algumas vezes penetrava na condição de franqueza mórbida. Não era uma mulher de mentiras, mas, a pretexto de honrar a verdade, sempre foi invigilante em sua forma de expressar o que pensava. Antonino, infelizmente, que mal havia saído de uma faixa espiritual perturbada minutos antes, não teve forças e qualidades para reagir de outro modo.

— Quem você acha que é para ter a voz da verdade, minha irmã! Acho que esta casa inteira está em obsessão, a começar por você, com sua arrogância.

— Antonino, você não enxerga a manipulação sobre você! – falava a dirigente completamente alterada na voz e na vibração. – Veja a ilusão na qual se atolou! – e apontou para as mensagens na mesa. – Só você e Calisto, que ainda passa a mão na sua cabeça, é que não enxergam isso, meu amigo.

— E quem são esses médiuns a quem vocês se referiram? Por acaso andam sondando minha mediunidade por intermédio de outros médiuns?

— Não falem nada! – determinou Ana, que olhou com firmeza para as outras duas companheiras dirigentes. – Esse é um assunto da direção.

— Então é assim que se dirige uma casa do Cristo? Com segredos! Tolo que sou de acreditar em vocês! Só que agora vou querer saber tudo sobre o que esta tal reunião de diretoria decidiu. Eu sabia, por intuição, que tinha algo a ver comigo.

— Mas é claro que diz respeito a você! E com quem mais seria?

— Venho notando sua conduta estranha comigo, Ana, há um bom tempo. O que aconteceu?

De repente, nesta altura da conversa, ouvimos um barulho ensurdecedor, como se fosse um vento uivante vindo de longe e chegando cada vez mais perto. Um temor me invadiu com aquela ocorrência. Não conseguia detectar de onde vinha. Olhei para dona Modesta, que estava de olhos fechados, como se tomasse alguma providência de segurança. Diversas entidades e parentes desencarnados que estavam no Grupo X naquela noite, acompanhando pessoas à reunião pública, ou que lá estavam para receber amparo, tiveram a atenção despertada para o fato e se aproximaram da sala onde nos encontrávamos. Alguns vigias atentos, após isso, isolaram o ambiente fazendo uma proteção. Todos os presentes, incluindo irmão Ferreira, aguçaram os olhares para o solo. Vimos sair de dentro do chão do Centro Espírita, na sala onde se fazia aquela discussão, uma espiral de cor azul-escura muito bem desenhada, rodopiando em velocidade avançada. Ela surgia do solo indo para cima, exatamente na posição da cadeira onde se assentava Ana. Ela foi subindo pelo corpo da dirigente, e notei que, quando atingiu a região da cintura da companheira, a velocidade reduziu a ponto de quase parar. O som desapareceu. Em seguida, continuou a subir como se estivesse deslizando pelo tórax e envolvia agora todo o seu corpo. Quando chegou à cabeça, o movimento parou por completo. Olhando daqui para o plano físico, era como se uma roupagem azul, parecida com um casulo, encobrisse todo o corpo de nossa irmã. Subitamente, ela sentiu um mal-estar mas continuou:

— Eu vou te dizer o porquê desta mudança, Antonino. Olha só a vibração que você acabou de me enviar. Eu estava bem até sua entrada. Eu me sinto agora como se tivesse um manto em torno de mim com seu negativismo. São suas companhias que fazem isso. Só você não está sabendo sobre a gravidade de seu quadro espiritual.

— E você, por acaso, esta mediunidade toda para saber disso assim?

— Nem é preciso, meu amigo. Estão acontecendo coisas demais por aqui para não desconfiar disso.

— Quer dizer que estou sob julgamento nesta casa!

— Todo médium que se preza deve estar sempre sendo analisado.

— Eu só quero saber se estou sendo analisado ou excluído, porque a conversa que ouvi entre vocês três falava de afastamento.

— Sim, não podemos mentir! É disso que o grupo acha que você precisa. Um afastamento para se tratar.

— O grupo? Então tem mais gente sabendo disso, ou melhor, será que somente eu não estou sabendo de nada?

— Fui a favor de te contar tudo, mas Calisto é seu defensor. Ele que responda por isso.

— Defensor? Confesso que isso tudo está me fazendo muito mal. Meu Deus! Eu sabia que havia algo de errado aqui. Se vocês soubessem em que estado vim para cá hoje, pensando nas piores coisas. Certamente pelo amparo do mundo espiritual tive uma melhora, e agora isto...

— O que prova que você não está bem. Fizemos consultas fora do Centro e todas as entidades, até em Centros de Umbanda, falam da obsessão de que você padece. Temos, agora, um retrato fiel vindo dos amigos espirituais.

— E como você acha que me sinto, Ana, pegando vocês nesta conversa infeliz? Nem sequer posso discutir minhas supostas obsessões? Vocês vão dar mais valor ao que vem destas consultas do que aos meus próprios sentimentos?

Cada vez mais o clima se alterava. Aquele casulo, acoplado a Ana, transformou-se em uma matéria gelatinosa. Notei que partículas estranhas vinham de fora do Grupo X como uma poeira no ar, que se depositava naquela matéria que parecia em ebulição, como se fervesse, aumentando a temperatura do corpo da dirigente.

— Temos de ser sinceros, Antonino! Não é isso uma prova de amizade? Não é isso o que os Espíritos falam? A importância do afeto nas relações não é o tema predileto dos amigos espirituais desta casa?

— E você chama de afeto esta atitude? Esconder, fazer fuxico, falar pelas costas? Por que não me procuraram para conversar, se estão com dúvidas?

— Você não suportaria nossas observações. Está sempre demonstrando melindre quando corrigido.

— Eu? Em que situações vocês presenciaram essa atitude? Meu Deus, quanta confusão!

— Você não aceita, Antonino! É rebelde. De mais a mais, todo o grupo acha que o que você quer mesmo é notoriedade. Está ficando muito conhecido com seus textos mediúnicos e vai precisar de nosso apoio mais do que nunca. Sem equipe, você vai fracassar!

— Onde é que vocês estão com a cabeça, Jesus! O que eu tenho feito para merecer esse tipo de juízo? Quando foi que demonstrei não querer o apoio da equipe?

— Você não sabe trabalhar em equipe. Está acostumado a liderar sozinho, e o que os Espíritos estão nos ensinando é serviço em grupo, no intuito de nos corrigirmos uns aos outros.

— Corrigindo desta forma?

— Então não quer ser corrigido?

— Corrigido? Vocês estão me julgando, condenando e sem direito a participar, discutir, colocar meu mundo pessoal de visão. Isto é, no mínimo, uma peça inquisitorial. Eu exijo saber o que foi discutido na reunião de diretoria e que informações vocês receberam de outros médiuns. É meu direito. Para mim, isso é que é uma equipe.

— Ah, pode esquecer, meu irmão! A mim você não convence nem manda! Você não vai saber nunca! Quem é você para exigir alguma coisa aqui! É este o seu problema: quer mandar, ser o único. Não se submete a autoridade de ninguém. Quer ser o médium principal, destacar-se em relação a todos e ainda quer que o adulemos. Aquilo que os Espíritos falam sobre trabalho em equipe você despreza e não vive.

Você e Calisto formam uma dupla que quer dirigir o centro e ser os mais destacados. Pensa que não sei que querem formar uma chapa para me tirar?! Somente por serem possuidores de uma folha de serviço de longos anos acham que têm mais autoridade?

— Você vê com maus olhos a possibilidade de alguém a substituir? É isso?

— Médium jamais pode presidir um Centro Espírita, meu irmão! E lutarei sempre para que isso não aconteça aqui no Grupo X. Jamais teremos aqui um médium principal, um missionário. Aqui todos trabalham e todos têm importância.

— E, porventura, acha que eu penso diferente de você nesse ponto?

— Só vocês dois é que não sabem quanta obsessão existe em torno dos seus passos.

— É possível que não saibamos mesmo! Pois as "autoridades" consultam seus médiuns de confiança e organizam um índex contra nós. Vocês julgam e nos abominam sem ouvir o que pensamos.

— Eu, sinceramente, não confio mais no trabalho que vem por você!

— Nessa altura das coisas, Ana, dou pouca importância para sua confiança, principalmente depois de tudo o que ouvi aqui. Já venho sentindo seu clima de disputa comigo desde a comunicação do doutor Inácio[22], quando você, em plena tarefa, retirou-se, abandonando-a. Será que as verdades ditas por ele te feriram? Ou será que não suportou tanta claridade diante das alertivas? Ou, ainda, quem sabe morreu de inveja da autenticidade mediúnica que ele usou para provar sua presença mediante o socorro ao filho de uma de nossas companheiras de trabalho?

Quanto mais passavam os minutos, mais Ana estava irritada e destemperada. Não sendo uma mulher de meias palavras, externou:

— Você acha que tempo de Espiritismo é autoridade, Antonino, e quer dominar, como sempre fez com os grupos por onde passou.

---

22 Nota do médium: Acontecimento narrado no romance do mesmo autor espiritual: *"Quem sabe pode muito. Quem ama pode mais"*, capítulo 9, Chamado Inadiável, Editora Dufaux.

— De onde você tirou isso, Pai do Céu!

— Não se faça de fingido. Tenho informações de tudo o que se passa nesta casa.

— Isso, para mim, está muito claro! Informante é o que não te falta por aqui! Na verdade, embora resistisse à ideia, já não guardo mais dúvida alguma sobre um complô neste grupo.

— Complô?

— E você é a grande articuladora, pois, com sua capacidade de manipular, acaba convencendo as pessoas daquilo que quer. Você disseminou ideias neste grupo acerca de minha pessoa que não sei se conseguirei reverter.

— Se não reverter é porque é verdade.

— Então você confirma sua maledicência?

— Maledicência, não! Franqueza com a verdade.

— Eu vou começar, então, a falar a verdade sobre você também Ana, e como terminaremos neste grupo? Veja o clima em que nos encontramos. Será que este é um grupo cristão? Dúvida, fofoca, raiva, climas inamistosos, mentiras, descrença com a mediunidade, complô... Onde vamos parar, Ana? É isso que você chama de sinceridade?

— Eu sei muito bem aonde vou chegar. Sigo as orientações que os próprios guias têm oferecido a esta casa.

— Ah! Você tem realmente sido muito afetiva! Especialmente comigo.

— Não me venha falar de afeto, Antonino, quando você nem sequer consegue colocar um sorriso no rosto. Será que não percebe isso também? As pessoas chegam para mim e perguntam o que está havendo com você, para manter um cenho tão carregado. Como pode um médium, com tantos anos de Espiritismo, ser tão carrancudo?

— Meu Deus! Agora vai regular até meus sorrisos!

— Já que você não desconfia, alguém tem de corrigi-lo.

Quanto mais discutiam, mais o ambiente vibratório do Centro baixava. Mas o mais grave estava por vir. Calisto chegou ao ambiente e ouviu a discussão que corria em voz alterada. Entrou na sala e disse:

— Que está acontecendo aqui, gente?! As discussões estão sendo ouvidas lá no salão!

— Veja só, Calisto, a que ponto chegamos! – disse o médium com ironia. – Veja só o que está nesta mesa! Minhas mensagens mediúnicas, sofrendo todo tipo de reprovação.

— O que é isso, Ana? – manifestou o dirigente já alterado.

— É que nós, dirigentes, fizemos uma reunião esta semana, em minha casa, para tomar algumas decisões com relação à parte mediúnica do Grupo X.

— Na sua casa?!

— Qual o problema?

— Nenhum, Ana! Nenhum problema! –respondeu Calisto completamente tomado de irritação. – Então você faz uma reunião para avaliar as atividades, e eu, coordenador de atividades mediúnicas do Grupo X nem sequer tomo conhecimento ou sou convidado?! E você ainda me pergunta qual o problema?!

Ana enrubesceu diante da colocação. Observei que a cada minuto passado naquele clima seu tônus magnético se desvitalizava. Aquela matéria que se agregou ao seu corpo apresentava agora uma cor cinza-claro e, aguçando a visão mental, percebi que pequenas gotículas escorriam da cabeça para os pés, formando uma pequena poça de líquido viscoso no chão. Era como se ela suasse por todo o corpo. Olhei, então, com mais atenção e me deparei com uma cena assustadora. Em meio ao líquido que se acumulou no solo da sala aos pés de Ana, pude ver algumas "bocas" que se mexiam como se bebessem aquela gosma. Subiam, chupavam e desapareciam no solo. Com um diâmetro de aproximadamente trinta a quarenta centímetros, aquela poça continha pelo menos umas cinco "bocas" que se alternavam naquele movimento. Quando estava pronto para me aproximar, dona Modesta colocou a mão em meus ombros e solicitou oração, impedindo-me de chegar mais perto. E o conflito prosseguia...

— Sentimo-nos mais à vontade assim para tomar nossas decisões. Você anda muito envolvido emocionalmente com o médium Antonino. O grupo acha que você o protege em demasia. De mais a mais, há vários questionamentos ao seu fanatismo com essas ideias de salvação de Lúcifer. Todos acham que sua mania de grandeza perdeu o limite por completo.

— É brincadeira! Eu não consigo acreditar que chegamos a este ponto! Uma reunião na socapa! Só pode ser obra das trevas! Será que vocês não percebem a manobra que estão criando sobre vocês?

— Que alternativa nos restou diante de sua intransigência de sempre?

— O que você chama de intransigência?

— Você não ouve mais ninguém nesta casa, Calisto. Nem mesmo o seu médium protegido você tem ouvido, porque você divulgou algumas mensagens dele sem consentimento, e fui informada que nem mesmo Antonino concordou com sua atitude. E você o que fez?

— Fiz o que devia!

— Fez o que te aprouve. Para variar, não escutou a opinião de ninguém. E aqui estamos nós, Calisto, em um conflito que não sei se tem solução.

— Para mim, eu já encontrei a solução, minha amiga! Esteja certa de que diante de tanta política de sua parte, estou declarando formalmente minha candidatura à presidência do Centro.

— Demorou! Não faça de conta, Calisto! Todos sabem que era isso que você mais desejava! Sua mania de grandeza não tem limites. Caminha para a perturbação. Como pode acreditar que nossa humilde casa teria esta importância atribuída aos supostos serviços socorristas aos abismos onde se encontra o gênio das trevas, Lúcifer?

Antonino, com a chegada de Calisto, calou-se em completa desarmonia íntima. As duas companheiras, que a tudo presenciavam desde o primeiro instante, estavam estarrecidas. Dois médicos atentos ao incidente, em nosso plano, aproximaram-se de Ana e fizeram um sinal a dona Modesta. Ela estava à beira de um desfalecimento em razão da instabilidade emocional. Sua pressão caiu assustadoramente. A energia vital era sugada por uma fonte que vinha daquelas "bocas". O embate não cessava.

— Para mim, chega, Ana! Aqui foi a gota d'água! Estamos cozinhando este assunto há meses. É o fim!

— Também acho que seja o fim, o fim de tudo!

— Se não temos capacidade de discutir, vamos ter de conflitar. Protegerei esta casa dessa investida trevosa custe o que custar. Farei de tudo para não deixar a casa do Cristo nas mãos dos luciferianos que querem te envolver!

— Casa do Cristo! Como ainda tem coragem de usar esta expressão com tanta manipulação de sua parte, Calisto?

— Você usa pessoas dentro desta casa para vender uma imagem, minha filha. Ou pensa que não sei de sua ânsia para me afastar da coordenação das mediúnicas? Uma cilada muito inteligente das trevas!

— Você, como presidente desta casa, significa um convite para que pelo menos metade dos trabalhadores saiam daqui, isso sim! Acha mesmo que ficariam com você à frente?!

— Eu não duvido disso, tendo uma política de bastidores tão bem articulada como a sua. Estou a par de todos os telefonemas que tem dado, e pensa que não sabia da reunião de socapa que fizeram? No seu grupelho tem gente fiel a mim, compreendeu.

— Se você quer partir para política, vamos para a disputa.

— Pense bem, Ana! Infelizmente, sua vida não vai nada bem. Acha que não sei também dos seus assuntos pessoais? Você não está dando conta nem de manter de pé o seu marido, que enfurnou no alcoolismo, e quer presidir um Centro Espírita?

A fala de Calisto estourou todos os limites da dirigente. Ela não suportou ouvir aquele desaforo e, sem força para dizer algo mais, afogou-se no pranto, pegando no braço de uma das amigas ao lado, suplicando ajuda. Sua cor empalideceu. As amigas, percebendo a situação, solicitaram a Antonino e a Calisto que se retirassem da sala e cessassem o bate-boca. O ambiente ficou irrecuperável.

Dona Modesta e os servidores de nosso plano, procuravam medidas de apaziguamento. Um médico encarnado presente na casa socorreu a presidenta, que logo recobrou sua condição, embora mantivesse sua instabilidade emocional.

As reuniões da noite estavam prestes a começar no Grupo X. Orações e passes foram distribuídos. Houve palestras e conversas fraternas. Quando se desfez a reunião da noite, já passava de vinte e duas horas. Ana, ainda amparada por algumas amigas que a levariam para casa, mostrava-se totalmente abalada. Calisto mantinha-se sisudo e muito preocupado. Antonino sentiu enorme mal-estar com tudo o que aconteceu pelo resto da noite.

Quando saímos do ambiente do Centro, pudemos constatar que várias daquela espiral vinda do subsolo estavam, igualmente, no jardim da casa e à porta do Centro, na rua. O barulho, por vezes, fazia-se atordoante, quando duas ou mais delas rodopiavam em larga velocidade, recordando um pião no sentido anti-horário, sempre em direção ao chão. Para um olhar desprevenido como o meu, em fase de aprendizagem, confesso que cheguei a achar estético todo aquele conjunto de doze ou quinze vórtices, que recordavam também pequenos ciclones artisticamente talhados para enfeitar.

O trabalho seguiu noite adentro. Quando pudemos nos refazer, já passava das duas horas da madrugada no relógio terreno. Fui descansar, mas sei que dona Modesta e outros servidores continuaram, com desvelo, em compromissos de rotina na proteção ao lar de Ana, Calisto, Antonino e todos os outros companheiros daquela casa de serviço espiritual.

Abri o Evangelho para fazer meu preparo para o sono e meditei alguns minutos na fala abençoada da primeira epístola de João, capítulo 2, versículo 11: *"Mas aquele que odeia a seu irmão está em trevas, e anda em trevas, e não sabe para onde deva ir; porque as trevas lhe cegaram os olhos".*

Capítulo 10

Homoafetividade e Mediunidade

"Eu sei, e estou certo no Senhor Jesus, que nenhuma coisa é de si mesma imunda, a não ser para aquele que a tem por imunda; para esse é imunda" - Romanos 14:14.

As equipes socorristas nos serviços emergenciais reúnem-se todas as tardes no Hospital Esperança, em busca de alternativas e soluções para os casos que acompanham. Logo no dia posterior aos intensos labores, o Grupo X foi o alvo de nossas considerações.

Acompanhei atentamente o encontro, juntamente com Juliano e outros cooperadores, que, como eu, iniciavam suas lições práticas de auxílio. Após cinquenta minutos de intensa discussão e variadas ponderações, medidas foram planejadas para o futuro.

Quando nos preparávamos para regressar aos afazeres diários, foi a própria dona Modesta que nos chamou para uma conversa edificante. Acomodada em confortáveis poltronas na sala da benfeitora, a equipe de aprendizes que integrou a caravana da noite anterior foi convidada a manifestar dúvidas e sugestões acerca das atividades no Grupo X.

Não me contive na curiosidade! Fui o primeiro a trazer minhas questões.

— Dona Modesta, sonhei a noite toda com os labores de ontem. Em meus sonhos, vi Antonino, Calisto e Ana em época remota junto aos velhos mosteiros italianos de Gênova. Eles estavam sendo ameaçados por várias cobras, que os cercavam de todos os lados. E, de repente, Santo Domênico, o salvador das pessoas mordidas pelas cobras, pulou no meio deles e, com um gesto de poder, afastou todas elas, secando-as em seguida. Acordei com recordações nítidas do sonho. Pode me dizer algo?

— Nossos irmãos, como já lhes informamos, compõem uma grande família por laços de compromisso. Seu sonho procede quanto ao local e o simbolismo. Eles, de fato, estão cercados por intensa e venenosa pressão.

— Stefan faria parte dessa pressão?

— Diria que é apenas uma ponta do imenso iceberg de lutas às quais todos, naquela casa espírita, encontram-se submetidos.

— E quem é Stefan? Que laços o prendem a Antonino?

— Stefan e Antonino já se amaram muito em tempos distantes. Gênova e Paris foram palcos de episódios decisivos na jornada de ambos. Experimentaram a vivência homossexual em mais de uma vida carnal. No presente, o médium guarda tendências ainda marcantes de semelhantes recordações que outrora lhe trouxeram prazer, mas também infelicidade. Suas inclinações, entretanto, não o levaram a repetir tais vivências na presente existência em razão do amparo de que foi cercado e da presença determinante da culpa em seu campo mental.

Em seu histórico espiritual, serviu voluntariamente às hostes dos *dragões do poder* na condição de soldado. Entre as regalias de que dispunha pela posição, requisitou a companhia de Stefan, que veio a reencontrar nas furnas na função de vigia de locais periféricos ao *Vale do Poder,* nos quais eram trancafiados os traidores para castigo e sevícias.

O resgate de Antonino provocou em Stefan um ódio incontido em relação ao Hospital Esperança, que, até hoje, ainda não consegue esquecer. Razão pela qual resiste às enfermarias e aos tratamentos que lhe oferecemos.

— Então Stefan é usado pelos dragões?

— Serve-lhes na esperança de conseguir uma reencarnação.

— Ele ainda está sedado na enfermaria do Grupo X?

— Completamente.

— E vai mudar quando acordar?

— Por inúmeras vezes lhe prestamos amparo. Ele quase sempre desiste de tudo e retorna ao mesmo ponto.

— Dona Modesta, tenho comigo uma velha pergunta que trago desde os meus tempos no corpo físico. Mediunidade tem algo a ver com homossexualidade?

— Em que aspecto? Clareie sua pergunta!

— Os médiuns são portadores de homossexualidade?

— Os médiuns ostensivos são portadores de uma energia Yin muito acentuada, a energia do feminino, da sensibilidade. Sem esse traço afetivo, dificilmente teria o médium condições de alcançar as sutilezas da vida nas quais costuma penetrar. Isso, porém, não implica, necessariamente, ser feminino na expressão de seu desejo afetivo-sexual.

— Mas existem médiuns homossexuais?

— Uma boa parte deles.

— Por quê?

— Alguns, porque já faz parte de seu contingente de vivências. Outros, porque o ascendente energético da energia Yin pode inclinar o médium aos roteiros da atração por pessoas do mesmo sexo. Isso, porém, não é determinante a ponto de eliminar a possibilidade da escolha. Outros ainda, sublimam os impulsos homossexuais e vão adiante. Outros querem manter sua continuidade, enquanto outros, ainda, a repudiam em conflitos severos. A mediunidade, de alguma forma, é um buril educativo do feminino humano existente em todo ser. A humanidade penetra o estágio da sensibilidade ou do desenvolvimento do feminino como ponto de equilíbrio das conquistas intelectivas até então amealhadas. O assunto é profundo e merece uma análise cuidadosa para não tomarmos a palavra "feminino" no seu aspecto rudimentar, ainda tão usado nas sociedades da vida física.

— No geral, então, a mediunidade influencia nos traços psicológicos da sexualidade!

— A rigor, sim.

— A senhora, como mulher e médium, sofreu alguma alteração nesta área, dona Modesta, quando no corpo físico? – indagou uma de nossas companheiras que integravam a equipe de aprendizes.

— Certamente, Maristela. Vivi num tempo em que o preconceito social tinha forte influência sobre meu projeto reencarnatório. Mãe de quatro filhos e avó, trazia na intimidade a angústia típica dos médiuns em assuntos da vida afetiva e sexual. Para a mulher, os filhos são o maior alimento, e as experiências exigentes neste setor amenizam a carga erótica que poderia tombar para rumos inadequados.

Hoje o mundo mudou. Os tabus estão caindo e as pessoas estão se dando ao direito de viver suas experiências, conforme suas tendências. Partimos do extremo da repressão para o extremo da liberação.

A vivência sexual, para quem foi iluminado com o conhecimento espírita, deve passar por outro gênero de conduta. O discernimento sobre a natureza das aspirações que buscamos é um ponto crucial neste tema. Saber o que queremos e estamos buscando para nossa própria felicidade é fundamental. Todavia, a grande maioria, tão logo os hormônios talham os apelos para a prática do sexo, entrega-se às loucas experiências da paixão e do prazer, retirando de si mesmos o ensejo da disciplina que lhes permitiria, primeiramente, o amadurecimento psíquico e emocional, para depois, então, decidir sobre a essência do que melhor preencheria sua sede afetiva e sexual.

Muitos médiuns, nesse passo, tiveram a companhia da culpa como mestra de suas existências. Qualquer desvios para os nossos irmãos, guarda um significado extremamente oneroso às suas consciências. Por esta razão, a contenção tem sido, até agora, a melhor alternativa. Isso não impedi-lhes de experimentar a força dos apelos que lhes consomem. Em geral, tem esposa, filhos, mas intimamente buscam mapear seus reais e profundos anseios no intuito de melhor aproveitarem sua prova. Na verdade, eles têm mais sede de afeto do que de prazer neste terreno.

No entanto, aqueles que não trazem, predominantemente, o buril da culpa e que carregam de forma mais incisiva a busca do afeto ou, usando a mais recente expressão, a homoafetividade, não só sentem enorme necessidade afetiva e sexual de alguém do mesmo sexo como não conseguem, naturalmente, sentir-se atraídos por pessoas do sexo oposto.

— Confesso que a senhora me espanta com a naturalidade com que trata o tema!

— Por qual razão, Maristela?

— Não sei bem, mas... quando na vida física aprendi que mediunidade com Jesus é incompatível com a homossexualidade.

— A mediunidade com Jesus é incompatível com a perturbação, minha filha. Com o desequilíbrio e com o abuso. É só isso!

— E, porventura, para vocês, aqui no mundo espiritual, homossexualidade não é perturbação?

— Nem sempre!

— E por que não?

— Não é a homossexualidade, por si só, o problema, mas a conduta afetiva nela inserida. Homossexualidade, na medicina espiritual, não é doença, é uma expressão sintomática do desvio afetivo.

— É difícil entender isso!

— Não é mesmo um assunto fácil. É bem complexo e faz parte dos estudos de fisiologia profunda dos corpos espirituais.

— Eu misturo muito, na minha cabeça, afeto com sexo. Não sei onde começa um e acaba outro.

— Será que você consegue admitir a possibilidade de que duas pessoas do mesmo sexo podem se amar?

— Sem dúvida! Desde que não pratiquem sexo.

— Por qual motivo? Acaso o sexo lhes retiraria o amor?

— Acho que sim.

— Acha?

— Não. Tenho certeza! Quero dizer...

— Você está confusa, Maristela?

— Estou sim, dona Modesta. Minha cabeça está em "parafuso"!

— São os tabus! Conceitos rígidos demais!

— Confesso à senhora que, para mim, é difícil admitir que sexo praticado com pessoas do mesmo sexo inclua amor.

— Só me dê um motivo e eu te darei razão.

— Ai, dona Modesta! Não me aperte!

— Não acredita que duas mulheres ou dois homens possam ser carinhosos, fiéis, honestos no afeto e terem prazer na relação corporal?

— Sinceramente, isso não entra na minha cabeça de jeito nenhum!

— Por que será, Maristela?

— Ai! Estou ficando sem jeito perante os meus amigos, dona Modesta!

— Sem jeito?!

— Encabulada.

— Estamos no mundo da verdade, minha filha. Não se esconda.

— Por que a senhora não fala mais de seu tempo como mulher? Quando lhe perguntei... – e dona Modesta nem a deixou terminar, no intuito de colocá-la mais à vontade.

— Quando me perguntou, você queria saber, na verdade, se tive alguma atração por outra mulher, não foi?

— Desculpe, dona Modesta, não queria ser inconveniente.

— Inconveniente? Abra seus olhos, Maristela. Aqui é a vida da realidade inconfundível, da verdade incorruptível. A conveniência que trazemos do mundo físico quase sempre é uma atalho de fuga para não ter de tratar de assuntos incômodos.

— Está bem! Eu vou falar! A senhora sentiu algo por outra pessoa do mesmo sexo?

— Você sentiu, Maristela?

— Mas eu quero saber da senhora!

— Você quer que eu responda para te abonar?

— Estou me sentindo na berlinda.

— Só pode se sentir na berlinda quem tem algo a esconder e não lida bem com isso.

— É verdade, dona Modesta, eu tenho algo escondido, e me sinto péssima com isso – expressou a senhora com visível vergonha estampada no rosto.

— Este o maior problema em assuntos da sexualidade, a fuga, a negação da realidade interior, a indisposição humana de olhar com honestidade cristalina para seus conflitos pessoais. Morrer com um segredo mal resolvido é problema do lado de cá na certa.

— O que a senhora acha que deveria ter feito, então? Assumido meus impulsos? Se fizesse isso, arruinaria o Centro Espírita por inteiro e – parou para pensar no que diria – eu tinha muito a perder.

Quando deu por si, Maristela percebeu que estava colocando segredos muito íntimos diante de todos nós. Dona Modesta solicitou que nos retirássemos e esperássemos no lado de fora da sala, para uma conversa mais íntima com ela, e disse que logo a seguir nos chamaria para a continuidade do diálogo grupal. Só me é possível narrar o que vem a seguir porque a própria Maristela tornou-se uma amiga e confidente de minhas vivências no dia a dia do Hospital Esperança, e autorizou-me a narrá-la.

Saímos todos e a conversa continuou:

— Agradeço que a senhora tenha me permitido uma maior intimidade.

— O fato de buscar o encontro com a Verdade nem sempre inclui a exposição pública, minha filha. Fale, estou fraternalmente a seu dispor!

— Estou me sentindo engasgada, dona Modesta.

— É sua chance de falar, minha filha. Quantas mulheres se colocaram na condição de mãe para te ouvir como eu?

— Acontece que não a vejo como mãe, dona Modesta.

— Fale mais.

— A senhora foi a primeira e única pessoa capaz de despertar minha confiança e meu amor do lado de cá, entendeu?

— E lhe despertei também os impulsos, não é isso o que quer me dizer?

— Sim. Creio que esteja ficando louca, mas tenho de dizer que a senhora... A senhora me envolve.

— Eu sempre percebi seu olhar, Maristela. Compreendo suas lutas.

— Desculpe-me por minha loucura, dona Modesta! Não consigo mais fugir de mim mesma. Sou uma mulher perturbada. Não sei o que fazer diante disso. Sinto-me como se duas mulheres existissem em mim. Uma honesta e limpa e outra suja e forte. Uma é a presidenta de Centro Espírita, a outra uma prostituta obsediada que só respira sexo.

— Qual de nós, nas faixas evolutivas neste planeta, não é assim, Maristela? O apóstolo Paulo assevera um princípio fundamental nos temas que ora refletimos em sua epístola ao povo romano, capítulo 14, versículo 14: *"Eu sei, e estou certo no Senhor Jesus, que nenhuma coisa é de si mesma imunda, a não ser para aquele que a tem por imunda; para esse é imunda"*.

— Eu me sinto imunda e, o pior, nunca experimentei o prazer como gostaria.

— Foi responsável. O que já é um grande avanço!

— Tive marido e filhos, e os amava. Meu marido foi um ótimo companheiro nos prazeres sexuais. Ele deveria me bastar, mas... Ainda assim a satisfação no lar não me foi suficiente para exterminar o desejo.

— O instinto é o alicerce do amor. Sob fascínio da atração sexual somos capazes de fazer qualquer coisa por alguém. A atração mobiliza nosso interesse, e o interesse nos conduz à atitude. Não será este o princípio primário do amor?[23]

— No entanto, nada fiz de concreto por mim, quanto mais por alguém. Nunca tive atitude em relação a tal desejo.

— E do que sentia falta?

— Sentia falta da delicadeza feminina, do odor depurado da mulher, da pele macia, do carinho mais do que da sensação.

---

23 Nota da editora: *"Evolução em Dois Mundos"*, capítulo 18, itens *"Origens do Instinto Sexual"* e *"Evolução do Amor"*, André Luz, Francisco Cândido Xavier, Editora FEB.

— Manteve-se fiel?

— Sim, mantive-me. Ainda assim, persistiam em mim apelos quase irresistíveis, fantasias que já me acompanhavam desde a adolescência, quando tive diversas namoradinhas secretas, uma brincadeira de escola.

— Fidelidade não deixa de ser um sinal da presença do amor nas relações afetivas. O casamento é muito educativo no tema da vida afetiva.

— Por muitas vezes, julguei-me desonesta com minha família e, particularmente, com meu esposo. Pratiquei o autoerotismo. Não tinha outra saída, já que não conseguia pensar na possibilidade de uma parceira de comunhão afetiva. Já sabia de minhas inclinações antes de me casar, e imaginei que a vida a dois poderia eliminá-las por completo. Meu desespero começou quando percebi que, mesmo obtendo satisfação no casamento, era ainda assaltada por fantasias homossexuais com amigas queridas do próprio Centro Espírita.

— A sexualidade tem expressões múltiplas em cada um de nós, minha filha. Já vivemos quase todos os tipos de manifestação neste terreno, trazendo na intimidade a bissexualidade[24].

— A senhora acha, então, que seria natural ter uma parceira fora de casa?

— De forma alguma! Isso arruinaria suas possibilidades de crescimento e estabilidade consciencial.

---

24 "*A vida espiritual pura e simples se rege por afinidades eletivas essenciais; no entanto, através de milênios e milênios, o Espírito passa por fileira imensa de reencarnações, ora em posição de feminilidade, ora em condições de masculinidade, o que sedimenta o fenômeno da bissexualidade, mais ou menos pronunciado, em quase todas as criaturas. O homem e a mulher serão, desse modo, de maneira respectiva, acentuadamente masculino ou acentuadamente feminina, sem especificação psicológica absoluta*". – "Vida e Sexo", capítulo 21, de Emanuell, Francisco Cândido Xavier, Editora FEB.

— E, ficando somente nesta contenção do desejo homossexual, aconteceu algo de bom para mim?

— A contenção dos prazeres sempre é fator de avanço, ainda que a contragosto. Não nascemos apenas para fazer sexo. Carecemos aprender a usar essa força em diversas áreas. Na contenção, você aprendeu muito com esta lição.

— Mas não extingui meus desejos.

— E nem poderia.

— E, porventura, existe alguém que apenas contendo sublimaria essa tendência?

— Só com a contenção não. A disciplina para educar precisa vir acompanhada de muitos outros movimentos da alma na direção da harmonia e da compensação do prazer.

— Meu casamento seria, então, uma espécie de freio aos meus desejos?

— Sem dúvida!

— Eu me sentia muito ajustada como mulher. Adoro ser mulher. Nunca me vi num corpo masculino ou exercendo qualquer função inerente a tal sexo, mas trazia por dentro os ímpetos que jamais consegui entender em relação ao feminino. Tinha reações físicas instintivas em certas situações, envolvendo o sexo feminino.

— Como lhe disse, são as diversas vivências de outrora.

— Mas e a dor que a gente sofre, dona Modesta? Que vergonha sentia de meus filhos, mais até do que de meu próprio marido, que nunca desconfiou.

— A dor só surge, nestes casos, quando o Espírito está buscando sua rota particular, seu mapa pessoal para Deus. Do contrário, como fazem muitos, você não resistiria à prova e se entregaria ao que acreditava ser o melhor para você.

— E se fizesse isso seria uma queda, um fracasso reencarnatório?

— Para muitos sim, para outros não.

— Ai, ai, ai! A senhora está me confundindo!

— Como determinar julgamentos neste tema, Maristela? Conheço pares que viveram a homossexualidade e nem por isso foram fracassados em suas reencarnações. Cada qual com seu histórico de êxitos e insucessos, decisões e intenções compõe uma estrada única para a existência, conforme os ditames da orientação consciencial. Portanto, como estabelecer decretos de fora quando tudo é determinado pelo que sentimos por dentro e pela natureza das nossas atitudes na esfera da responsabilidade?

— Será que fui covarde em não enfrentar minhas tendências?

— Será que assumi-las seria enfrentá-las?

— Continuo confusa, sinceramente. Deixe-me ver se entendi!

— Fale.

— Será que o fato de minha mediunidade ser tão ostensiva poderia ter influído na ativação deste meu desejo pelo feminino?

— Em parte sim.

— E em parte...

— É seu histórico reencarnatório.

— O que a senhora sabe sobre esta parte?

— Temos analisado as fichas da turma de estudos. Todos vocês têm laços muito intensos com a questão das provas que envolvem a sexualidade.

— Todo o grupo?

— Sim.

— Incluindo o senhor Marcondes, que foi internado?

— Ainda mais ele.

— Qual é nossa situação, dona Modesta?

— Vamos falar da sua somente?

— Ok! Concordo!

— Você viveu suas duas últimas reencarnações em uma luta severa para sair da prática promíscua. Teve casos de infidelidade seguidos de muita culpa. Seu maior desejo é mudar o rumo de suas experiências.

— Por muitas vezes, cheguei a imaginar que tinha uma obsessora me perseguindo, causando-me a natureza dos prazeres homoafetivos.

— Obsessão surge por questões éticas e comportamentais e não, necessariamente, por inclinações sexuais. Suas tendências são suas. Ninguém precisa as estimular para você senti-las.

— Mas e no caso de Antonino? Ele tem conduta digna perante a família e um obsessor!

— Cada história, uma história. Cada caso, um caso. A conduta reta de Antonino o preserva de travos obsessivos gravíssimos, porém, não pode libertá-lo completamente da lei de sintonia em torno de suas características psíquicas. Além disso, a mediunidade dilata todo o contexto de suas inclinações com o componente feminino da energia Yin, causando-lhe grande saudade das vivências de outrora. Neste caso, inclusive, confesso que é muito difícil definir quem é obsessor de quem, Antonino de Stefan ou o inverso?

— É possível saber quem fui? O porquê de minhas vivências? Jamais imaginei que, sendo mãe, poderia tomar contato com tal experiência novamente.

— Para muitos, após a formação da família, nunca mais se tem tais impulsos. Neste caso, o impulso homossexual é de origem atual, nem sempre significando vivências de outro tempo

— Existiria um plano para renascermos homossexuais?

— O instinto sexual é a base evolutiva do amor. Existem planos para renascermos com aquilo que somos em busca do amor legítimo. Se a homossexualidade fizer parte do conjunto daquilo que somos, ela se expressará no rol das inúmeras experiências afetivas e sexuais da alma. O planejamento é para uso e redirecionamento das tendências morais que carregamos conosco. Imprimimos no corpo a natureza afetiva e sexual de nossa condição mental. Somos aqui, no plano extrafísico, a continuidade do que forjamos em repetidos ensaios na vida corporal. E, ao regressarmos ao novo corpo, levamos conosco um projeto de recomeço, mas todo esse projeto tem como ponto de partida a retomada daquilo que um dia deixamos na última peregrinação carnal.

— Então existem homossexuais que já renascem assim?

— Existem. E, muitos deles, não todos, chegam a planejar laços de afeto e união conjugal.

— E quais casos de vivência homossexual estariam fora dessa programação reencarnatória?

— A maioria deles.

— Por quê?

— É necessária muita definição íntima em relação ao assunto, pois do contrário o caminho da homoafetividade é recheado de culpas, dor e perturbações.

— E qual a posição do tema homossexualidade nos dias atuais?

— O planeta passa por um momento de definições. Mais que nunca, o Espírito eterno anseia pela Verdade libertadora. Especialmente a Verdade sobre a realidade pessoal. Sem isso, como ajustar nossa conduta e nosso padrão moral para um tempo de regeneração?

A liberdade sexual pregada sem ética nem responsabilidade, desde os tempos pós-repressão, nos últimos quarenta anos do século XX, desembocou em muita amargura e tristeza em muitos corações, que perceberam o vazio provocado pelo prazer sem afeto.

Entretanto, socialmente, tais condutas fizeram uma reciclagem nos conceitos, provocaram uma discussão mais cristalina sobre o tema. A aids e outras doenças sexualmente transmissíveis forçaram a mudança de hábitos. O preconceito, pouco a pouco, vem sendo eliminado em relação às mais diversas diferenças na manifestação da preferência sexual e afetiva.

— E com isso – completou Maristela – as pessoas se sentem mais à vontade para assumir sua característica?

— Assumir é fácil. Difícil é escolher como aplicá-la bem, ou seja, como fazer para dignificar nossas inclinações.

— É o meu caso.

— Por isso terá, primeiro, de escolher.

— Que medo, dona Modesta! Que medo de escolher errado!

— Daí a importância de você participar de nosso Instituto de Educação da Sexualidade aqui no Hospital Esperança.

— Confesso que tenho medo de saber, de verdade, o que quero.

— O Instituto vai auxiliá-la a definir seus caminhos.

— Jamais imaginei a possibilidade de que esse tipo de assunto seria considerado com tanta seriedade aqui no plano espiritual.

— E por que não seria? Não faz parte da caminhada humana na Terra?

— Quando encarnada, consegui me manter no que considerava retidão. Agora, longe dos meus afetos, é como se tivesse feito uma longa viagem na qual fui obrigada a me desnudar, a ser quem sou. Distante dos laços consanguíneos, é como se me sentisse descompromissada de continuar ocultando este meu lado.

— É uma das vantagens da morte para quem tem paz na consciência. Dar destino digno àquilo que ainda não conseguiu resolver dentro de si mesmo. E o que você, Maristela, gostaria de viver nesta área? Já pensou nisso?

— Ai, dona Modesta! De novo? Essas perguntas me constrangem!

— Acha que Espíritos não fazem sexo?

— Pelo menos o que aprendemos, quando no plano físico, seria algo bem diferente.

— Mas não com menos prazer e gratificação afetiva. Do contrário, seria um salto na evolução, e isso atenta contra o equilíbrio. Salto podemos ter na postura, mas não na eliminação de mecanismos que ainda sejam importantes ao nosso crescimento e aprendizado nos roteiros da evolução afetiva.

— Pelo menos aqui no Hospital eu nunca vi nada, embora já tenha ouvido algumas coisas... E... juro que não acreditei!

— Engano seu, Maristela!

— E existem também pares do mesmo sexo?

— Temos uma classe inteira no Instituto para tratar e orientar os assuntos nesse terreno.

— Só para mulheres?

— Ou só para homens.

— A senhora estaria me propondo...

— Propondo não, sugerindo que integre esse grupo o quanto antes.

— E...

— Com certeza, você não só terá alívio, tratamento e, quem sabe, chegará a uma definição.

— Todos alunos possuem o mesmo problema que eu?

— Problema? Você vê sua inclinação como um problema?

— E não é?

— Depende, minha filha. Depende.

— De que, dona Modesta?

— Da vivência da sexualidade com dignidade. A condição sexual, no atual estágio das experiências terrenas, não é o que edifica a felicidade do Espírito em sua evolução. No entanto, a forma como se conduz em um relacionamento é que faz a diferença.

— Se eu tivesse escolhido alguém do mesmo sexo, isso não me levaria a ter perturbações aqui?

— Você já esteve aqui com alguém que viveu sua homossexualidade na Terra?

— Ainda não.

— É o que terá de sobra para onde vou te encaminhar.

— E como estão essas pessoas? Perturbadas?

— Você mesma verá. Os quadros são diversos. Tenho certeza de que muito aprenderá sobre sexo e amor. Com o tempo, seu conceito se renovará e vai perceber que a conduta de respeito e fidelidade, carinho e amparo na relação a dois é o fator determinante de nosso equilíbrio. A inclinação sexual é transitória e tipifica-se conforme o novelo de vivências do Espírito no transcorrer de suas várias vidas carnais.

— Se eu tivesse vivido minhas inclinações, poderia ter me livrado deste estado íntimo de desgosto e infelicidade com a sexualidade?

— Você se afastou de tais vivências optando pelo casamento, mas caso não optasse e se permitisse fruir com amor e responsabilidade, haveria enormes chances de êxito.

— Mesmo casada?

— O adultério não traz paz, minha filha.

— Por que não tive alguém para me esclarecer sobre isso no mundo físico?!

— Você não daria ouvidos, e ainda diria que a pessoa estaria louca.

— É capaz!

— Eu diria: sem dúvida!

— Por que a senhora tem tanta certeza sobre isso?

— Porque cada pessoa tem sua história, seu momento, sua caminhada. Seu momento está prestes a chegar. O casamento na Terra foi um adiamento educativo. Inevitavelmente, seu instante de ajuste neste setor está perto.

A partilha afetiva-sexual faz parte da felicidade humana. Com orientação e paz na alma, talvez você perceba dignidade e fonte de progresso em seus atrativos sexuais para com pessoa do mesmo sexo ou, quem sabe, poderá definitivamente ajustar seu psiquismo aos moldes da sua recente experiência no corpo feminino.

— Ah, dona Modesta! Que alegria a senhora me traz com suas palavras. Ao mesmo tempo, ainda me sinto muito insegura para quaisquer iniciativas.

— Respeite-se. Um mundo novo de reflexões se abrirá aos seus olhos no Instituto de Educação da Sexualidade. Lá, você terá técnicas e preparação adequadas para saber como tratar os conflitos, compreender os mecanismos profundos da expressão do masculino e do feminino no psiquismo humano e, sobretudo, aprenderá como limpar o peso dos preconceitos que esmagam enorme percentual de chances de sermos mais autênticos e responsáveis em assuntos da sexualidade. Com tais lições, você conquistará a sábia condição mental enunciada por Paulo aos romanos e perceberá claramente a profundidade do ensino do apóstolo: *nada é impuro, a não ser para quem o tem como impuro.*

— Espero, mesmo, que isso aconteça. Não dou mais conta de ser quem faço de conta que sou.

— O pior não é ser quem fazemos de conta que somos, e sim negar o que somos.

— Eu quero agradecer-lhe do fundo da alma.

— Não seja por isso, filha. Qual de nós é autoridade em tais assuntos, não é mesmo? Já foi enunciado pelo Mestre: *atire a primeira pedra.*

— Posso lhe beijar as mãos?

— Claro, minha filha.

Maristela pegou as mãos da educadora com os olhos marejados, e beijou-as com incontida ternura e carinho, dizendo:

— Quero a sua bênção para que eu me liberte desta tormenta, seja feliz e faça alguém feliz!

— Você a tem! Que a mãe santíssima de Nazaré a proteja.

Depois deste episódio, que acabou se tornando público, pelo menos metade de nosso grupo de estudos matriculou-se nas turmas do educandário de sexualidade do Hospital Esperança.

Só mesmo lá pude compreender a profundidade do que significa a inspirada colocação de Paulo de Tarso: *"Eu sei, e estou certo no Senhor Jesus, que nenhuma coisa é de si mesma imunda, a não ser para aquele que a tem por imunda; para esse é imunda".*

Capítulo 11

Os Cordões Energéticos e a Depressão por Parasitismo

"Portanto, se trouxeres a tua oferta ao altar, e aí te lembrares de que teu irmão tem alguma coisa contra ti, deixa ali diante do altar a tua oferta, e vai reconciliar-te primeiro com teu irmão e, depois, vem e apresenta a tua oferta"
– Mateus, 5:23 e 24.

Na continuidade de nossas tardes de estudos com dona Modesta, acerca dos acontecimentos no Grupo X, as atividades foram abertas com novos questionamentos.

— Professora Modesta, um aparte, por favor! – expressou um senhor muito educadamente.

— Pois não, Antero!

— Tenho três dúvidas ainda não manifestadas.

— Exponha-as, por gentileza.

— Acompanhando com atenção o caso do Grupo X, passou-me pela mente uma dúvida. Ana, com seu ponto de vista acerca das vivências mediúnicas do grupo, não estaria correta em sua defesa? Se existe um quadro espiritual de mistificação, ela não está defendendo a pura verdade?

— Você se refere à questão da salvação de Lúcifer?

— Sim, exatamente!

— Ana está correta na ideia e desajustada na forma. Está fiel ao que, de fato, vem acontecendo. Há uma interpretação distorcida da realidade nos serviços socorristas no Grupo X. Entretanto, a forma que ela escolheu para resolver o assunto é causa geradora de mais tormenta e conflito. Ana pretende convencer a todos de fora para dentro, por meio da artimanha da palavra e criando perigosas articulações no grupo para atingir seus objetivos. Sabe que a determinação de Calisto e a fidelidade de Antonino ao dirigente serão duros obstáculos a transpor para chegar aonde ela acredita que os trabalhos devam chegar.

Aí reside a raiz de inúmeros conflitos nos conjuntos espíritas. Ninguém é convencido de fora para dentro. A formação de uma equipe demanda o heroísmo de se abrir mão dos pontos de vista, buscando consenso. Mas, na verdade, o que quase sempre tem acontecido é que uns ficam aguardando que os outros façam, enquanto cada um de nós continuamos a pensar como pensamos, sem a mínima disposição à renúncia.

Ana está sendo coerente com a realidade. Apenas escolheu um caminho improdutivo para alcançar o objetivo. Grupo algum será convencido daquilo que não consegue ou não tem base para acreditar.

Como sempre, tem faltado a arte do diálogo, da discussão cristalina. Não o diálogo que se assenta em pontos doutrinários, mas aquele no qual, sob a luz meridiana do Evangelho aplicado, nos colocamos com todas nossas particularidades, tornando possível analisar o lado oculto de nossas relações.

Por que nossa irmã não convocou o grupo a uma conversa? Será porque preferiu não enfrentar Calisto? Ou será que prefere defender sua própria segurança? O diálogo, quando alcançado em clima de disponibilidade para novas ideias, permite acordos, posturas novas e alternativas para solucionar os desafios.

Para a análise da realidade, ela é a que melhor representa a verdade neste momento. Todavia, sob as lentes do Evangelho, sua postura guarda semelhança com o ensino da escolha de Judas. Ele amava Jesus, a Verdade, e o vendeu pela conduta invigilante, típica do homem imaturo que acreditava que o reino dos céus pode ser implantado de fora para dentro. Nutrido das melhores intenções, derrapou na armadilha da soberba.

— Armadilha! – expressou novamente o mesmo cavalheiro.

É sobre este assunto a minha segunda pergunta. Aquelas espirais que ontem presenciamos são iniciativas da semicivilização?

— A espiral que envolveu Ana é um recurso de magia realizado por parte de vampiros experientes. Sobem do subsolo em direção aos alvos sem que vejamos seus autores, que se encontram nas profundezas.

Há detalhes nos serviços de ontem à noite que vocês, ainda iniciantes em tal aprendizado, não puderam visualizar e, para os quais, propositadamente, não lhes chamamos a atenção. Na esquina da rua do Grupo X estava Jerônimo, um mago mexicano da descrença e da culpa. Um coração muito sagaz que localiza, em mente, os pontos para os quais devem se deslocar as espirais. É um controle exercido a distância por criaturas muito poderosas. Com isso, tornam nossa tarefa de auxílio um tanto mais complexa.

O Grupo X, a partir de hoje, em razão da postura de nossos irmãos, candidata-se a ser sitiado, ou seja, ser tomado por forças inferiores, como muitos grupos já se encontram.

As "bocas" que alguns de vocês puderam perceber aos pés de Ana são entidades oportunistas enviadas pelos vampiros para sugar a energia da dirigente.

Jerônimo sabe bem dos episódios culposos de Ana, e os explora com veemência, fortalecendo a descrença e enfraquecendo os ideais nobres da companheira.

O feiticeiro Jerônimo pertence ao *Vale da Mentira*, cujos serviços são associados aos dragões do *Vale do Poder*.

A isso se referia Stefan em suas preocupações sobre quem viria depois dele. Cada semana que passa, na medida em que os irmãos do Grupo X engrossam os conflitos, mais capacidade de ação é oferecida aos adversários da tarefa.

— Está claro, Antero?

— Muito claro, professora! Mas ainda trago uma última questão.

— Fique à vontade – respondeu dona Modesta com serenidade.

— O que pensa o médium Antonino de tudo isso? Ele acredita ou não na questão do salvamento de Lúcifer?

— Antonino está confuso. Sabe que necessita de corretivos e melhoria, contudo, as vivências atuais lhe trazem insegurança. Luta entre a fé que sempre teve e o desejo honesto de se adequar às novas lições que vem recebendo. É um coração muito disposto à educação. Diante de tantos sobressaltos e inquietude grupal, tem se tornado gradativamente impermeável às orientações e repreensões alheias, mais por dúvida e defesa pessoal que por personalismo.

É nesse aspecto que vemos o impositivo da aplicação evangélica na conduta. Nenhum mago ou técnica das sombras causaria os danos ali constatados se os irmãos de grupo nutrissem o alimento essencial da fraternidade.

Pior que quaisquer ingerências da semicivilização é a teia vibratória de inimizade formada no Grupo X.

A partir de ontem, infelizmente, o Grupo X passou a integrar a lista das casas espíritas que correm o risco de estar sitiadas por parte de grupos da maldade intencional de nosso plano de vida.

Temos trabalhado muito pelo desenvolvimento do afeto neste grupo. Somente ingerindo a dose certa desta medicação poderão adquirir resistência às duras enfermidades morais que os aguardam. Como seria de esperar, devido às lutas interiores com a velha doença do orgulho, nossos amigos na carne desviam-se do receituário.

Ana descrê. Calisto crê demais. Antonino está confuso. Nenhum dos três admite a soberba de seus pontos de vista. A primeira está correta no que pondera. O segundo interpreta com exagero o que vê. E o terceiro é impotente para ajuizar sobre o que fazer.

São mentes acostumadas a se manter fiéis às suas crenças. Tal fidelidade, entretanto, alcança facilmente uma das mais vis emoções de nossa esteira evolutiva, a arrogância. E esta, por sua vez, patrocina a intolerância, a falsidade, o ciúme, a disputa e a falta de fraternidade. A arrogância é a arma cruel que extermina sem piedade a expressão da misericórdia e da bondade nas relações.

É neste clima que o grupo está sendo bombardeado pelos adversários, cujo objetivo central é enfraquecê-los na experiência espiritual ora iniciada. Os trabalhadores do Grupo X bateram à porta do inferno, e o inferno lhes respondeu dizendo que os querem em retirada.

Está satisfeito, Antero?

— Completamente, professora! Completamente!

— Gostaria de aproveitar a presença de nosso José Mario – expressou a benfeitora, surpreendendo-me –, que vem fazendo anotações para destiná-las ao mundo físico, e registrar alguns quesitos imprescindíveis ao entendimento do tema obsessão coletiva pela qual passa o Grupo X. O que acham da ideia?

Após a aprovação geral e com atenção redobrada, tomei meu caderno de apontamentos e passamos a ouvir dona Modesta, que iniciou um tema de rara magnitude.

— O *Livro dos Espíritos*, na questão 388, assevera: "*Entre os seres pensantes há ligação que ainda não conheceis. O magnetismo é o piloto desta ciência, que mais tarde compreendereis melhor*". E, de fato, as pesquisas que são realizadas em nosso plano deixam clara tal afirmativa.

Os laços energéticos que circulam nossa vida mental assemelham-se a imensurável oceano de ondas no qual nos achamos mergulhados. Respiramos no halo energético coletivo o campo energético que mais se afina com a natureza de nossas emissões.

O homem iluminado com o pensamento espírita, no mundo físico, ao estudar a obsessão, verifica a importância superlativa da influência dos desencarnados sobre os encarnados, ignorando que as obsessões de encarnados sobre encarnados sobrepõem, em muito, os resultados infelizes desse consórcio de forças exploradoras de uns sobre os outros.

O magnetismo pessoal é capaz de criar elos que influenciam, mais do que imaginamos, o campo vibratório com quem tenhamos construído os chamados cordões energéticos.

Os cordões são fios *mentoeletromagnéticos* nascidos do teor sutil das forças afetivas do espírito. Por eles nos mantemos imantados uns aos outros conforme o teor das relações que criamos no cadinho das relações humanas. A rigor, na Terra, a maioria dos cordões é tecida por energias sugadoras decorrentes, principalmente, da mágoa, da inveja, da soberba, da culpa e do medo, construindo elos de dependência, abuso, poder e desrespeito mediante relações destrutivas.

A base de quaisquer desses sentimentos que sustentam os cordões é uma emoção primária fundamental para o equilíbrio do ser humano: a raiva. A força da emoção de raiva é um preservativo na evolução humana. É uma emoção primária de defesa. Não sabendo lidar com esse instinto defensivo, permitimos as mais variadas lesões no campo emotivo.

Grande maioria das pessoas contém a raiva que sente sem saber como extravasá-la de modo sadio, criando, assim, no cosmo energético um acúmulo que não permite a transmutação. Essa transmutação poderia se dar de várias maneiras, conforme a personalidade de cada um. Uns apenas expressariam sua raiva, outros a transformariam em crueldade, e outros poderiam canalizá-la por um processo terapêutico. Os caminhos são infinitos, sendo que retê-la ou represa-la seria o caminho mais indesejável.

A raiva é uma defesa contra nossa não aceitação da realidade. Analisada como instinto natural foi colocada no homem para o bem[25] e leva-nos a vencer a acomodação, evitando a injustiça e a passividade diante da vida. Por outro lado, avaliada em seus aspectos doentios, pode ser a base da revolta e da rebeldia.

Costuma manifestar-se de três modos: a mágoa, a neurose de controle e a tristeza. Uma pessoa magoada é alguém que sentiu raiva de ser lesada e não soube o que fazer com o conjunto de seus sentimentos diante desse fato, tornando-se indefesa. A raiva guardada inevitavelmente transforma-se em mágoa, porque não foi transmutada. Diante da raiva, as pessoas confusas e com baixo conhecimento do seu mundo emotivo reagem com extrema necessidade de controlar ou manifestam tristeza e apatia.

O resultado de tais metamorfoses nas relações humanas é a construção dos cordões energéticos que prendem criaturas a criaturas, pais a filhos, esposas a maridos, chefes a subordinados, explorados a exploradores, países a colônias, regendo as chamadas relações colonizadoras de possessividade.

O homem na Terra, mesmo os adeptos do Espiritismo, ainda não acordou para a influência determinante de tal realidade. Enquanto muitos encarnados procuram seus obsessores do lado de cá, mal sabem que, na maioria das vezes, a obsessão mora em sua própria casa ou está bem ao seu lado.

---

25 "Será substancialmente mau o princípio originário das paixões, embora esteja na natureza?" "Não; a paixão está no excesso de que se acresceu a vontade, visto que o princípio que lhe dá origem foi posto no homem para o bem, tanto que as paixões podem levá-lo à realização de grandes coisas. O abuso que delas se faz é que causa o mal". - *O Livro dos Espíritos*, questão 907, Editora FEB.

Temos atendido muitos casos, e eles aumentam a cada dia, de cordões energéticos que não têm sequer um espírito desencarnado pesando sobre a estrutura dos conflitos e problemas que atingem muitos grupos no mundo físico.

No caso do Grupo X, além das lutas com grupos de espíritos, temos claramente a influência desses cordões energéticos entre eles, que, em muitas situações, perturbam mais que seus próprios inimigos espirituais.

Esse tema precisa mesmo de maior exame, se quisermos entender o que sentimos e aprender a nos defender de tais influências.

Sintam-se à vontade para trazer suas questões.

— Dona Modesta, porventura, o que prende Stefan a Antonino era um cordão energético?

— As algemas que você viu são uma tecnologia, mas a que você não viu é um cordão.

— Existem cordões do passado reencarnatório que se perpetuam?

— Por eles, o homem se mantém sempre ligado a tudo aquilo que criou, esteja onde estiver. Não é por outra razão que muitas pessoas renascem e crescem em um determinado ambiente e depois vão em busca de sua sementeira em lugares distantes e, quase sempre, completamente desconectados daquilo que seus familiares lhes proporcionaram. Por eles, temos de retorno aquilo que semeamos.

— É por meio dos cordões que se cumpre o carma?

— Depende do conceito de carma que você está considerando!

— A lei de retorno.

— Ainda não entendi seu conceito, José Mario!

— Carma não é ter de volta aquilo que fizemos?

— E...

— E pagar as contas que devemos?

— Bom! Essa parte de seu conceito precisa de uma reciclagem – expressou dona Modesta sorridente.

— Sobre que aspecto, dona Modesta? – indaguei curioso.

— Essa ideia de pagar contas tem feito muito mal aos conceitos consoladores do Espiritismo. Prefiro entender carma como a lei de retorno que nos conclama a agir, e não como algo que lembre condenação. O carma só nos condena, em verdade, a uma coisa: a agir para sair dele. Essa é a proposta do carma. É uma atitude proativa, e não submissão ou passividade preguiçosa. Por conta dessa noção estanque de lei de causa e efeito, inúmeros adeptos da doutrina recebem, com doentia postura, as dores da vida. Colocam-se, muitos deles, como vítimas a caminho da angelitude através do sofrimento de que são alvo, carregando por dentro a revolta, a mágoa e a perturbação a caminho dos despenhadeiros do ódio silencioso. Dizendo pagar contas, muitos aceitam abusos de filhos, maridos, esposas e familiares, a pretexto de "coisas que fizeram no passado". Sem uma consciência lúcida do que lhes acontece, atribuem a reencarnações passadas toda a infelicidade que suportam a duras penas, sem a menor disposição de examinar os erros e desvios do presente. Em síntese, tal mecanismo psíquico termina por constituir uma fuga lastimável fundamentada em teses doutrinárias de frágil bom senso.

Eu mesma tenho constatado, com frequência, nos atendimentos a irmãos nossos de ideal, que muitos deles em queixas sistemáticas contra familiares, vizinhos, colegas de trabalho e afetos, alegando serem provas rudes e duras de suportar que retornam de outras reencarnações para cobrá-los pelo que fizeram. Enquanto analisam suas dores sob a perspectiva de um passado que não conhecem, furtam-se a avaliar os descuidos do presente que, por si sós, são mais que suficientes para provocar todo o conjunto de conflitos e pressões que sofrem com seus pares e, sobre os quais poderiam, caso quisessem, instaurar uma análise sadia no intuito de erradicar suas provas.

Como assevera *O Livro dos Espíritos*: *"Entre os seres pensantes há ligação que ainda não conheceis"*. É necessário considerar, meu caro José Mario, que essas ligações não se rompem com a morte e, mesmo quando não integram o conjunto dos desafios programados pelo espírito antes de seu regresso à matéria, podem ser retomadas a qualquer momento, devido ao livre-arbítrio e à força dos acontecimentos.

— Quer dizer, então, que os cordões energéticos unem as pessoas na busca do que organizam em seu projeto reencarnatório?

— E unem, também, naquilo que não foi projetado. Aliás, isso hoje é o mais comum. O homem na Terra raramente se mantém dentro dos trilhos de sua programação. Estima-se, no Departamento de Planejamento, aqui no Hospital, que 70% das pessoas cumprem com 20% do que planejaram; 23% conseguem atingir aproximadamente 50% do que precisavam; 5% conseguem se desviar completamente do que organizaram para suas reencarnações e 2% atingem a condição de completistas.

— Criamos mais laços ocasionais que laços programados? – participou Juliano, que se mantinha em atencioso silêncio.

— É o que mais ocorre em planetas de provas e expiações.

— E como ficam esses laços ocasionais? Podem se transformar em provas para o futuro?

— Depende – respondeu dona Modesta, provocando nosso raciocínio.

— Depende de quê? – retomei a conversa.

— De como tais laços são encerrados. A vida de relações é construída por ciclos. Estar ao lado de alguém em provas significa estar matriculado em curso de aprendizado cujo propósito sagrado é resolver, dentro de nós, as motivações que nos levaram ao encontro de tais provas no relacionamento.

Tomemos como exemplo pais que receberam filhos que são espíritos viciados em drogas antes mesmo de nascer. Pode ser uma prova programada, embora também possa não ser, porque há lares que formam filhos que se tornam viciados pelo desamor, pelo mau exemplo ou pela miséria afetiva.

Entretanto, tomemos como sendo algo que foi planejado. Qual natureza de aprendizado passará um pai ou uma mãe com essa dura prova de ver seu filho acabar-se no vício?

Pais nessa condição são testados ao extremo na sua capacidade de amar. Haverão de ter muita coragem, paciência e humildade para conseguir suportar a prova e algo fazer por seus filhos, ainda que seja apenas para remediar os efeitos indesejáveis provocados pela destruidora e cruel cadeia de males da drogadição.

O nível de desapego de ideais e sonhos para pais nessa condição é dramático, porque eles são testados intensamente com a ingratidão dos filhos.

Dores tão acerbas servem para matar velhas ilusões, fortalecer a capacidade de resistir e estimular a ruptura com a concha egoística de velhos e enraizados preconceitos.

Caso a prova seja encerrada com essa conquista, os pais podem romper com suas ligações com tais assuntos e se promoverem a condições morais exemplares. É o caso de muitos deles, que fundam organizações para ajudar outros filhos e pais em condições semelhantes.

— E no casamento? É assim também? – indagou Maristela, que carregava graves conflitos com o assunto.

— O encerramento de ciclos é assim em qualquer prova. A criatura que decide se modificar, inevitavelmente, transforma seus elos e suas provas.

— E se eu entendi bem – prosseguiu Maristela –, encerramento não significa separação?

— Nem sempre, embora a separação possa ser o caminho que a vida impõe diante de encerramentos cujo futuro não acena com a menor possibilidade de crescimento para as pessoas envolvidas. A separação, seja pela morte, pelo término de profissões, casamentos ou quaisquer relações, pode ser benéfica e necessária em muitos casos. Mas nem sempre é indício de rompimento dos cordões energéticos.

— Compreendo! – exclamou Maristela.

— Algo mais sobre os cordões?

— No Grupo X existem esses cordões energéticos? – indaguei.

— Mais do que podem supor!

— E seriam do passado ou da atualidade?

— Ótima questão, José Mario! O Grupo X ilustra bem o que vem acontecendo com a esmagadora maioria das comunidades na Terra, desde o grupo familiar até as nações. Vou tomar como exemplo o caso que envolve a dupla Antonino e Ana. Vocês já foram informados do que ela sente pelo médium?

— Certa feita, fazendo uma visita a seu lar com amigos aqui do Hospital, tive a oportunidade de presenciar os devaneios afetivos de Ana em relação a Antonino – informou Maristela.

— Exatamente! No caso de ambos, os laços são velhos grilhões energéticos que os aproximam. Conquanto Antonino não tenha permitido o afeto tresloucado e oculto que consome o coração de Ana, ele, como médium, sente-se entorpecido e sensível ao movimento ativo dos cordões da dirigente.

— Na noite em que estivemos no lar de Ana, ao sair do corpo, ela procurava por Antonino. Depois de um dia de brigas com o marido, que enveredava pelo alcoolismo, ela, mais do que nunca, estava disposta a se entregar afetivamente ao médium – pontuou Maristela.

— Não foram poucas as noites em que isso aconteceu. De um lado, a mulher carente e desorientada e, de outro, o médium confuso e indefeso. Quando no corpo, Ana transformava sua paixão em ódio e indiferença. Quando no corpo, Antonino não sabia definir o que sentia por Ana. Um misto de mágoa e sentimentos louváveis que se alternavam deixava-o atormentado, em conflito com o que desejava sentir de mais nobre. É a luta do espírito entre a intenção legítima de amar e os velhos hábitos ainda não superados. É por meio dos cordões que se processa esse intercâmbio de sensações e sentimentos.

Os cordões energéticos de ambos antecedem esta vida corporal, todavia, a teia vibratória tecida no Grupo X vai muito além. Outros integrantes também guardam velhos e doentios cordões. No entanto, o que nos chama a atenção é que a maioria deles está fortalecendo fios magnéticos pela conduta atual de invigilância. A raiva está na base deste episódio. A arrogância e o orgulho na equipe estão estimulando a pior parte de cada um, criando conexões sombrias entre eles. Diante dos fatos, todas as metamorfoses da raiva agravam os acontecimentos. Uns se magoam e perdem força para continuar. Outros intensificam a necessidade de controle com o objetivo de tomar conta dos fatos. E quase todos são abatidos pelo clima da tristeza com o inesperado. É o que Calderaro chama de obsessão moral, também denominada *obsessão pacífica*, porque mantém todas as portas abertas para o acesso dos maus espíritos. Costuma, inclusive, haver uma negação coletiva dos sentimentos no intuito de esconder o grau de sofrimento que essa situação causa a cada um. Somente quando se expressam com altos níveis de raiva por falas impulsivas e agressivas, como as que presenciamos, é que se inicia outro estágio mais avançado da obsessão coletiva, que Calderaro chama de obsessão mental. Nesse clima emocional, a obsessão dos desencarnados avança à vontade, a ponto de poder criar o sitiamento ou o domínio total sobre o grupo.

O resultado final de quem se mantém fixado na sombra dos outros é a descrença. É assim que se encontra o Grupo X, a caminho da descrença em tudo, especialmente uns nos outros.

— Quem olha o Grupo X de fora nem imagina o que se passa nas reentrâncias dos corações de seus condutores! – exclamei com piedade.

— É isso mesmo, José Mario. Eles ainda conseguem ser cordiais, fraternos e cumprem com seus deveres nas tarefas para com os de fora. Ninguém é capaz de supor o que lá acontece e, se alguém mencionasse, não acreditaria. Esse tem sido o quadro de muitos e muitos grupos doutrinários. Uma peleja nas relações.

— Mas isso não é o que a senhora mesmo nos ensinou, em certa ocasião, ao dizer que os conflitos fazem parte do aprendizado dos seguidores de Jesus?

— É verdade, meu amigo. Quanto a isso, nenhuma surpresa. O que não é desejável é a negação ou fazer vistas grossas para os acontecimentos, fingindo uma fraternidade que não existe e recheando os corredores de fofoca, que toma o lugar do diálogo honesto e educativo. O que faz o conflito intoxicar é a soberba e a prepotência que derivam da arrogância.

— E como a arrogância e a soberba costumam intoxicar os conflitos?

— Um dos modos é pela via de noções insensatas fundamentadas nos princípios da doutrina. Assim como a ideia de carma que acabamos de mencionar. Outras vezes, e isso costuma ser mais comum pelo descuido de todos nós, é a intolerância nas atitudes que incendeia nossas emoções a caminho da invigilância. Nossa incapacidade de aceitar a diferença alheia é algo assombroso. A fixação nas limitações uns dos outros faz com que o conflito de ideias se transforme em um espaço de disputas. E onde a disputa aparece, o clima de fraternidade desaparece.

— Então, essa questão dos cordões é muito comum nos grupos espíritas? – indagou Juliano, como se refletisse em algo muito profundo sobre o tema.

— Não só nos grupos espíritas, Juliano – respondeu, afavelmente, dona Modesta. Quaisquer ambientes onde haja a presença de relações humanas, lá teremos os cordões energéticos em maior ou menor intensidade.

— O que determina essa intensidade, dona Modesta?

— Juliano, são muitos os fatores, mas, inegavelmente, é pelo sentimento que os cordões ganham vida, natureza, cor, cheiro, som, movimento e consistência.

— As pessoas ficam amarradas umas nas outras, se é que o termo é correto?

— O termo é apropriado, sim. As pessoas, por meio dos cordões, aprisionam ou se alimentam de energias que sugam ou nutrem o cosmo fluídico dos diversos corpos que possuímos. As ligações são mantidas chacra a chacra, de conformidade com o tema que liga as criaturas envolvidas.

Se o assunto é a mágoa, o centro de força de imantação é o cardíaco. Se a questão envolve ódio, o chacra mais atacado é o solar. Se o assunto é ciúme e possessividade, o chacra de vinculação é o genésico.

Em cada caso, isso varia. A rigor, quando mantidos longamente e retroalimentados por atitudes insanas, esse cordão é o canal de inúmeras doenças que a medicina dos homens nem sequer desconfia das causas sutis.

Dessa forma, em alguns casos de pessoas magoadas, sob pressão da possessividade de alguém, podem desenvolver diabetes e diversas dermatites. Em outros, alguém que sustente o ódio por alguém que o feriu, ou é odiado por alguém que tenha ferido, pode avançar para variados processos degenerativos, incluindo alguns carcinomas mais conhecidos.

O campo da medicina energética não pode prescindir de estudar tal tema. Alguns sintomas corriqueiros no mundo moderno têm como causa os cordões energéticos, tais como: cansaço injustificável, adoção do medo como estilo de vida, culpa intensa e estressante, alterações no sistema endócrino, ansiedade desproporcional, angústia com lugares e pessoas, náuseas, inflamação de tendões, enxaquecas crônicas, impotência sexual e até quadros severos de câncer.

Sem presença alguma de espíritos desencarnados, os mais variados episódios de transtorno físico, emocional e mental podem ter causa nos cordões. É muito comum pessoas ligadas por essa teia vibratória desenvolverem sintomas, doenças, sentimentos e sensações semelhantes ou passar por alguma ocorrência que assegure a influência de uma sobre a outra. Verifica-se que algumas pessoas já aprenderam a auscultar seus sintomas, sabendo prever quando alguém com quem não simpatizam vai aparecer para cobrar algo ou desgastá-las com alguma provocação. Outras vezes, determinadas pessoas muito submissas aos progenitores, mesmo à distância, sofrem desesperadamente as angústias dos lares paternais sem saber detalhes do que lá acontece.

A expressão popular "corpo fechado" pode ser bem compreendida à luz das bases espíritas. Significa ter os centros de forças defendidos do mal alheio. Não saber ou não querer se defender dos ataques vibratórios que nos circundam, significa ter o "corpo aberto".

— Poderíamos compreender os cordões como magia?

— Que é a magia, senão a manipulação de energias! Entretanto, para usar essa designação na sua real definição, teríamos de acrescentar um quesito imprescindível, a intenção. Pessoas existem que sabem ser capazes de prender outras aos seus propósitos, e disso abusam, chegando a buscar a manipulação de recursos de feitiços encomendados para garantir sua loucura dominadora ou atender a seus interesses mais mesquinhos. Temos, assim, um capítulo adicional no terreno dos cordões energéticos, que são os laços que podemos criar com alguém por meio da intenção deplorável.

— Há espíritos que participam disso?

— Há criaturas que sabem muito bem a técnica de *amarração* por meio da magia desde os velhos tempos da Babilônia.

— Mas só pode pegar em pessoas que tenham medo ou acreditem nisso, não é?

— Não, Juliano! Não é bem assim! Vejamos, a esse respeito, a fala oportuna do codificador, Allan Kardec, em *O Livro dos Espíritos*, questão 555: *"O Espiritismo e o magnetismo nos dão a chave de uma imensidade de fenômenos sobre os quais a ignorância teceu um sem-número de fábulas, em que os fatos se apresentam exagerados pela imaginação. O conhecimento lúcido dessas duas ciências que, a bem dizer, formam uma única, mostrando a realidade das coisas e suas verdadeiras causas, constitui o melhor preservativo contra as ideias supersticiosas, porque revela o que é possível e o que é impossível, o que está nas leis da Natureza e o que não passa de ridícula crendice"*.

Devemos nos acautelar para que o conhecimento espírita não simplifique exageradamente assuntos que são bem complexos. Muitos companheiros de ideal, apoiados em informações doutrinárias, alegam não existir o feitiço, acrescendo que somente quem sintoniza pelo pensamento ou tem medo dessas questões é que pode ser atingido. Não é bem assim. O pensamento é verdadeiramente um esculo. Os sentimentos, porém, é que permitem o ciclo dos feitiços, e sobre essa parte da vida interior muito pouco controle e conhecimento detemos para nos imunizar das investidas sombrias que cercam nossos passos.

Outros irmãos alegam que bastam a oração e a fé. Tivéssemos tanta fé assim, e eu endossaria tal tese! Orássemos corretamente, e eu apoiaria a ideia! São recursos que ainda não desenvolvemos suficientemente para serem escudos protetores de nossas vidas. A magia, em seu sentido mais profundo, intencional, ou mesmo aquela que acontece naturalmente em razão das nossas mazelas, que criam elos de destruição e dor, é um movimento diário nos campos sutis da alma, podendo perdurar por anos e milênios, dependendo do contexto em que é gerada. Se não fosse a misericórdia divina e a sua ostensiva ação em nosso favor, nos faltaria o essencial para viver.

— Então seria correto definir os cordões energéticos como magia?

— A magia de todos os dias. A magia que flui de nossos desatinos. A magia que cumpre os desígnios da lei que estabelece a cada um segundo suas obras. A magia que cria a aura individual de nossos passos e a aura coletiva das comunidades. O Grupo X respira nesse clima sufocante, na teia de suas próprias criações.

— Com isso, não podem confundir o que é mediúnico com o que é anímico?

— Com espantosa frequência!

— Meu Deus! – expressou Juliano, como se tivesse descoberto uma novidade.

— A raiva, base emocional dos cordões, é o alicerce das relações entre nossos irmãos. Onde a arrogância comparece, o senti mento de injustiça é despertado. E com essa sensação de lesão pessoal brota o conflito íntimo e, posteriormente, o conflito relacional.

A propósito, ele é o estado mental responsável por uma das doenças energéticas mais presentes na vida terrena: a depressão por parasitismo. É o estado mental de desorganização, um choque de forças do subconsciente com o consciente sob a tutela do *self* ou superconsciente.

Esse estado, que caracteriza a esmagadora maioria das criaturas no planeta, gera matéria astral. Essa matéria do conflito é mensurável, tem cor, cheiro, peso específico. É uma colônia bacteriana de largo poder destruidor. É como uma infecção a purgar ininterruptamente sobre o cosmo vibratório dos corpos, ao mesmo tempo, gera um movimento inflamatório, uma pressão sobre todo o conjunto energético, provocando ações desencadeantes de doenças físicas recorrentes. Sob sua ação desorganizadora, a anatomia dos chacras sofre múltiplas alterações, subtraindo a capacidade normal de absorção, metamorfose e transmutação das forças que atuam sobre a vida mental do ser.

Alguns sintomas verificáveis desse quadro são: confusão mental, falta de vitalidade física, angústia, ansiedade intermitente, tristeza crescente, insônia, diminuição da libido e outros. Os chacras mais afetados são o coronário, o cardíaco e o solar, cujas desarmonias ocorrem na vida mental, nas emoções e no campo energético, respectivamente.

Chamamos de depressão por parasitismo porque, depois de consolidado o *habitat* energético, diversas formas vivas etéricas se agregam ao ecossistema em formação, tornando-se predadores em regime de vampirismo, retroalimentando a cadeia de efeitos desastrosos para a vida corporal do homem terreno.

Estudando os cordões energéticos e os fenômenos magnéticos que circulam em nossa vida, ficam evidentes duas conclusões: a primeira é que se torna completamente dispensável a presença de obsessores fora da matéria para que se processem as obsessões. A segunda é que a medicina sanitarista do mundo jamais fará progressos preventivos e curativos caso não se abra para estudar a fenomenologia vibracional.

Consciente dos laços que se estabelecem entre familiares, grupo no qual os cordões mais se sublimam ou mais adoecem, nosso Mestre enunciou, em Marcos, capítulo 10, versículos 29 e 30: *"Em verdade vos digo que ninguém há, que tenha deixado casa, ou irmãos, ou irmãs, ou pai, ou mãe, ou mulher, ou filhos, ou campos, por amor de mim e do Evangelho, que não receba cem vezes tanto, já neste tempo, em casas, e irmãos, e irmãs, e mães, e filhos, e campos, com perseguições; e no século futuro a vida eterna".*

Em outra ocasião, propondo que não criemos cordões os quais já estamos maduros para evitar, Ele alertou em Mateus, capítulo 10, versículo 14: *"E, se ninguém vos receber, nem escutar as vossas palavras, saindo daquela casa ou cidade, sacudi o pó dos vossos pés".*

Para que não nos prendêssemos a grilhões energéticos que tornam nossa vida uma tormenta mental, Ele recomendou, em Lucas, capítulo 6, versículo 29: *"Ao que te ferir numa face, oferece-lhe também a outra; e ao que te houver tirado a capa, nem a túnica recuses".*

E para ficar mais claro ainda o quanto o assunto não é novidade, Allan Kardec ocupou-se em indagar os Sábios Condutores, na questão 406 de O Livro dos Espíritos: *"Quando em sonho vemos pessoas vivas, muito nossas conhecidas, a praticarem atos de que absolutamente não cogitam, não é isso puro efeito de imaginação?*

"De que absolutamente não cogitam, dizes. Que sabes a tal respeito? Os Espíritos dessas pessoas vêm visitar o teu, como o teu os vai visitar, sem que saibas sempre o em que eles pensam. Demais, não é raro atribuirdes, de acordo com o que desejais, a pessoas que conheceis, o que se deu ou se está dando em outras existências".

Não vivemos isolados. Sempre haverá cordões energéticos. A criação deles não é um capítulo à parte na Lei Natural de Sociedade. Vivemos neste oceano energético e nele buscamos o alimento conforme a natureza de nossas qualidades ou mazelas. O fluido cósmico universal, *a alma do Criador*, é o campo energético do amor e da elevação para que tenhamos sempre vida e consciência a caminho do progresso incessante. A criação dos cordões de amor será a garantia de libertação, paz e avanço na evolução.

Compreenderam?

— Sim – respondi pensativo, em nome do grupo.

Naquele dia, ao anoitecer, recolhi-me aos meus aposentos meditando nas histórias de vida e dor que tive ensejo de conhecer. Desfilaram por minha mente Benevides, Stefan, o médium Antonino e tantos outros. Trazia cada história para minha própria experiência de vida, reconhecendo a extensão de minhas necessidades espirituais e nutrindo uma sensibilidade incontida para com as lutas de todos eles. Naquele instante, tamanha era minha emoção que quase me levantei para ir às alas no subsolo abraçar ternamente a Benevides. Agradecer-lhe por fazer parte da minha vida. Quando recordei seu estado, não consegui conter as lágrimas.

Ficava evidente o quanto dona Modesta e toda a equipe do Hospital Esperança tinham razão ao defenderem, com tanta constância, a importância da misericórdia em nossas relações.

Ela sempre me dizia: "Sem tolerância, não nos suportaremos. Sem misericórdia, não nos amaremos de verdade".

Adormeci pensando em Benevides, Stefan e Antonino. Ficava cada vez mais claro, para mim, por que os benfeitores maiores devotavam tanto amor a todos.

Capítulo 12

Os Laços da Comunidade
Espírita com os Dragões

"Aquele que diz que está na luz, e odeia a seu irmão, até agora está em trevas. Aquele que ama a seu irmão está na luz, e nele não há escândalo"
– I João, 2: 9 e 10.

A desarmonia no Grupo X, depois de agravados os conflitos entre Calisto, Ana e Antonino, teve efeito epidêmico no transcorrer das semanas. O contágio foi inevitável. Raríssimas ações ou condutas da parte dos irmãos na carne contribuíam para minimizar as chamas alarmantes da discórdia que tomava conta das relações.

Os adversários mais sagazes, os dragões, sob tutela do mago Jerônimo, avançavam palmo a palmo no campo mental do conjunto. A tal ponto chegaram que foram exigidas de nossa esfera medidas de contenção e defesa especiais na proteção da casa. Ainda assim, por não podermos contar com o suporte suficiente por parte dos companheiros encarnados, algumas vezes tivemos de assistir à ação nefasta dos adversários sem nada mais poder realizar que não a prece nutrida na esperança e a confiança na ação da misericórdia celeste.

As obsessões progrediam. Nossos irmãos confundiam, cada dia mais, a coragem de servir fora dos padrões convencionais com a falta do bom senso. Um clima inamistoso de disputa destruía as forças magnéticas, estiolando a guarda espiritual do Centro Espírita.

Enquanto estavam absorvidos nas querelas da convivência, distraíam-se quanto às defesas que deveriam erguer em favor de trabalho tão complexo e arriscado com os gênios enfermiços das sombras. Desavisados, tiveram a galhardia de experimentar novos modelos de aprendizado, mas não se precaveram em relação aos possíveis percalços de quem vai trilhar caminhos menos conhecidos.

Cada dia mais, nos setores de amparo emergencial do Hospital Esperança, o Grupo X era alvo de nossas cogitações acerca das necessidades apresentadas, sendo classificado como caso grave que exigia medidas de vulto.

Imaginei que a presença de Stefan na vida de Antonino e as espirais de vampirismo sobre Ana fossem os mais sérios acontecimentos nos episódios em foco, entretanto, quanto mais o tempo passava, mais dilatava minha visão sobre a multiplicidade de detalhes da obsessão que atingia todo o grupo.

Antonino sofria larga pressão para abandonar o barco das lutas junto à equipe. Seu coração sincero encontrava-se aos frangalhos, pois jamais imaginou viver tão dilacerante conflito emocional. Confuso e pressionado pela inteligência de magos que lhe conheciam de longa data no *Vale do Poder*, atolou-se em exaustivo quadro depressivo. Perdera de todo a motivação com a tarefa e, por muito pouco, não permitiu desfalecer no ideal de espiritualização. Arrastava-se nas atividades, agravando ainda mais a sequência infeliz de ações perturbadoras.

Estava instalada irremediavelmente a obsessão coletiva, o sitiamento sem impedimentos. Foi, então, que comecei um novo capítulo nas minhas vivências espirituais.

Até mesmo para mim, fora da matéria, foi difícil acreditar em certos fatos que presenciei. Portanto, na condição de narrador, reservo meu irrestrito respeito ao sagrado direito da dúvida dos irmãos que vão ler minhas linhas logo adiante.

Um emissário do *Vale do Poder*, em uma noite após as tarefas, procurou-nos à porta do Grupo X. Era um homem de terno, calvo, negro e muito bem apresentado, que recordava um profissional da advocacia. Com voz grave e em tom de formalidade excessiva, disse:

— Senhora Modesta, permita-me um minuto de seu precioso tempo?

— Pois não, doutor Darius – respondeu dona Modesta, com serenidade na fala, embora se mostrasse desgastada pelas refregas do dia de serviço.

— A senhora sabe que a causa está perdida.

— Não existe causa perdida, meu caro doutor.

— Não vamos filosofar agora, não é mesmo? Posso notar-lhe o cansaço e não estou para digressões.

— Concordo. O que o senhor deseja?

— Antonino fora do grupo.

— A troco de quê?

— Devolvemos o centro para sua felicidade e gozo.

— Querem a semente que plantamos?

— *Data venia*, plantaram uma má semente, minha senhora!

— Plantamos a semente do Cristo, meu irmão.

— Por favor, sem sermões. Ainda tenho vinte visitas para fazer esta noite. Aqui a senhora tem todos os termos do acordo – e ele entregou uma pasta fina com algumas folhas de papel com impecável digitação.

— Está bem, doutor Darius, faremos uma leitura atenta. De acordo com a lei que temos um tempo.

— Quanto quiserem, mas sem pedidos de afrouxamento. A casa é nossa. Meus clientes foram agredidos no direito de reclusão. Agora vocês respondam pelo que fizeram. Não foram e não serão convidados às profundezas do *Vale*, o lugar tem propriedade. Desrespeitaram todas as nossas leis e princípios. Sendo assim, com o sitiamento iminente neste espaço de rezadores sem atitude, impetramos ação litigiosa.

— Sem afrouxamento haverá mais dor, meu irmão!

— E mais domínio da parte interessada. Portanto, quem decide o futuro são vocês. Este grupelho de hipócritas tem dívidas. Quem deve tem de pagar!

— Volte ao seu posto, doutor Darius. Precisamos refletir na proposta que Deus lhes permite por misericórdia – respondeu dona Modesta, não escondendo sua exaustão.

O homem se retirou com um sorriso irônico no rosto e fiquei embasbacado com o que ouvi e vi. Não acreditei. Ainda cheguei a pensar que pudesse se tratar de algo diferente do que estava imaginando.

Regressamos ao Hospital Esperança. Em nenhuma ocasião, havia presenciado o mutismo na equipe de socorro. Aquela noite foi diferente. Nada nos restava, a não ser nos refazer.

No dia posterior, bem cedo, dona Modesta convocou todos os servidores das equipes emergenciais a uma reunião extra.

— Amigos, entramos em fase decisiva no Grupo X, após meses de lutas ingentes. A narrativa de Mateus, capítulo 24, versículo 15 é simbólica para nosso instante de aferição, quando Judas respondeu aos astutos perseguidores de Jesus: *"Que quereis dar, e eu vo-lo entregarei? E eles lhe pesaram trinta moedas de prata".*

Em todos os tempos, o Evangelho do Cristo foi cercado pelos mais traiçoeiros acordos de facções. Até Jesus foi convocado a tal mister, quando esteve por quarenta dias e noites no deserto, em duelo com o gênio do mal que lhe queria testar. Ali foram selados acordos inimagináveis por parte das Equipes Celestiais do Cristo para com os destinos da humanidade, e que determinaram, acentuadamente, a história dos últimos dois mil anos sobre a Terra, incluindo a fulminante obsessão de Judas, o grande visionário do Cristo.

Acima, porém, de todos os acordos, reina a luz soberana da justiça. Deus, em Sua magnitude, não exclui do inferno o direito que estabelece leis, conforme os ditames da consciência de seus habitantes.

A maldade calculada é a inteligência mal conduzida. Nem por isso deixa de talhar seus códigos de ética e conduta, alicerçados conforme o teor dos interesses coletivos das regiões purgatoriais.

O serviço redentor da regeneração nos pátios enfermiços da semicivilização não exclui a dura realidade dos acordos. Em muitos deles, somos obrigados a aceitar as cláusulas visando a um futuro melhor para todos.

Sei que entre vocês, particularmente os que se agregaram mais recentemente aos nossos labores de amparo, existe uma natural preocupação com o acontecido.

De fato, há motivos para isso, considerando a dor e o peso causticante das provas emocionais que cada um vem atravessando neste momento. Entretanto, avaliemos por outro prisma. Enquanto nossos irmãos na carne derramam lágrimas de sensibilidade, mais uma vez nos encontramos diante da possibilidade de penetrar nas mais recônditas prisões do *Vale* em busca da libertação de muitos.

Reza os termos do acordo que eles oferecem mais de uma centena de vândalos aprisionados, como é a praxe, em troca da "libertação" do Grupo X. A condição é a retirada de Antonino.

Sei o que passa na mente de muitos aqui presentes.

A queda de Antonino é bem cotada nas esferas inferiores diante das bênçãos generosas que sua mediunidade tem levado ao mundo físico.

Nós faremos o acordo. É a determinação de Eurípedes. Nossas estratégias de ação tomarão novos rumos a partir de hoje mesmo.

Conquanto pareça o fim, quero apaziguar os corações dos menos experientes. Tudo é renovação. A lei do submundo não é um apêndice na evolução da Terra. Integra em regime de mutação lenta todo o processo de ascensão do planeta. Ainda que os irmãos tenham seu ponto de vista na disputa e no domínio, nada ocorre sem a permissão divina e, mesmo os rumos que podem parecer uma desventura, tornar-se-ão brevemente uma fonte cristalina de luz pelo bem da nobre causa a que nos devotamos.

Entre nós estavam doutor Inácio, Cornelius e a equipe de aprendizes do atendimento emergencial aos Centros Espíritas, na qual eu me encontrava matriculado. Ao todo contávamos sessenta presentes. Alguns dos presentes representavam outras equipes com o mesmo objetivo. Trabalhadores experientes que vieram aprender e somar com a ocorrência em curso.

Dona Modesta, tranquila e confiante, disse:

— Sintam-se à vontade para expor suas dúvidas ou propostas de ação.

Juliano indagou:

— Estou um pouco apreensivo, dona Modesta.

— Por quê?

— Tomou-me uma sensação de derrotismo desde ontem, quando da presença daquele advogado.

— Faz parte da vibração do doutor Darius este clima. É uma estratégia de quem quer vencer uma batalha representando as sombras: espalhar o vírus contagiante do pessimismo.

— É o fim, dona Modesta?

— Não, Juliano! Da ótica do bem, é apenas uma página que se vira para iniciar um novo ciclo.

— O que será do Grupo X? E Antonino? O acordo tem por objetivo a queda do médium?

— Não, meu filho, não é isso. As legiões das sombras não são ignorantes como acreditam alguns. Homens e mulheres muito inteligentes, lúcidos racionalmente, estão a serviços das hostes diretoras de tais círculos organizados.

Há quem imagine as organizações inferiores compostas apenas de criaturas mutiladas e assustadoras ou, ainda, em locais escuros e sujos. Essa é apenas uma faceta das regiões que cercam as edificações urbanas. Tribunais, hospitais, laboratórios, escolas e todos os instrumentos sociais do progresso estão presentes em tais localidades, que se estruturam como centros avançados da inteligência.

Os adversários do Grupo X não querem a queda. Reconhecem o valor moral e a persistência heroica de todos os seus componentes. Eles buscam a mais velha tática de enfraquecimento dos serviços do bem. Uma equação matemática simples que tem sido a fórmula das guerras mais cruéis de toda a história humana: fragmentar para isolar.

Eles sabem que nossos companheiros vão continuar e não querem queda, querem isolamento. Aliás, existe larga possibilidade de que Antonino, fora do grupo, seja um modelo de resistência. O Grupo X, por sua vez, constituir-se-á uma escola bendita de orientação.

— Onde o problema, dona Modesta? Qual o objetivo das trevas?

— O problema?! O grande problema, meu filho, é o que fica de tudo que aconteceu.

Jesus chamou doze cooperadores porque Ele próprio teria outro destino solitário, o calvário. Ele saiu de cena para que o grupo apostólico tivesse sua oportunidade.

A proposta de Jesus é dividir para multiplicar. Mais cedo ou mais tarde, seria inevitável um novo caminho para Antonino, para Ana, para Calisto e para muitos outros que se encontram agregados ao Grupo X.

Mas ainda não é a hora. O que o acordo traz como efeito indesejável é o momento infeliz de nossos irmãos. O conflito naquela casa gerou a mágoa, a inimizade, a dor da culpa, os julgamentos prepotentes, a disputa infrutífera, o descrédito ao afeto sincero, o vexame do mau exemplo, a obsessão desnecessária, o estímulo aos maus sentimentos e outros tantos desastres morais e espirituais.

Há quem se preocupe ou tenha a mente fixa na separação, como se isso constituísse, por si só, um grave problema. Isso em nada nos preocupa. Lamentamos apenas que seja tão precipitada, em momento tão inoportuno e de forma tão fragilizada.

Diz um velho ditado mineiro que "mourão junto não faz cerca".

De fato, é isso que algumas vezes pode emperrar o serviço. Muita ideia, muitos pontos de vista e pouca concórdia, muita bagagem doutrinária e pouca produtividade nos serviços da seara.

Longe de nós qualquer manifestação contrária aos labores de equipe, o mais poderoso diluente do personalismo e da vaidade. Serviço de equipe, entretanto, exige desprendimento, respeito ao limite pessoal, harmonia e amplo desejo de ser útil ao ideal.

Nossos irmãos estão transgredindo todos os elementos da saudável composição na formação de conjuntos homogêneos. Desta forma, tornam-se mourões agregados que não permitem os espaços necessários para instalação da cerca da concórdia para proteger o objetivo comum.

Não existe concórdia sem afeto aplicado, e afeto aplicado é resultado da educação e da motivação natural de quem confia e se entrega.

A separação, neste instante, significa que cada um seguirá seu caminho. As possibilidades de contato fraterno e apoio mútuo são reduzidas ou, como na maioria dos casos, anuladas por completo, implantando a velha tática do isolamento no movimento espírita. Grupos que não se falam, grupos que não se amam, grupos que disputam, grupos que não se apoiam.

A separação sempre será desejável, mas não como resultado de conflito, e sim como multiplicação do campo de trabalho por meio de anseios nobres.

O objetivo do tempo da maioridade do Espiritismo é a atitude da soma nas diferenças, do encontro fraternal em regime de solidariedade. Grupos se apoiando, conquanto pensem e ajam diversamente. Uma rede de amparo, várias frentes de serviço ativo com as quais cada um pode contar nos instantes do testemunho.

A saída de Antonino agora significa a manutenção dos pontos de vista antes, durante e depois da cisão. Com isso, todos perdem.

Alguns companheiros que chegaram ao Hospital Esperança, depois de uma pródiga reencarnação prestada ao ideal, continuam contando sua versão pessoal das tragédias da desunião, colocando-se como quem nada fez para que as situações corressem ao sabor das cizânias. Muitos deles, na verdade, foram os arquitetos das separações e, em suas ilusões, não enxergam com lealdade tal descuido. Culpam a todos e não enxergam a própria parcela de desacertos.

Contam suas histórias lembrando fatos acontecidos há mais de meio século, ainda nutridos por mágoas e ressentimentos, que serviram de motivações para a disputa silenciosa na qual estagiam inúmeros grupos espíritas. Histórias que só sobrevivem em suas lembranças, porque dentro das próprias casas por eles dirigidas quase ninguém conhece a novela mental que alimentam relativamente aos acontecimentos infelizes nos quais foram protagonistas.

QUEM PERDOA LIBERTA

E o que fica de tudo isso? Eis a pergunta que deverá ser feita nos dias vindouros.

Compreendeu?

— Sim, dona Modesta. Creio que compreendi. Seria uma separação que inviabiliza estender as mãos uns aos outros no futuro. Uma divisão que subtrai e não multiplica.

— Exatamente, Juliano. Divide e subtrai.

— Antonino, nesse caso, ficará desprotegido fora do grupo?

— O médium isolado corre sempre o risco de tombar nas armadilhas da descrença e da lisonja, se estiver à procura do destaque e da glória pessoal. É imperativo reconhecer que não é isso o que busca Antonino, conquanto ninguém no Grupo X veja de outra forma, a não ser Calisto.

— O que procura Antonino, dona Modesta? Se não é o personalismo que o motiva, o que poderia levá-lo a abandonar a esfera da segurança?

— Autonomia.

— Mas... – antes que completasse, emendou a benfeitora.

— Autonomia é muito diferente de vaidade. Muitos a querem em busca de aplausos e gratificações passageiras, e, nesse caso, autonomia é sinônimo de personalismo. Nosso irmão, entretanto, está em busca do direito de responder por seus talentos espirituais, por suas decisões e por suas obras.

— E o grupo lhe nega esse direito?

— Mais por imaturidade que por intenção. Neste clima em que se encontram as relações no Grupo X, temos de admitir que uns para os outros se tornaram um ônus emocional. Nessa circunstância, o que foi projetado para ser um campo bendito de crescimento e educação espiritual alcança a condição de ambiente espoliador de forças. Uma malha de exaustão que reflete a obstinação insensata e despropositada das sombras que ainda carregamos por dentro.

— O que não consigo entender, de forma alguma, é por que ele não busca esta autonomia sem abandonar a própria equipe.

— Antonino não conseguirá o que procura por lá, porque o conceito alimentado na própria equipe, acerca de suas aspirações honestas, é visto como indesejável opção para a vitrine da vaidade, um julgamento que lhe tem sido pesado demais diante de suas legítimas intenções. Como se trata de uma alma frágil no que tange à sua independência, esse se torna um ambiente perturbador para ele.

— E como o médium recebe esse julgamento?

— Com sofrimento. Muito sofrimento. Além disso, com muita insegurança. Debate-se entre suas aspirações sinceras e os roteiros defendidos pelos companheiros. E agora, depois dos recentes episódios, no plano físico e aqui na vida espiritual, os rumos foram selados definitivamente.

Sedento por fazer minha pergunta, indaguei:

— O que significa aceitar este acordo, dona Modesta?

— Significa entregar Antonino a si mesmo, às suas próprias decisões.

— E deixá-lo desamparado?

— Desamparado, jamais! Apenas não interferiremos de modo condutivo.

— Quem são estes cem vândalos que fazem parte do acordo?

— São prisioneiros em seus poços de infelicidade. Desordeiros e enfermos mentais cumprindo pena nos calabouços infernais.

— E o que será feito dessas criaturas. Por que as oferecem assim, como fosse um "escambo de almas"?

— Só Deus sabe, meu filho! Eis os ossos do ofício de trabalhar no submundo! A princípio serão tratadas. Suas histórias serão levantadas e faremos o melhor encaminhamento possível, conforme suas necessidades.

— Em que estado eles se encontram?

— No pior possível. Mutiladas por castigos, com aparelhos de contenção mental, outros hebetados. São casos graves que interessam em muito na limpeza das regiões astrais abaixo da crosta terrena. Para nós significam mais trabalho e devoção. Para Jesus, são os lírios de esperança. Serão nossos tutelados.

— Perdoe-me se faço uma análise descaridosa! Haverá uma troca de um grupo espírita por cem prisioneiros?

— Não fazemos trocas, José Mario. Aproveitamos oportunidades de fazer o bem.

— A senhora já passou por alguma dessas experiências?

— Muitas.

— Em que resulta esse comércio de almas, se é que assim posso chamar?

— A expressão é correta, José Mario. Não se aflija por usá-la. Pelo menos para a semicivilização, é com este caráter que, diariamente, acontece. Para nós, é ocasião de resgate. Nas muitas ocasiões em que aceitamos tais acordos, sempre tivemos a felicidade de constatar que nos pântanos da maldade também existem amor, arrependimento e desejo de mudar.

— E os dragões cumprem com o prometido?

— Quase sempre!

— A senhora é quem vai selar os termos do acordo, isto é, alguém assinará a papelada do acordo, ou não existe isso por aqui?

— Cornelius será nosso interlocutor. É alguém mais vivido em relações públicas com as organizações da maldade. Ele pode melhor responder sobre o tema.

Atento ao diálogo que transcorria, manifestou-se o servidor, ficando de pé e olhando para todos com desvelado carinho:

— Para entender os acordos que envolvem a possibilidade de sitiamento do Centro Espírita, precisamos conhecer algumas informações sobre a saga dos Espíritos que reencarnaram como espíritas. Seria impossível a existência de tais acordos se não existisse uma história de laços que vinculam populações de ambas as esferas de vida em compromissos muito estreitos na fieira do tempo.

Não se chega a esse ponto sem lastros reencarnatórios muito consolidados. O poder de penetração das sombras é inversamente proporcional à capacidade de refletir a luz de cada um de nós. Imaginemos um vale sombrio onde os raios do sol estejam impedidos de penetrar. Quanto menos chances de reflexão da luz, mais sombras se adensarão em volta. Todavia, se no fundo deste vale colocarmos uma superfície polida, um espelho límpido, por exemplo, que tenha sua face voltada para a direção do astro-rei e lhe receba os raios, lá nas profundezas veremos algo brilhando e disseminando em volta o reflexo da luz solar.

Essa é a condição espiritual de considerável parcela de almas que reencarnaram sob a tutela dos raios consoladores do Espiritismo. Corações que afundaram nas trevas da inconsequência e terminaram nos braços da vingança e da maldade intencional. Filhos de Deus com potenciais luminosos na órbita da inteligência, carentes de valores que os defendam de si mesmos.

A história espiritual de expressiva parcela de Espíritos que regressaram à coletividade espírita é uma saga de quedas e tropeços. Jesus, porém, o Zelador Infatigável de nossas necessidades, trata-nos como os lírios de esperança nos pântanos do fracasso.

Não é sem razão que Allan Kardec traçou os paralelos e as congruências morais, filosóficas e culturais nesta ótica, quando, no capítulo 1 de *O Evangelho Segundo o Espiritismo* descreve as relações entre Moisés, Jesus e o Espiritismo, ou seja, justiça, amor e verdade. Existe, de fato, uma íntima sintonia entre as três fases do pensamento cristão, porque o grupo espiritual envolvido na deportação foi o mesmo que, ao longo de todo este trajeto, construiu toda a ideia cristã na história humana. As hostes do mal na Terra guardam íntima relação com a senda de lutas do tronco judaico-cristão.

As primeiras coletividades da maldade na Terra foram registradas há aproximadamente dez mil anos. A insurreição de Lúcifer, como foi batizada a reação organizada à vinda do Cristo na humanidade, é um movimento encabeçado por um coração querido de Jesus, que não teve a humildade suficiente para aceitar os desígnios da deportação.

Antes dessas primeiras coletividades, Lúcifer recobrou de forma mais nítida as recordações da extradição de Capela, o orbe de onde foram retirados milhões de espíritos em razão de sua renitência no mal.

O objetivo primordial da oposição foi impedir a vinda de Jesus. Para isso, trabalharam sem cessar. O raciocínio que vigorava nas mentes empedernidas era o seguinte: *já que Ele nos confinou em lugar tão obscuro e infeliz, nós tomaremos conta da Terra, ela será nossa. Mostraremos a Jesus que não necessitamos de Sua complacência e que sua Lei é uma mentira. A Terra será nossa e faremos reinar aqui o valor do egoísmo, única estrada capaz de trazer a verdadeira felicidade pessoal. O amor é um equívoco.*

O primeiro grupo a se estabelecer nessas bases foi o *Vale do Poder*, a mais antiga organização da maldade na história terrena. Seus comandantes autodenominaram-se dragões. O dragão era um símbolo usado em Capela que expressava força e poder. Escolheram tal simbologia estribada no seguinte pensamento: *se Jesus nos colocou como a serpente rastejante do paraíso, criaremos asas e faremos fogo, assumindo nossa verdadeira condição de seres poderosos, capazes de voar além da imaginação e queimar com crueldade as mais mentirosas expressões da lei do amor.*

Dotados de larga experiência militar e política, desenharam uma hierarquia que copiava velhos modelos de gerenciamento usados em seu planeta de origem.

Todos os episódios da história do tronco judaico-cristão, conhecida nos apontamentos humanos, refletem os movimentos de bastidor, nas faixas fora da matéria, que foram perpetrados pelas coletividades que se insurgiram em regime de rebeldia assumida contra Jesus e Sua doutrina. A própria história da Boa Nova, cujos registros chegaram aos nossos dias, está recheada de fatos marcantes acerca dessa guerra ignorada pelo homem comum.

Obsessões gravíssimas se instalaram em torno dos passos do Senhor como sinais da inferioridade moral das hostes da maldade na tentativa de humilhar todos os Seus seguidores.

A Idade Média, porém, foi o apogeu da loucura das trevas, um jogo de interesses sem precedentes, desde a partida do Cristo pela crucificação. Defendiam os mentores intelectuais do poder organizado: *Jesus perdeu e se foi, abandonando seu rebanho. Resta-nos fazer a obra que começamos. Vamos exterminar a imagem do Cristo neste planeta.*

A Idade Média foi o tempo das Cruzadas na erraticidade inferior. Não somente a história visível pôde registrar navios e templos em chamas, mas, igualmente, nos recônditos das mais frias celas da subcrosta, mais abaixo ainda das faixas conhecidas do umbral e dos abismos, formou-se uma semicivilização. Homens e mulheres aprisionados nas mais cruéis condições, que deixariam os campos de Auschwitz, na Alemanha, distantes da condição de desumanidade aplicada a esses pátios da psicosfera terrena.

Formou-se ali, naquela região sombria, o recrutamento do mal. As formas mais terríveis de convencimento e aliciamento, a colonização da raça pura.

Nos últimos dois mil anos, milhões de criaturas que diziam servir a Jesus nos roteiros do cristianismo foram aliciados para tais locais de dor e ultraje. Comprometidos pelos descaminhos morais da hipocrisia e da desonra, usando o nome de Jesus Cristo na religião organizada, traziam em suas próprias consciências o decreto que os obrigava a integrar as fileiras da maldade, caso desejassem a "liberdade" das penitenciárias infectas e ordinárias que foram edificadas no inferno pintado por Dante Alighieri, em *A Divina Comédia*.

Alguns, até que se convencessem da cultura nefanda advogada pela sociedade da maldade, rebelavam-se com base em títulos que de nada lhes serviam na hierarquia das sombras. Padres, pastores, papas, cardeais, reis, príncipes, filósofos, políticos e toda uma coorte de orgulhosos ostentada sem nenhum valor ante os chamados profundos da consciência na vida espiritual.

Foi com base na culpa e no medo que trancafiaram uma enorme falange de almas falidas nos roteiros do Evangelho. O intuito era muito claro: *atacar a mensagem do Cristo, já que ela não traz a felicidade nem a paz prometida*. Um processo de justiça para cobrar de Jesus a promessa do reino dos céus. Com este jargão, e ainda utilizando de habilidades hipnóticas aplicadas com esmero, arregimentaram diversas consciências para a colonização do pensamento. As prisões da subcrosta encontravam-se abarrotadas ao fim da Idade Média.

Enquanto isso, movimentos de saneamento pelo futuro da humanidade eram preparados nas esferas da Vida Maior. Em tempo algum, os dramas da miséria moral e os pântanos da maldade ficaram à mercê da crueldade e da soberania da ignorância. Foi por esta razão que os Instrutores Planetários trabalharam nos últimos quinhentos anos a noção de humanismo no seio das comunidades, a fim de recuperar a lucidez mental para a realidade na qual o homem deveria se inserir na condição de um ser em progresso contínuo e em busca de ascensão espiritual. Desde o renascimento cultural, que declinou o término da Idade Média até o desenvolvimento da tecnologia avançada no século XX, fluiram de Mais Alto as mais tocantes e inquebrantáveis noções para a educação e o avanço na escala da evolução do pensamento e da moral.

Junto com tais noções de vanguarda, reencarnaram os vanguardeiros da expansão. Homens e mulheres deram sua vida por um futuro melhor para as nações. Se na humanidade palpável tivemos tanta transformação visando às mudanças necessárias no tempo certo, que dizer sobre tais quadros de alteração nos bastidores da vida espiritual!

O surgimento abençoado do Espiritismo no mundo foi precedido de batalhas decisivas no delicado setor da religião, que interliga os planos de vida na psicosfera da Terra. No tempo em que as forças militares das sombras concentravam largo poder de ataque aos círculos europeus, onde se localizava, naquele tempo, o núcleo irradiador da cultura e da política, nos fins do século XIX, uma investida sem precedentes foi realizada na libertação de almas encarceradas nos calabouços da semicivilização. Um dos principais focos salvacionistas foi concentrado na alforria dos cristãos abatidos pela falência espiritual. Milhões de corações que careciam da reencarnação imediata. Mentes sofridas pelas lembranças do erro, porém, muïtas delas sinceras e detentoras de largas habilidades intelectuais.

Milhares desses corações assolados pela dor consciencial, depois de breve preparo moral, foram recambiados para o renascimento no corpo carnal, distante do psiquismo enfermiço da velha civilização. Regressaram ao Brasil, a maioria nas fileiras do cristianismo. Milhares deles encontraram no Espiritismo o novo seio acolhedor na recuperação de suas forças. Tocados pela mensagem do Evangelho, retornaram esperançosos por novas lições na regeneração de si mesmos. Não foi sem razão que a doutrina teve talhado seu caráter acentuadamente focado no Evangelho. Nascia o Espiritismo-cristão forjado na têmpera religiosa de multidões famintas do amor e da paz interior.

Excetuando raríssimos companheiros que tiveram desígnios previamente planejados no cumprimento de missões coletivas específicas, por intermédio da mediunidade e na consolidação de uma comunidade fraterna em torno dos ideais da doutrina. A primeira leva de almas que regressaram como espíritas levou consigo a terna confiança no amparo pela aquisição de sua redenção consciencial.

Evidentemente, pela lucidez mental, da qual muitos eram detentores, ao lado da sagrada oportunidade de melhoria, levaram impressos na recordação a mensagem do trabalho e da caridade como chaves libertadoras para seus roteiros de salvação. Cooperariam, mesmo sem possuir autoridade moral, na edificação das primeiras construções físicas e culturais do movimento em torno dos ideais do Espiritismo.

Conscientes das lutas que enfrentariam consigo mesmos, rogaram proteção extrema. Cuidados especiais em nome da Misericórdia Celeste. Junto com a esperança de vitória, retornaram manietados ao passado inglorioso. Como desafio maior, deveriam superar o mais ameaçador de seus vícios: o de possuir a propriedade da verdade. Sob intenso medo, reencarnaram em condições que lhes permitiriam adesão às sagradas fileiras do serviço espírita.

Cientes do destino dado aos ex-encarcerados, os dragões cerraram seus esforços contra o avanço do ideário espírita no Brasil. Mutilar a esperança de melhora dos idealistas por meio de ataques aos Centros Espíritas, essa era a tática. Uma luta que dura mais de um século.

Mediante tais informes, é fácil concluir que aqueles a quem chamamos adversários são extensões de nós mesmos. Criaturas que se firmaram naquilo em que acreditam. Os dragões são um retrato fiel da nossa condição moral, guarda-da uma única diferença que jamais poderemos olvidar: nós desistimos do mal, eles não. Nós queremos o bem, conquanto ainda não o consigamos realizar tanto quanto gostaríamos. Ainda assim, nossos irmãos são nossa família espiritual que ficou. O *Vale do Poder*, que hoje constitui o mais respeitado espaço organizado da maldade no mundo, nada mais é que o reflexo sombrio da humanidade. Determina a Lei Divina que integremos essa sombra aos processos de regeneração e aprimoramento. Exterminar jamais. Transformar é o impe-rativo. Não teremos paz na Terra enquanto não cuidarmos dessa plantação, na qual, cada um de nós, deixou sua semen-te de contribuição.

Seria despropositado afirmar que todo aquele que se tor-na espírita se encontra inserido nesse contexto de explicações do destino do tronco judaico-cristão. Todavia, tais almas que levaram sobre os ombros o peso dos compromissos libertado-res podem ser claramente reconhecidas entre os formadores de opinião e cultura no movimento espírita. A inteligência e a

QUEM PERDOA LIBERTA

capacidade realizadora são seus traços fundamentais. Líderes natos, detentores de fácil domínio na comunicação, comprometidos espontaneamente com as tarefas, essas são as linhas de conduta pelas quais podemos identificá-los no plano físico.

Os integrantes do Grupo X, assim como diversos militantes da seara espírita, regressaram ao corpo na segunda metade no século XX. Fazem parte da segunda leva de almas recambiadas em condições íntimas muito similares às da primeira, porém guardando outro gênero de compromisso perante a coletividade doutrinária.

Seguindo as etapas muito bem definidas por doutor Bezerra de Menezes, que avalizou tais reencarnações, essa segunda leva ocorre exatamente no segundo período de setenta anos nos destinos do Consolador Prometido, cujo desafio é imprimir o arejamento das ideias e das práticas que, inevitavelmente, sofreram influência dos traços religiosistas que foram e ainda são intensamente sufocados pelo dogmatismo, pelo preconceito e pelo sectarismo.

Contra esses corações que regressaram, os ataques do *Vale do Poder* tornaram-se ainda mais cruéis e impiedosos. Nossos irmãos no Grupo X são muito visados por esse motivo. É uma das células promissoras que se formaram com objetivo saneador.

Desde as primeiras refregas infringidas pelos dragões, eles nunca tiveram por alvo destruir as casas, mas humilhar o ideal. Não queriam portas fechadas onde o povo pudesse se consolar e esclarecer. O ardil é mais nocivo, mais sutil. O grande objetivo é paralisar, imprimir marcha lenta e convencional. Nada melhor, para isso, que explorar a mais velha armadilha de nosso mundo íntimo, o orgulho. Incensando nossas vaidades, a ilusão faz o restante. Sentindo-se como criaturas especiais, repetindo hábitos no terreno do privilégio, extensa faixa de almas que retornaram nos primeiros momentos da doutrina permitiu-se o encanto com o institucionalismo dominante.

As mensagens abençoadas que foram encaminhadas ao Grupo X sobre esse assunto, por doutor Bezerra, ativaram em nossos irmãos o ideal da humanização. Trabalhar para que a seara, acima de tarefas e estudos, tenha como tesouro principal as relações fraternas e mais afetuosas. Esse ideal que a casa de nossos irmãos começou a defender, especialmente por meio de frentes de serviço dedicadas às incursões no submundo astral, despertaram a ira do *Vale do Poder*.

Para obterem maiores pesquisas e detalhes desta história, que apenas sintetizei a título de conversa, vocês serão, oportunamente, autorizados a consultar as bibliotecas do Hospital Esperança. No setor de antropologia espiritual da Terra encontrarão farta pesquisa obtida ao longo de décadas de estudo e vivência, sob orientação de nobres instrutores.

Os acordos surgem exatamente em razão dos laços que foram tecidos. Ana, Calisto, Antonino, Stefan, doutor Darius e toda uma comunidade que se liga pelos compromissos de outrora ainda não se encontram livres do passado de insucessos morais e espirituais. Razão pela qual, em muitas ocasiões, suas relações são regidas por invasões, desrespeito, domínio, obsessões e, também, acordos.

Espero ter sido claro, embora reconheça que a síntese que nos exige o momento pode ter furtado a possibilidade de uma compreensão mais apurada.

— De forma alguma, Cornelius – falei sem hesitar –, acredito que esteja tudo muito claro.

Observando em silêncio absoluto nossa reunião, doutor Inácio Ferreira fazia um gesto repetitivo de passar a mão direita no cabelo. Intrigado com o silêncio atípico do médico, resolvi instigá-lo.

— Doutor, o que deu no senhor hoje? Tão quieto assim! Não vai dizer nada?

E, como era peculiar em sua personalidade ímpar, ele simplesmente, querendo nos dar alguma lição sobre tudo que fora ministrado naquela hora, nos disse surpreendentemente:

— Há algo que está me preocupando mais do que essa conversa.

— E o que é, doutor?

— Estou pensando no sabor da sopa que quero tomar hoje à noite!

Entre sorrisos e com a alma repleta de novas informações, fomos convidados cada qual a seguir seu caminho em busca dos deveres diários que nos aguardavam.

Dona Modesta, mãe atenta e educadora eficiente, não nos deixou órfãos.

Cornelius deixou clara a lógica das uniões entre as comunidades que se buscavam por interesse e necessidade.

E doutor Inácio. Ah! O doutor Inácio! Ele, com meia dúzia de palavras ditas no mais refinado estilo dos bons mineiros, simplesmente conseguiu, com sua didática, infundir-me uma confiança sem precedentes, porque o pavor e o medo em situações como aquela somente prejudicariam nossos esforços.

Talvez pensar em uma boa sopa, em alguns momentos, descontraindo nosso estado mental, seja muito oportuno. A sopa da confiança que infunde coragem e nos fortalece para a boa luta. Doutor Inácio, sem dúvida, é um filosofo da vida!

Agora ficava mais clara, para mim, a assertiva de João, em sua primeira epístola, capítulo 2, versículos 9 e 10: *"Aquele que diz que está na luz, e odeia a seu irmão, até agora está em trevas. Aquele que ama a seu irmão está na luz, e nele não há escândalo"*.

Capítulo 13

*A Psicologia dos Dragões:
Desconfiar uns dos Outros*

*"E por que reparas tu no argueiro que está
no olho do teu irmão, e não vês a trave que
está no teu olho?" – Mateus, 7:3.*

As informações trazidas sobre a sociedade dos dragões aguçou-me o interesse de aprendizado. Depois de devidamente autorizado, fui compulsar os documentos na biblioteca do Hospital. Queria avidamente conhecer detalhes daqueles seres. Como viviam, como se alimentavam, qual sua aparência, quais seus sentimentos, qual futuro os aguardava. Passava horas lendo e relendo os apontamentos organizados em livros de história e ciência. Fotos, vídeos e uma farta coleção de implementos davam ares de um pequeno museu consagrado aos irmãos do *Vale do Poder*. Em tudo percebia o respeito e o amor dos escritores, pesquisadores e colecionadores em relação aos dragões.

Apetrechos e tecnologia usada por dragões que foram resgatados atiçavam ainda mais minhas reflexões. Em cada peça que tocava através das vitrines hermeticamente vedadas, sentia os mais diversos tipos de emoção, ainda ignoradas ao meu autoconhecimento.

Era como se aqueles aparelhos e bens pessoais tivessem vida. A psicometria, ou capacidade de ler as informações pelas mãos, dava-me possibilidade de experimentar, no campo mental, a vivência de algumas cenas. Algumas delas chegaram a me assustar. Em cada exposição havia um número que nos permitia consultar no computador a origem de sua história.

Cheguei a um canto no qual estavam dispostos livros, folhas escritas, cartilhas e pergaminhos. Deparei-me com um livro chamado *Porta Larga, o Caminho da Perdição Humana*. Dotado de uma força magnética incomum, puxava meu olhar como um ímã. Queria passar adiante e conhecer outras peças da exposição, mas é como se um visco me mantivesse preso àquela pequena vitrine. Não conseguindo superar o ímpeto, coloquei a mão sobre o vidro. Páginas escritas a mão saltaram-me no campo mental. Eram passadas com rapidez incomparável, como um filme acelerado. Apesar disso, conseguia entender todo o conteúdo. Algumas palavras foram escritas em cor vermelha. No entanto, em uma das páginas havia um gráfico. Como se desse uma ordem involuntária, parei o livro naquele ponto. Olhava para aquele gráfico com atenção redobrada. Não me era estranho. Onde o teria visto? Com um pouco de esforço, recordei uma das noites de sessão mediúnica no Grupo X, na qual o médium Antonino desenhou no papel, sob inspiração de digna benfeitora de nossa equipe, uma réplica perfeita do que via agora.

O tema central do livro era a arrogância, que na perícia intelectual de seu autor é a porta larga da humanidade para uma nova "queda dos anjos", ou um novo exílio. O gráfico em forma de círculo era uma antítese do bem, cujo núcleo era a rebeldia humana acerca das provas do viver. Uma autêntica monografia sobre como explorar as imperfeições humanas para atingir a colonização do pensamento humano. Dizia os informes que a "obra-prima" trouxe as mais expressivas graduações ao seu escritor. Recebera o título de dragão por mérito aos serviços prestados à comunidade. Seu autor ocupou o mais célebre cargo na corte francesa pertencente ao reinado da *Casa de Valois*. Condecorado com honras militares no *Vale do Poder*, foi aceito, novamente, sua adesão à ordem draconiana depois de uma grave "falência", segundo a concepção dos dragões, quando reencarnado nos roteiros da política francesa.

Por mais que me interessasse pelas demais peças em exposição, aquele livro não me saía da cabeça. A imagem do médium Antonino vinha constantemente a meu campo mental, a ponto de, espontaneamente, por um processo inconsciente, vê-la estampada na capa do livro. Senti-me embaraçado e compulsivamente curioso com o ocorrido.

Para minha alegria, Cornelius chegou ao ambiente. Faria uma breve passagem pela biblioteca para nos acompanhar na pesquisa, que era parte integrante dos nossos cursos, sob sua tutela.

— Que bom que você chegou, meu amigo!

— Já sei!

— Sabe?

— *A porta larga?*

— Sim, é isso mesmo. Encontro-me completamente sem saber o que está acontecendo. Desde que vi o livro, perdi meu senso de controle mental.

— É natural! O magnetismo do livro é hipnótico. Por vezes, chega a acumular tanta energia potencial que altera a cor da vitrine, obrigando a um asseio periódico.

— Posso saber mais detalhes do livro?

— Venha comigo! Coloque a mão esquerda sobre a vitrine.

Coloquei a mão sobre o vidro, enquanto Cornelius espalmou sua mão direita sobre minha cabeça. Fechei os olhos ante uma tonteira inesperada e comecei a ver cenas vivas de uma reunião comemorativa. Assustei-me com a forma dos presentes. Eram seres humanos, mas apenas os olhos e o formato das pernas faziam-me lembrar um corpo de homem. Os dedos dos pés e das mãos eram mais longos e mais espaçados. Nariz muito saliente, boca muito comprida e lábios grossos. A cor da pele era um verde-musgo brilhante, intensamente oleosa e escamada no tórax e na face. A cabeça recordava, de fato, perdoe-me a comparação que é fiel, um lagarto. Meu maior estupor ficou por conta das pequenas caudas que traziam como se fossem antenas na altura do cóccix, umas mais compridas e outras menos, a ponto de se arrastarem no chão. Quem olhasse poderia imaginar, em princípio, que seria uma fantasia, mas a perfeição dos detalhes, na medida em que analisava os movimentos daqueles seres, não deixava nenhuma possibilidade de ser algo que alguém pudesse vestir e desvestir. Eles eram aquilo que eu estava vendo. Uma mutação dos seres que se adaptaram, em milênios de vivências mentais, na esteira do mal. Abraçavam-se mutuamente e com sorrisos estridentes sorviam um licor embriagante. Era a festa de graduação do autor do livro. Após a cena, Cornelius, percebendo meu estado de completa alteração fisiológica, fez-me recobrar os sentidos. Espantado com tudo o que vi, pedi para me assentar, com a respiração alterada.

— Foi uma criação de minha mente, Cornelius?

— Queria que fosse, José Mario! Como queria!

— O que vi é real?

— Tão real quanto o que está sentindo.

— Nem sei o que estou sentindo.

— Com que palavra você definiria seu instante emocional.

— Descrença – falei depois de pensar alguns segundos.

— A palavra é perfeita. Este o estado que toma conta da maioria das comunidades da semicivilização.

— Por que a descrença?

— Falta de ideal e compromisso com o bem. Que estratégia de domínio mais inteligente poderia existir em um planeta de provas e expiações? Retirar o anseio de progresso é colocar os continentes à mercê dos ideais enfermiços destas comunidades.

A descrença patrocina os mais doentios quadros da conduta humana. O vazio existencial, a desistência dos ideais nobres, o medo de viver, a busca do prazer efêmero, a compulsão pelo destaque por meio da força e da violência, a disputa que leva às guerras, à doença mental e a outras formas de doenças morais são alguns dos efeitos da descrença, que estrutura a infelicidade terrena e multiplica os reféns da culpa e da falta de sentido para progredir.

A arrogância é o contrapeso da descrença. Quem não conquistou a capacidade de estar em plenitude, de nutrir-se de ideais legítimos e honestos, debate-se exaustivamente na compulsiva necessidade de afirmação do ego. A arrogância é a defesa dos fracos e o trampolim dos desmotivados. Impor-se a qualquer custo, ser o melhor, destacar-se e ser reconhecido são algumas das neuroses recorrentes da personalidade arrogante. Uma doença da vida mental profunda que nos leva a um dos mais desconhecidos gêneros de obsessão: a obsessão pacífica[26], um capítulo específico nos assuntos da relação mental.

— Obsessão pacífica?

— É a sinergia de mentes, uma troca. É o tipo de obsessão que caracteriza inúmeros grupos doutrinários. Segundo a expressão de Calderaro, são as obsessões morais.

— Mas esse processo de troca e sintonia, conforme aprendemos nos cursos, só acontece quando há a presença de interesses comuns. Nossos irmãos no Grupo X e em outros agrupamentos espíritas estariam enquadrados nessa situação?

— É exatamente nesse passo que encontramos as chamadas obsessões pacíficas, sutis. Aquelas que nos devolvem a nós mesmos. Entre os amigos queridos do Grupo X encontramos ainda o traço do interesse pessoal a se exprimir em larga escala. Sem dúvida, como já ponderamos oportunamente em nossos encontros, são almas arrependidas sob o travo da expiação. Cultivam novas aspirações em relação ao futuro, mas ainda se encontram como os lírios de esperança nos charcos da arrogância.

---

26 *"Cartas e Crônicas"*, capítulo 08, Humberto de Campos, Francisco Cândido Xavier, Editora FEB.

A mais habitual propriedade psicológica da arrogância que expressa a vida mental de Espíritos arrependidos é a resistência em admitir a presença sutil de suas manifestações personalistas. Nossos irmãos ainda não aprimoraram a noção de autoconhecimento suficientemente. De forma inconsciente, ainda se debatem na areia movediça da personalidade arrogante. Desejosos de sair, conquanto ainda sugados pela força dos hábitos.

— E, assim, os adversários do trabalho encontram brechas mentais para se inserir em suas ações?

— Brechas mentais que oscilam conforme a mutação natural da evolução do ser. Hoje alguém pode encontrar larga faixa de sintonia com a mente de alguém, todavia, daqui há vinte e quatro horas ou dentro de dez dias essa faceta da personalidade poderá estar completamente vedada a qualquer ação mental de obsessores. Por isso não será incorreto, também, classificar as obsessões pacíficas como intermitentes ou sazonais.

— Cornelius, falando de mim mesmo, sempre achei que meu temperamento firme fosse uma virtude. Ouvindo suas considerações, coloco-me inteiramente na condição de um homem arrogante, inflexível. Nós, espíritas, somos tão arrogantes assim?

— Sem generalizações, irmão querido. Enorme parcela de espíritas, particularmente o grupo egresso das prisões do *Vale do Poder*, são almas com largos compromissos de redenção, adquiridos a custo de prepotência e altivez.

— Você pode me ajudar a pensar quais são a formas mais comuns nas quais a arrogância aparece em nossas atitudes, a fim de melhor me avaliar?

— A personalidade arrogante é inquieta, sente-se sobre o peso de severas obrigações, exige demais de si mesma. São criaturas quase sempre muito criativas, práticas, pensam e falam o que pensam, ouvem pouco. Seu tônus emocional básico é de ansiedade, o que as leva à pressa e a emanações de irritabilidade contínua. Daí alguns sintomas de suas atitudes, tais como: impaciência e precipitação.

Essa inquietude interior é confundida com valor de realização. E, de fato, ninguém pode negar a capacidade realizadora de criaturas inquietas. No entanto, esse traço moral constitui um empecilho nos relacionamentos humanos. Os danos principais podem ser computados por meio da franqueza mórbida, da ausência de limites, que alcança as raias da impertinência e da imprudência.

Ainda podemos verificar múltiplas formas de ação desse estado íntimo de inquietude, que patrocina a intolerância, a rigidez, a disputa e o principal e mais desastroso comportamento que intoxica as relações, isto é, a compulsão por colonizar o pensamento alheio.

— Já que não estou ainda com tanta coragem para falar de minha própria arrogância, posso lhe fazer uma pergunta meio egoísta para não me sentir tão só nessa enfermidade?

— Permita-se isso, José Mario. Não exija de si mesmo em excesso.

— Ana, com sua dificuldade em controlar o que fala, é uma personalidade arrogante?

— Quando nos fixamos nos aspectos sombrios uns dos outros, perdemos nossa capacidade de motivar e educar. Somente mantendo o sentimento no melhor que cada um possui conseguiremos caminhar juntos nos ajudando mutuamente. A palavra confiar significa fiar com, dar a fiança a, isto é, tecer juntos o manto protetor da amizade pela fé uns nos outros. Sem indulgência para com as imperfeições será impossível relações de confiança, e sem confiança não podemos prever os rumos que tomarão o relacionamento de quem quer que seja, porque a desconfiança expulsa a misericórdia da convivência.

Nas lutas de cada dia, o descuido com a fala por parte de Ana tem agravado todos os fatores de discórdia. Essa franqueza mórbida, tomada como sinceridade, perde seu valor quando inspirada na arrogância de nos supor com obrigações de corrigenda uns sobre os outros, esquecendo, em nossos lances de pretensão, que somente uma pessoa é capaz de imprimir o reflexo da verdade na consciência – a própria pessoa.

Tornamo-nos arrogantes todas as vezes que achamos que alguém tem de acreditar no que enxergamos sobre ele, ainda que isso seja uma verdade.

— Sendo sincera, ela não ajuda Antonino a perceber suas próprias necessidades?

— No fundo, essa é a intenção legítima de Ana, mesmo carregando uma total ausência de habilidade para aplicá-la na convivência. Devemos estar cientes, meu caro amigo, de que penetrar o terreno sagrado do mundo alheio exige perícia cristã. Ainda mais em se tratando de almas tão arrependidas quanto nós.

— O arrependimento agrava a situação?

— O estado de arrependimento torna nossa vida mental dotada de larga suscetibilidade, ou, em outras palavras, tornamo-nos muito magoáveis e melindrosos.

— Melindre, então, é sintoma de arrependimento?

— É sintoma de orgulho, de escassa inteligência emocional. Entretanto, em almas afligidas pela expiação das lutas íntimas é também um limite protetor imposto pela mente.

— Uma defesa?

— Exatamente.

— Jamais pensei no melindre dessa forma.

— Algumas pessoas já se cobram demais e formam um quadro psicológico de inflexibilidade, uma severidade consigo mesmas. Qualquer corretivo aplicado sem a suavização da confiança e da bondade torna-se um propulsor de más energias na vida afetiva.

— Parece-me que confiança e bondade estão faltando no Grupo X!

— Nossos irmãos advogam o ideal do afeto. Não esqueçamos jamais que afeto para almas em via de redenção consciencial é apenas uma aspiração. Contra os anseios de luz cultivados por Ana, Calisto e Antonino existem milênios de desvios nos roteiros da infidelidade, da traição e do ódio. A amizade é um alvo para o qual os melhores sentimentos do Grupo X são dirigidos. O tempo lhes trará frutos da sementeira que estão plantando. Por agora é apenas semeadura.

— Por que Antonino veio com tanta insistência em minha mente quando toquei no livro?

— As cenas que você presenciou por intermédio da psicometria foram vividas no lançamento do livro nas escolas da maldade no *Vale do Poder*. O dragão graduado e autor do livro é o próprio Antonino.

— Meu Deus! Como pode? De dragão a médium?

— Não foi bem assim que as coisas aconteceram. Entre esse período, no século XVI e a sua atual existência corporal, passaram-se mais de quatrocentos anos. Muitos fatos se sucederam a ponto de sua trajetória terminar nos calabouços como prisioneiro e *persona non grata* à hierarquia da maldade. E, depois, como você já está informado, ele regressou ao corpo nas levas de espíritos que foram resgatados e recambiados às fileiras da doutrina.

— Mas como compreender o que houve entre esse momento de glórias efêmeras, com seu livro, e a condição de prisioneiro nos calabouços do *Vale do Poder*?

— As organizações da maldade na subcrosta obedecem a princípios escusos. Eles são, portanto, as primeiras vítimas da ausência de uma ética que resulte em benefícios reais e duradouros. Existe muita traição e injustiça onde predomina o interesse pessoal.

— Eu jamais podia imaginar que a arrogância seria a base da psicologia das trevas.

— Um dos resultados comportamentais da arrogância é o apego aos nossos pontos de vista, que causa a sensação de estarmos certos, ou seja, é a base de nossas certezas irredutíveis.

Essa convicção obstinada em tudo é prejudicial, mas o terreno no qual ela faz mais destruição é na convivência. Dotados dessa certeza, alicerçada em filetes da verdade, são sustentadas cizânias que emperram ou atrasam os mais caros ideais de serviço e progresso. Julgamentos e exames parcialmente corretos são expedidos uns contra os outros, alegando fidelidade à verdade e sinceridade.

Esse o móvel principal da personalidade arrogante: supor-se dono da verdade. Sob o rigor dessa perspectiva psicológica tudo pode se tornar alimento para defender uma tese de desaprovação com a qual espíritas vão desmoralizando espíritas, criando celeumas dispensáveis, ônus vibratórios para os grupamentos e manchando a excelsitude de instituições.

Assuntos da doutrina que envolvem o mundo espiritual e as leis que regem nossa vida mental, decisões tomadas por órgãos unificadores, atitudes de oradores, médiuns, homens e mulheres públicos na comunidade, o formato escolhido por determinada casa para trabalhar, o conteúdo de um livro mediúnico, o modelo a ser seguido para uma prática doutrinária, entre outros assuntos, tornam-se alvo das mais severas críticas, que alcançam o patamar de injustiça, maledicência e conduta antifraternal.

Decerto ninguém deve ser impedido do exame, todavia, o rigor que alimenta a discórdia ou rebaixa não passa de uma denúncia da natureza enfermiça dos juízos que temos feito, ainda que sejam verdades irretocáveis.

Para nossa arrogância é muito difícil admitir que alguém, além de nós, possa conduzir as decisões ou destinos de qualquer responsabilidade em nome do Cristo. Eis a nossa luta milenar desde que aceitamos segui-Lo. No fundo, com raríssimas e honrosas exceções, continuamos duelando pela posse da verdade.

Se a determinação ou postura moral de definição, que é uma qualidade elencada por Jesus, não vier acompanhada de algo que efetivamente contribua para trazer a luz do discernimento e cristianizar relações, pode não passar de simples projeção de velhas sombras interiores que ainda não descobrimos em nós próprios. Na palavra do Mestre isso foi assim descrito em Mateus, capítulo 7, versículo 3: *vemos a trave no olho alheio e não vemos o argueiro no nosso*.

Compreendeu, José Mario?

— Sim – respondi tão absorto nas reflexões que nem percebi o que falei.

Aquele dia de visitação educativa foi o primeiro de muitos que fiz àquela biblioteca, que constituía um patrimônio de humanismo e organização.

Em tudo constatei o respeito e a seriedade que os benfeitores do bem consagram ao ser humano, mesmo que atolado nas mais profundas habitações da maldade ou da ignorância.

Se o homem no mundo físico ainda se estarrece ao saber, pela mídia, sobre as condições de vida adversas e diversas de muitas comunidades ainda pouco conhecidas na casa planetária, qual não será sua sensação quando aqui estiver e perceber que o ecossistema na psicosfera da Terra abriga inimagináveis tipos de vida, costumes, morfologia e raças.

Somente quando passei a me consagrar aos estudos sobre as mutações das cadeias genéticas da raça humana, pude compreender a razão de inúmeros comportamentos do homem comum pertencente à sociedade moderna. Por consequência, tais estudos tornaram-me mais sensível e fraterno em relação aos irmãos do Grupo X, porque muitas dessas criaturas de diversos reinos passaram a frequentar e integrar as atividades daquele grupo.

Onde atuam os dragões, com eles caminham a história, as sub-raças, as forças naturais que fazem parte de seu histórico, de sua antropologia.

Lembrei-me, então, de Nosso Senhor ao dizer em João, capítulo 14, versículo 2: *"Na casa de meu Pai há muitas moradas; se não fosse assim, eu vo-lo teria dito. Vou preparar-vos lugar".*

Capítulo 14

Início de uma Nova Etapa

"Ora, se eu, Senhor e Mestre, vos lavei os pés,
vós deveis também lavar os pés uns aos outros" –
João 13:14.

Já se passavam três anos de idas e vindas junto ao Grupo X. Entre erros e acertos, caminhávamos para um desfecho nas experiências que tanto nos ensinaram.

A cena do *lava-pés* marcou uma etapa para os irmãos encarnados em inesquecível reunião[27] no Grupo X. Dona Modesta, incorporada no médium Claudio, literalmente solicitou água e toalha e lavou os pés de todos. A dor e a amargura de nossos irmãos no plano físico sensibilizavam a todos na esfera extrafísica.

Os termos do acordo com as trevas, após a cena do *lava-pés,* foram rigorosamente cumpridos. Antonino abandonou o Grupo X. Ana manteve-se na presidência e Calisto debandou para a formação de uma nova casa.

A presença da mágoa e da confusão no entendimento perduraria por longa data. A cisão e a desunião tão destacadas pelas vozes da maledicência no plano físico não tinham a menor importância para nós, diante da crueldade da dor que nossos irmãos sentiam naquele instante em razão das decepções, agastamentos e da frustrante sensação da separação.

Acontecimentos sombrios, que não é necessário detalhar, mantiveram, ainda por longos anos, a convivência perturbadora entre os membros mais envolvidos emocionalmente com os fatos. Fora do corpo ainda se digladiaram em uma série de episódios lamentáveis recheados de cobrança, injúrias, raiva

---

27 Nota da editora: Essa reunião foi descrita no capítulo 20, cujo título é Clamor por União, do primeiro livro dessa trilogia, *"Quem sabe pode muito. Quem ama pode mais".*

e descontrole. No terreno dos ensinos de Calderaro, nossos irmãos estavam inclusos nos limites da obsessão moral com a obsessão mental.

Antonino trazia na alma um torturante sentimento de fracasso por se afastar das tarefas em busca de novas vivências. Ana trazia o coração moído pela contrariedade dos acontecimentos inesperados. Amava Antonino, com quem nem sequer poderia partilhar a convivência dali para a frente. Calisto, impassível em seu afeto, negava sua dor e preenchia o vazio com visões futuristas para seus projetos, sempre alegando que Lúcifer e seus asseclas conseguiram o que queriam. É verdade que ninguém poderia lhe tirar a razão, embora fosse essa uma visão com foco completamente distante das necessidades mais reais no aprendizado que ora se encerrava.

Incrivelmente, a par da dor dos integrantes do Grupo X, diversas situações que se encontravam, por assim dizer, "amarradas", tiveram novos rumos de uma hora para outra. Tanto na vida pessoal quanto nos projetos doutrinários houve um afrouxamento vibratório e novos ares surgiram para todos.

Em consenso, nossas equipes socorristas retiraram boa parcela das providências de defesa em face das mudanças de cenário.

A lição estava consumada. Imputar a obsessores e inimigos espirituais do Cristo a responsabilidade pela desarmonia e tropeços na tarefa é, no mínimo, uma atitude de fuga de nossas próprias limitações que não queremos enxergar. É inegável a atuação dos adversários, entretanto, a história do Grupo X foi composta de todos os fundamentos característicos do modo de agir dos opositores do bem quando planejam emperrar as atividades das agremiações consoladoras do Espiritismo.

Infelizmente, tinha de aceitar algo que minha razão, ainda intoxicada pelas noções do mundo físico, não admitia: os centros espíritas não só estão abrindo a porta para a obsessão coletiva, mas estão convidando os antagonistas do bem a entrar.

A minha incursão na escola bendita do socorro e amparo levou-me a perceber que, se não fosse a misericórdia dos corações bondosos de nossos benfeitores, já estaríamos completamente abatidos em nossos ideais.

Nossos irmãos amados deram o que podiam de melhor, e a misericórdia não os abandonou em tempo algum. Assim como eles, qual de nós poderia afirmar, com a consciência pacificada, que nos sairíamos melhor nas lutas que lhes aferiram?

Enquanto no mundo físico os olhares corrompidos da multidão lhes assinalavam a queda e o fracasso, por nossa vez, julgamos que nossos irmãos são credores do nosso incondicional respeito e carinho. Melhor seria, evidentemente, que conseguissem se manter juntos por mais tempo, até a que a vida chamasse cada um a seu caminho particular de ascensão. Dessa forma, imunizar-se-iam das mágoas e dores que por ora lhes castigam a intimidade.

As lutas ainda prosseguiam depois das difíceis decisões que tomaram nossos irmãos. Sob a orientação de Cornelius, tomamos providências urgentes de amparo. Mais do que nunca, nos era solicitado o amor incondicional para com todos eles. Realmente o que se sucede a uma desunião com mágoas é trágico.

De todos, sem dúvida alguma, Antonino foi alvo das nossas maiores atenções. Alguns dias depois do ocorrido, em certa manhã, quando saía para o trabalho profissional, ele estava em oração compungida. Solicitava amparo diante das amarguras de seu coração. Lágrimas eram derramadas, enquanto orava com peito arfante.

Um dilacerante sentimento de fracasso tomava conta do médium. Suas indagações justas e seus pedidos límpidos nos deixavam emocionados. A queixa mais marcante do médium, no entanto, era sobre suas atividades espirituais. Que faria agora? Que rumo tomaria ante o inesperado? Teria se precipitado ou o caminho era esse?

Depois de décadas de trabalho assíduo e perseverante, pela primeira vez ele se via sem trabalho, sem compromisso e sem grupo. A dor da solidão e do desamparo castigava o coração de Antonino.

Dona Modesta, sempre prestimosa e com afeto muito especial para com o médium, solicitou-nos prepará-lo para um encontro noturno, quando ele se afastasse do corpo físico pelo sono.

Tomamos as providências necessárias. Acalmamos o servidor e, durante a noite, Antonino, em suave desdobramento do corpo, acompanhou-nos à sala específica no Hospital Esperança para o encontro programado. Dona Modesta, acompanhada por Cornelius e Eurípedes Barsanulfo, vieram ter com o médium.

O benfeitor Barsanulfo aproximou-se e disse:

— Meu filho, rogo a Deus por ti!

Antonino baixou a cabeça, como se desejasse se ajoelhar, mas o benfeitor não permitiu.

— Mantenha-se de pé, meu filho. É assim que Jesus precisa de ti. Erga a fronte no trabalho honesto e prossiga confiante nos dias vindouros. Esqueça as advertências daqueles que te falaram em fracasso e abandono de nossa parte. O trabalho começando agora e temos muito por fazer nos séculos vindouros, permita Deus!

Recorda que aqueles que te assinalaram a queda, apenas se importam contigo. Amam-te como podem e apenas querem o teu bem. Perdoa-lhes por não te darem quanto gostarias ou do modo como desejavas. Perdoa a ti também por não saberes compreender as lições, como seria o ideal.

A estrada para Jesus é povoada de armadilhas de ilusão e testes de resistência moral. Eu te abençoo e o louvo pelo esforço incomparável que fizeste para oferecer o melhor na prova que se encerra. Conheço-te os caminhos de outrora nos desfiladeiros de longas vidas, e somente uma palavra me resta dizer diante dos testemunhos de agora: avança um tanto mais.

Guarda seu coração sereno porque a missão que te confiamos continua pelos dias afora.

A tarefa a ti confiada na mediunidade é um canal de luz de tão larga expansão que não consegues aferir sua intensidade.

Multidões de almas, aqui mesmo no Hospital Esperança, depositam dilatadas esperanças nos seus esforços tão corajosos para disseminar os ensinos escritos que abrem os horizontes do discernimento e ampliam os ares dos conceitos espirituais no mundo físico.

Sou portador da palavra de centenas desses corações, que me pediram, pessoalmente, que lhe trouxesse essa declaração assinada por todos eles, como um preito de gratidão e, a um só tempo, de estímulo para que, nos dias vindouros, você se recorde, sempre que perder amigos no mundo físico, em experiências como a sua, dilata a amizade no mundo espiritual.

Se no mundo físico torna-se necessária a experiência da solidão temporária, estejas certo que, de nossa parte, estaremos cada dia mais próximos e envolvidos com o teu coração generoso e puro.

Avança!

Tome, isso te pertence e ficará guardado aqui no Hospital para que possas ler quando desejar. Aqui está o aval que todos nós ratificamos para a continuidade de nossos laços.

— Eu agradeço por seu amor incondicional, Eurípedes!

Antonino não conseguia falar mais nada diante do acontecido. Pegou o pequeno pergaminho, que lembrava os velhos papiros das escrituras sagradas, no qual mais de duzentas assinaturas de servidores do Hospital Esperança lhe endossavam a caminhada.

Mais uma vez, a misericórdia alimentava nossas almas e supria com a energia essencial da vida aquele médium afadigado pelo bom combate com suas próprias mazelas.

Terminado o encontro, dona Modesta, com uma pequena equipe, deu o braço a Antonino e disse:

— Chega de consolo! Vamos trabalhar, Antonino?

— Estou com a senhora, dona Modesta.

Varamos o espaço em direção ao Rio de Janeiro. Chegamos à Tenda Umbandista Espírita Pai João de Angola, onde nos aguardavam inúmeras responsabilidades.

Pai Zequinha, com uma vidência mediúnica a toda prova, avistou-nos a distância e, quando entramos nas dependências físicas da Tenda, ele expressou em voz alta:

— Já te esperava faz tempo, Antonino. Vamos *trabaiá*?

Entrevista

Perguntas formuladas pelo médium Wanderley Oliveira à Maria Modesto Cravo sobre o conteúdo do livro

Por que nos magoamos, dona Modesta?

Todo sofrimento, segundo Buda, é causado pelo apego. A mágoa é um sofrimento psicológico decorrente de perturbações emocionais graves. Sua causa básica é o apego que temos ao que pensamos sobre como algo ou alguém deveria ser. Quanto mais ilusão, mais magoada será a criatura.

Ilusão! Eis um tema desafiante mesmo! Por que nos iludimos?

Porque somos egoístas. E todo egoísta espera que a vida sempre vá lhe atender integralmente as expectativas. Iludir significa ter um entendimento incompleto e irreal, uma percepção egocêntrica do mundo e das pessoas. A ilusão na relação humana, por exemplo, é mais comum com as pessoas com quem convivemos.

E qual a razão disso?

Por supormos, em nosso egoísmo, que sabemos tudo sobre as pessoas de nossa convivência. Judas interpretou as intenções de Jesus erroneamente, diga-se de passagem, e supondo ajudar O entregou para que Ele assumisse o poder romano. Sabemos como essa história terminou. A mágoa de Judas consigo mesmo.

E o que a senhora me diz da ilusão sobre a vida?

É pior que a ilusão da convivência, porque construímos uma ilusão sobre como achamos que o mundo deve ser, gestando, com essa atitude, todo tipo de preconceito possível para não ter de aceitar a realidade dos fatos.

Seria coerente afirmar que o tema central deste livro é o perdão?

Os apontamentos desse livro falam-nos de misericórdia. O rompimento com os fios da mágoa por meio da atitude de misericórdia, o caminho mais curto para o perdão.

Por que é o caminho mais curto?

Quando somos misericordiosos na atitude, conseguimos a leveza de viver de modo incondicional em relação às imperfeições alheias. Isso subtrai de nosso campo mental o peso de arrastarmos uma relação que já foi contaminada pela desconfiança e pela mágoa.

Usar de misericórdia seria algo como nem ter de perdoar porque não nos ofendemos?

É muito difícil, em nosso estágio de evolução, não nos ofender. O que muda quando usamos a misericórdia é que permitimos emocionalmente a aceitação. A aceitação é uma expressão da bondade e do amor que nos enseja ter um olhar de compaixão. Podemos chamar tudo isso de compreensão. Quando compreendemos, ainda que a mágoa se aloje por algum tempo, conseguimos movimentar o melhor de nós mesmos para despertar o melhor que existe no outro e romper com a doença emocional que se transformaria, futuramente, em ressentimento.

Os integrantes do Grupo X não foram misericordiosos?

A desconfiança expulsa a misericórdia. E, sem misericórdia, a ofensa não encontra uma porta de saída.

E do que os integrantes do Grupo X desconfiavam?

Da competência uns dos outros.

Competência!

Sim.

Essa não é uma palavra típica entre nós, espíritas. O que significa?

Essa é uma palavra com dilatado significado evangélico. Jesus, líder e mestre incomparável, acreditou sempre nas competências morais e espirituais de quantos passaram por seu caminho, instaurando a psicologia da iluminação por meio da promoção pessoal. Se você preferir, substitua por habilidades ou qualidades.

Por que desconfiamos das qualidades uns dos outros?

Mais um efeito do nocivo orgulho que nos venda os olhos, supervalorizando-nos em detrimento do outro. Se é tão difícil reorientar nossa vida mental para acreditar no valor alheio, não menos trabalhoso é saber o que fazer com o que sentimos quando a luz do outro brilha mais que a nossa. Infelizmente, nessa situação temos adotado um comportamento que mata a confiança.

Qual comportamento?

A agressividade do autoritarismo nas relações.

O que é considerado autoritarismo nas relações?

Toda forma de exclusão do diálogo. Toda forma de agir que conspire contra a conversa franca e fraterna, o bom humor e a alegria conjunta de realizar algo que todos sentem bem-estar em realizar.

Mas... Isso é possível?

Por que me pergunta isso?

Porque tenho visto muita escassez nesse assunto em nossos ambientes espíritas.

Não posso te contestar quanto aos fatos. Mas existem, também, muitas pessoas no Espiritismo entre as quais existe um clima de respeito mútuo aos valores uns dos outros.

Poderíamos, então, dizer que perdoar é dar mais valor às qualidades alheias?

Não penso desta forma.

Por qual razão?

Perdão é algo para usar quando já pulamos os dois primeiros passos da cadeia de excelência da caridade cristã.

Pode explicar sobre essa cadeia de excelência?

O estudo da resposta dada pelos Tutores da Verdade a Allan Kardec, na questão 886, de *O Livro dos Espíritos*, é um tratado incomparável de sabedoria acerca da conduta do amor fraternal. Consultados pelo Codificador sobre qual o conceito de caridade como a entendia Jesus, eles declararam: *"Benevolência para com todos, indulgência para as imperfeições dos outros, perdão das ofensas"*.

Antes do perdão, existem duas atitudes fundamentais que expressam o amor em movimento – a benevolência e a indulgência. Perdão só será necessário quando não aplicamos as duas.

A benevolência tem como sinônimo a misericórdia. Benevolência é aplicar·a bondade ou o bem a alguém. Nas relações humanas, ser benevolente é focar incondicionalmente os aspectos luminosos de alguém. Essa é a maior fonte de proteção para não nos ofendermos, porque a ofensa, em um conceito mais prático, significa penetrar e remexer com nossa própria sombra.

No entanto, quando não conseguimos isso, ainda temos outra chance antes de nos enquadrar nas grades da ofensa. É a indulgência. Como conceitua José, Espírito Protetor, em *O Evangelho Segundo o Espiritismo*, capítulo X, item 16: *"A indulgência não vê os defeitos de outrem, ou, se os vê, evita falar deles, divulgá-los. Ao contrário, oculta-os, a fim de que se não tornem conhecidos senão dela unicamente (...)"*.

A benevolência da misericórdia acende a luz, e a indulgência aciona a proteção para que as sombras íntimas não a arrasem com o vendaval da perturbação. Quando vemos os defeitos alheios, ainda temos a possibilidade de aplicar a misericórdia e reverter o quadro interno de nossos sentimentos, elevando-os ao patamar de compreensão e bondade. Nesse clima, conseguimos o respeito às diferenças e ainda podemos realizar a sublime tarefa de enaltecer a benevolência, por meio da aplicação de uma conduta de honestidade emocional com a qual podemos iluminar as sombras que percebemos no outro.

Todavia, quando não conseguimos um estágio produtivo na benevolência e na indulgência, inevitavelmente se instalará a ofensa.

Muitos conceituam ofensa como uma mágoa diante de sérias lesões e perdas. Pensando com sabedoria, vamos perceber que ofensa é não aceitação. Toda vez que não aceitamos algo ou alguém, já existe ofensa. Ofensa, no sentido espiritual, é toda vez que nosso interesse é contrariado. Nessa ótica, quando nossas expectativas não são atendidas, quando nossos interesses são feridos, quando não compreendemos o modo de agir de alguém ou quando não entendemos as razões de um acontecimento estamos sendo feridos emocionalmente, é isso também se chama mágoa.

Parece que a maioria de nós está mesmo é no terceiro estágio!

Jesus sabia que seria assim. Por isso recomendou perdão o tempo todo, inclusive que perdoássemos setenta vezes sete. E como acrescentou Chico Xavier, "setenta vezes sete o mesmo erro".

Perdoar é mesmo se libertar?

Libertar-nos da prisão que nós mesmos construímos para nós. Vivemos, quase todos, gastando um dilatado volume de energia para manter a opinião negativa que temos acerca de uma pessoa, instituição, ideia ou assunto.

Não conseguindo a proteção da benevolência e nem da indulgência, sentimo-nos ofendidos por alguém ou por algo não ser como gostaríamos que fosse. Formamos, assim, um parecer, um julgamento, e passamos décadas mantendo esse ponto de vista, sem abertura para revisá-lo.

Para nós, que conhecemos as verdades espirituais e estamos em longo curso de aprimoramento, semelhante teia vibratória da mágoa torna-se uma exaustiva sobrecarga perante a vida.

E o que fazer para nos libertar? Perdoar parece uma arte!

Se você pensar bem, perdoar é a arte de aceitar. Significa entender que tudo acontece por uma razão que impulsiona o progresso, mesmo nas mais indignas e cruéis situações.

Às vezes, nos sentimos impotentes diante deste tema. Como ter maior compreensão e aceitação para com as pessoas com as quais não conseguimos ser benevolentes nem indulgentes. Que sugestão nos daria?

Escrevam uma carta para cada uma delas. Digam tudo o que gostariam de lhes dizer. Reclamem, falem do mal que lhes causaram, mas digam também que desejam mudar e comecem a descrever como querem vê-los e senti-los. Escrevam cada uma das cartas em épocas diferentes. Se tiverem uma foto da pessoa, olhem para ela, relembrem os instantes de dor e, caso tenham momentos de afeto, resgatem-nos. Após escreverem as cartas, orem e pensem em Jesus abraçando-vos com terno amor.

Simples assim!

Experimente.

E depois entregamos a carta?

Não. Quando já tiverem escrito todas as cartas que gostariam, vão para um lugar na natureza, acendam uma pequena fogueira[28] e coloquem-nas uma a uma. É o encerramento do ciclo, é a figura simbólica da transformação.

E depois de tudo isso ficamos livres?

Ficarão caso se mantiverem no patamar mais elevado da cadeia de excelência da caridade, sendo sempre benevolentes com todos, jamais insinuando ou se referindo a qualquer um

---

28 Nota da editora: sugerimos que os critérios de segurança pessoal e ecológicos sejam observados na aplicação desta técnica.

deles com ironia, deboche, raiva ou descaridade. É algo como virar uma página na vida.

Talvez seja por conta destas explicações que Ermance Dufaux nos orienta tanto em relação ao afeto na convivência!

Afeto é um resultado natural de quem permeia a benevolência e a indulgência. Nós já nos encontramos muito cansados de nós mesmos em razão do volume de atitudes infelizes ao longo de várias reencarnações. Ninguém tolera mais a cobrança, a expectativa exagerada, a imposição de regras. Tudo isso é tomado pelo coração humano, já tão sofrido, como um abuso. Mais do que nunca a tolerância expressa em enternecido afeto é um alimento essencial na manutenção das boas relações.

Quando iluminamos a vida alheia com alegria, compreensão, gentileza, autêntica aceitação de suas limitações e acolhimento fraternal, não há quem resista ao desejo ardente de caminhar, avançar, fazer esforços para que os projetos de amor e os compromissos compartilhados em comum sejam levados avante com alegria e motivação.

É necessário dizer que o afeto cristão do qual estou tratando aqui é legítimo, sai do coração sem interesse que não seja o de demonstrar a alegria de conviver. A alegria de ser amigo de alguém, de poder amparar e aprender juntos.

O Grupo X abortou essa espontaneidade por tanto focar as sombras uns dos outros. Faltou naquele grupo alguém que amasse por amar. Alguém que algo fizesse por querer verdadeiramente continuar juntos.

Esse é o resultado da ausência de benevolência e indulgência no coração humano. Passamos a viver quase que por uma obrigação que nos une.

Só quando compreendemos e aceitamos, podemos ser afetivos no conceito cristão da palavra, isto é, aceitar o outro na sua particularidade, na sua limitação e, ainda assim, conseguir amá-lo ardentemente, erguendo-o para um mundo novo na transformação pessoal, acolhendo-o de modo envolvente de tal forma que ele se sinta compelido a acreditar em si mesmo.

Só quem ama com esse ardor pode iluminar o coração alheio. E somente assim, a maioria de nós, já exauridos pelos erros, conseguirá estender a mão e abrir o coração para igualmente acatar a bondade alheia que nos fará ser alguém melhor.

Então, o segredo é realmente, como já disse a senhora na introdução do livro, acreditar mais uns nos outros?

O segredo é investir incondicionalmente na luz que cada pessoa tem dentro de si. Ter alma aberta para identificar essa luz, ser um exímio desbravador dos talentos espirituais alheios. Ser um *headhunter*, um caçador de talentos da alma. Ajudar o outro a se surpreender consigo mesmo.

A palavra mais transformadora dos tempos modernos, a fiel tradutora do amor em ação, é **colaboração**. Ser colaborativo, somar, incentivar, um treinador de emoções.

Que seria de nós se Deus, o Cuidador por excelência, não acreditasse em Seus filhos, criaturas ávidas pelo amor paternal?

O Pai é benevolente e acredita em nós. Brilhe a vossa luz!

O Pai é indulgente e ilumina nossas sombras, concedendo-nos o melhor. Que fazeis de especial com sua luz?

Perdão, todavia, é para nós, que ainda não aprendemos que o amor é a mais libertadora conquista para quem deseja a felicidade genuína.

E a maledicência nesse contexto, dona Modesta?

O que você quer perguntar? Seja claro!

A maledicência machuca quando é dirigida a nós. Como saber o que devemos aproveitar das palavras mal ditas?

Ouçam suas consciências, antes de tudo, tenham atitude respeitosa com a opinião alheia, absorvam as críticas que acrescentam ao bem e tenha muita atenção com o lixo.

Atenção com o lixo?

Na sua casa, o lixo não recebe uma atenção especial?

Sim.

Pois então! Ele não tem um lugar reservado para não ficar espalhado?

Sim.

É colocado em lugar muito asseado e requer cuidados para não contaminar, não é mesmo?

Sim, é isso mesmo.

Faça o mesmo com o lixo das críticas infundadas e despropositadas. Coloque-as no recipiente adequado para evitar contaminação e ser destinadas aos depósitos do esquecimento e da transformação.

E que recipiente é este?

Maledicência é lixo e, como tal, espalha o odor que incomoda.

Se as pragas não tivessem uma função na natureza, Deus não as teria criado. A maledicência tem também uma função para quem faz e para quem recebe. O ato verbal de mentir, caluniar, escandalizar, em verdade, é um mecanismo de liberação do inconsciente. Seja em que nível esteja o maledicente, ele vomita pela maledicência sua sombra pessoal.

Todavia, toda maledicência é um escândalo e, como assevera Jesus, em Mateus, capítulo 18, versículo 7, *"Ai do mundo, por causa dos escândalos; porque é mister que venham escândalos, mas ai daquele homem por quem o escândalo vem!"*

Como exímio psicólogo da alma, Ele esclareceu que não nos furtaríamos do mal da boca imunda, mas não nos deixou órfãos de orientação sobre qual seria o recipiente mais adequado para reciclar a sujeira verbal, com a clássica e esquecida advertência, em Lucas, capítulo 6, versículo 28: *"Bendizei os que vos maldizem, e orai pelos que vos caluniam"*.

É como a técnica de escrever a carta que nos recomendou?

Certamente.

Tenho uma curiosidade a esse respeito!

Expresse-a.

Essa técnica da carta é usada no Hospital Esperança?

Você não se lembra do caso do pastor Jânio?[29]

Sim, recordo-me.

Na tribuna da humildade, usamos com frequência a técnica da escrita terapêutica. Muitos conferencistas, quando não conseguem externar seus sentimentos espontaneamente, como fez Jânio, escrevem diversas cartas para serem lidas na tribuna e, depois as comentam com o público.

Por que as cartas nos ajudam?

Porque tomamos contato com sentimentos ignorados. Escrever é uma arte e, como tal, é terapêutica, porque faz a alma ir ao encontro do que sabe e sente sobre determinado assunto.

O que nos orienta a fazer para melhorar nossos sentimentos na convivência?

Educarem-se para manterem o pensamento no melhor que cada pessoa possui.

---

29 Nota da editora: referência ao caso narrado na obra *"Lírios de Esperança"*, capítulo Tribuna da Humildade, da autoria espiritual de Ermance Dufaux, Editora Dufaux.

A comunidade espírita é composta de almas em fase de projeção psicológica. Quem projeta é porque já está investigando suas próprias mazelas.

A multidão que queria apedrejar a mulher em praça pública estava em metamorfose espiritual, sentindo culpas diante de sua sombra pessoal. Se fossem almas que odiassem e se nutrissem do mal, o apelo do Cristo para atirar a primeira pedra não seria ouvido. Entretanto, todos se retiraram em exame consciencial. Eram pessoas boas, apenas desavisadas e com enorme dificuldade de enxergar a trave no próprio olho, conforme o ensino de Jesus.

Por vezes, sentimos ser tão difícil mantermos a mente no lado bom de certas pessoas!

Se conseguirem, pelo menos, desfazerem as mentalizações provenientes dos seus conceitos acerca delas, já darão um grande passo.

A psicologia da iluminação proposta por Cristo não incentiva a negação do que sentimos. Ninguém terá o mesmo amor por alguém que o tenha ferido ou cometido algum deslize.

A questão de manter-nos no que há de melhor em nosso próximo não nos impedirá completamente de experimentarmos antipatia, indisposição e mal-estar na convivência com algumas pessoas. O que vamos fazer com o que sentimos é que se torna, para nós, um desafio educativo.

A senhora teria algo mais a dizer sobre o assunto que estamos conversando?

Se possível for, gostaria que fosse novamente reproduzido o texto *Apelo por Concórdia*[30], de nosso benfeitor Eurípedes Barsanulfo, como epílogo desta obra.

---

30 Nota da editora: extraído do livro *"Quem sabe pode muito. Quem ama pode mais"*, Editora Dufaux.

Apêndice

Apelo por Concórdia
– Eurípedes Barsanulfo

"E, qualquer que entre vós quiser ser o primeiro, seja vosso servo" - Mateus, 20:27.

A noite adentrava pela madrugada. Foram reunidos no salão principal do Hospital Esperança, entre outros, um expressivo grupo de líderes de Minas Gerais, ligados ao coração de Eurípedes Barsanulfo. Os integrantes do Grupo X, igualmente, vieram todos ouvir o apelo do venerável apóstolo do bem, que assim se exprimiu em incomparável humildade:

— *"Irmãos de lide, Jesus seja a nossa inspiração!*

Diante das batalhas íntimas no longo aprendizado da educação espiritual, vezes sem conta somos assaltados pelo derrotismo e pela indiferença.

Necessário aferir o entendimento no intuito de melhor orientar nossos passos.

União não é tarefa simples de se concretizar. Concórdia é o trabalho lento e gradativo de vencer a carapaça de nosso egoísmo em direção a novas experiências.

Nesse momento atribulado e de aferições pelo qual passa a Terra, concórdia é trabalhar pelo possível em detrimento do que seria o ideal. Preferível avançar alguns passos que estacionar ou recuar ante as oportunidades de realização em conjunto.

Concórdia é entendimento. Não existe união sem entendimento, que é a capacidade humana de superar suas diferenças sem extingui--las, caminhando juntos em busca de ideais e realizações comuns.

Concórdia requer autenticidade perante a consciência, trabalho digno que motive o entendimento e a oração da indulgência – alimentos para pacificar as relações.

Ninguém se fará servo de todos conforme a diretriz de Jesus, caso não edifique a condição de servo de si mesmo. Ser servo de si mesmo é domar a fúria implacável e milenar do ego, colocando--o a serviço das nobres aspirações que começam a povoar nossos corações na direção da luz.

'Assim não deve ser entre vós', orientou nosso Pastor.

O círculo das relações legitimamente cristãs haverá de oferecer nova modalidade de convivência, que motive mudanças inadiáveis, em nosso próprio favor.

O medo e o ciúme, a desconfiança e a expectativa exacerbada são raízes de inumeráveis conflitos. Sentimentos que patrocinam a insegurança, o mal-entendido e a malquerença.

A concórdia, portanto, é tecida com os fios afetivos da lucidez e da fraternidade. Não nos iludamos com o sentimentalismo, que é o afeto cego e desorientado, desprovido de consciência, frágil.

Somente quem olha para si e reconhece com honestidade a natureza de suas sensações, mesmo as mais indesejáveis, é capaz de entender o que realmente sente por aqueles que diz amar.

Por trás de muitos impulsos afetivos aparentemente enobrecedores, escondem-se antigas tendências de espezinhar com verniz.

Chega a hora de olharmos para dentro e domesticá-las. Nada é impuro na natureza.

'Nisto todos conhecerão que sois meus discípulos, se vos amardes uns aos outros.'

O amor é um desafio. Possuídos ainda por grilhões impiedosos de arrogância e narcisismo, com enorme facilidade descuidaremos da vigilância sobre nossa compulsão em querer ser o maior.

Ao contrário, 'aquele que quiser tornar-se o maior seja vosso servo', afiançou nosso Guia e Modelo.

O servo de todos será aquele que consolidar em si mesmo a permanente conexão com o self glorioso, de onde brotam os sentimentos de pacificação, desprendimento, serenidade e completude.

No clima interior de ligação com as correntes superiores da vida, o servo alegra-se naturalmente com o êxito do próximo, percebe a utilidade das ideias alheias, cuida em respeitar os limites, pondera sempre que pode para alcançar o melhor, e distancia-se dos arroubos na paixão por cobranças que irritam e asfixiam.

Nesse coração ponderado e justo nasce a psicosfera da paz, que abre as portas para o entendimento.

O servo de todos mantém vínculo com o Mestre. Enquanto o ego patrocina a loucura, o servo de todos mantém-se atento e em sintonia com as Ordens Maiores que fluem, ininterruptamente, nas correntes da vida em estuante equilíbrio.

A mudança no sistema de relações nos ambientes redivivos da mensagem cristã constitui o apelo por concórdia, que verte do Mais Alto em direção à nossa sensibilidade.

Disciplinar a compulsão pela importância pessoal. Olhar sem subterfúgios para nosso intenso desejo em brilhar perante os outros. São sentimentos inevitáveis! Nada mais natural depois de tanto tempo apegados a nós próprios! Negá-los, isso sim, constitui um obstáculo ao crescimento.

'Sede unânimes entre vós; não ambicioneis coisas altas, mas acomodai-vos às humildes; não sejais sábios em vós mesmos.'

Não gostamos de ser criticados. Repudiamos a possibilidade de que alguém seja mais querido que nós mesmos. Sentimo-nos injustiçados quando alguém nos corrige naquilo de que precisamos. Chegamos a nos alegrar com os tropeços alheios para nos fazer mais fortes perante outrem. Não conseguimos conter o impulso maledicente da língua para diminuir o brilho do outro. Raramente nossa alegria com o êxito de alguém representa consciência do bem pela Obra do Cristo. Fazemo-nos indiferentes ante as habilidades que florescem nos companheiros de tarefa. O melindre azorraga-nos quando uma decisão é tomada sem nossa participação. A inveja nos assalta, impiedosamente, quando alguém produz algo mais criativo e valoroso que nós. Adotamos a teimosia quando não queremos seguir as recomendações com que não concordamos. Disputamos cargos e títulos como se, à luz da Boa Nova, isso fosse privilégio e indício de espiritualização. A presunção entorpece-nos a ponto de acreditarmos ter todas as respostas para a vida alheia. Invadimos o mundo íntimo das pessoas como se tivéssemos um alvará de quebra dos limites, tão somente por acreditar-nos bons o suficiente para entender o que se passa por dentro do coração alheio. Elegemos modelos de condutas, estabelecendo rótulos com os quais expedimos juízos de suposta verdade sobre o comportamento de nossos amigos.

Olhemos com mais carinho esses sentimentos sem cobrar-nos tributos morais. Essa é a mais cristalina verdade sobre nós mesmos, da qual não devemos nos envergonhar!

Se alguma razão há para nos envergonharmos, é a de não fazermos nada para transformar a natureza egocêntrica, sob a qual ainda nos encontramos escravizados.

Nos lances conflituosos da vida interpessoal, os percalços não se encontram fora, mas dentro de nós próprios.

Essa gama de reflexos no terreno de nossos sentimentos responde pelas decepções e perdas amorosas.

'A quem, então, há de o homem responsabilizar por todas essas aflições, senão a si mesmo? O homem, pois, em grande número de casos, é o causador de seus próprios infortúnios; mas, em vez de reconhecê-lo, acha mais simples, menos humilhante para a sua vaidade acusar a sorte, a Providência, a má fortuna, a má estrela, ao passo que a má estrela é apenas a sua incúria.'

Jesus nos aceita em Sua Obra como somos. Entre nós, porém, grassam disputas enfermiças e desgastantes para aferir quem é o maior. As relações são perturbadas pelas sutilezas do orgulho, criando gládios intermináveis que entorpecem os raciocínios, minam as forças morais e convidam à obsessão.

Na tarefa cristã existem trabalhos de variadas envergaduras. Isso não significa que existam servidores mais ou menos importantes. O serviço do Evangelho no mundo é urgente. Nem por isso somos essenciais. O aprendiz das letras cristãs deve regozijar-se pelo fato de estar na Vinha do Senhor.

Os formadores de opinião vigiem suas expressões de trabalho. Não confundamos capacidade realizadora com preparo cristão.

Quanto mais conhecimento e tempo no contato com as verdades espíritas, mais riscos de se apegar às convicções pessoais. A experiência costuma causar a sensação de grandeza e acerto. Nesse clima de descuido, surgem as expressões mais destrutivas da arrogância que nos é pertinente. Achamo-nos capazes o bastante para esquadrinhar com precisão o que vai na alma do semelhante.

As tarefas não nos colocam maiores uns perante os outros. Elas nos engrandecem perante a nós mesmos. Quaisquer sentimentos derivados da necessidade de realce são indícios de enfermidade moral.

'Assim não deve ser entre vós.' O clima espiritual de muitas organizações cristãs atuais periclita por deixar de estudar as razões sistêmicas que as têm enfraquecido. Pequenos gestos de desamor, ou mesmo a simples ignorância sobre o que verdadeiramente sentimos uns pelos outros, são fagulhas perigosas no sistema das relações aptas a incendiar as mais caras afeições.

Sejamos francos! Todavia, vigiemos as expressões da sinceridade mórbida, aquela em que expressamos a realidade do que sentimos, mas nutrindo expectativas de adaptar o próximo aos nossos sentimentos.

A honestidade emocional conosco é potente profilaxia contra a arrogância.

Assumamos sem receios nossa falibilidade escolhendo rever nossas convicções, especialmente as que temos em relação àqueles com os quais ainda não tenhamos nos harmonizado. Rever convicções é ter a coragem de analisar os fatos sob outra perspectiva. Isso nos levará aos novos aprendizados.

A concórdia não existirá apenas com sonhos fantasistas, abraços de saudade e desculpas passageiras. São necessárias atitudes. Atitudes de amor para conosco também. A atitude de amar-nos tanto quanto merecemos: um desafio de proporções graves para almas com pouco discernimento entre egoísmo e autoamor.

A paz seja entre vós. Regressem aos seus corpos com o sentimento de esperança reavivado em suas almas"

Ficha Técnica

TÍTULO
Quem Perdoa Liberta
AUTORIA
Espírito José Mario
Psicografado por Wanderley Soares de Oliveira
EDIÇÃO
1.ª
REIMPRESSÃO
3º
EDITORA
Dufaux (Belo Horizonte/MG)
ISBN
978-85-63365-16-3
CAPA
Wanderley Soares de Oliveira
REVISÃO
Mary Ferrarini - ReviNews Apoio Editorial Ltda.
PROJETO GRÁFICO E DIAGRAMAÇÃO
Wanderley Soares de Oliveira e Maria José Costa
DIAGRAMAÇÃO
Mônica Abreu
REVISÃO DA DIAGRAMAÇÃO
Nilma Helena
NÚMERO DE PÁGINAS
323
TAMANHO
Miolo 16 x 23 cm
Capa 16 x 23 cm
TIPOLOGIA
Texto principal em Minion Pro
Títulos em Bahia Script SSK
MANCHA
115 x 185 mm, 33 linhas (sem títulos correntes e fólios)
MARGENS
20 : 20 : 25 : 25 mm (interna : superior : externa : inferior)
COMPOSIÇÃO
Adobe InDesign CC em plataforma Microsoft Windows 10
PAPEL
Miolo Pólen 80 g/m2
Capa Duo Design 250 g/m2
CORES
Miolo em 1 x 1 cor CMYK
Capa em 4 x 0 cores CMYK
IMPRESSÃO
AtualDV (Curitiba/PR)
ACABAMENTO
Brochura, páginas coladas com hotmelt
Capa com orelhas, laminação BOPP fosca
TIRAGEM
Sob demanda
PRODUÇÃO
Junho 2021

NOSSAS PUBLICAÇÕES

SÉRIE REFLEXÕES DIÁRIAS

PARA SENTIR DEUS

Nos momentos atuais da humanidade sentimos extrema necessidade da presença de Deus. Ermance Dufaux resgata, para cada um, múltiplas formas de contato com Ele, de como senti-Lo em nossas vidas, nas circunstâncias que nos cercam e nos semelhantes que dividem conosco a jornada reencarnatória. Ver, ouvir e sentir Deus em tudo e em todos.

Wanderley Oliveira | Ermance Dufaux
11 x 15,5 cm
133 páginas

Somente

LIÇÕES PARA O AUTOAMOR

Mensagens de estímulo na conquista do perdão, da aceitação e do amor a si mesmo. Um convite à maravilhosa jornada do autoconhecimento que nos conduzirá a tomar posse de nossa herança divina.

Wanderley Oliveira | Ermance Dufaux
11 x 15,5 cm
128 páginas

Somente

RECEITAS PARA A ALMA

Mensagens de conforto e esperança, com pequenos lembretes sobre a aplicação do Evangelho para o dia a dia. Um conjunto de propostas que se constituem em verdadeiros remédios para nossas almas.

Wanderley Oliveira | Ermance Dufaux
11 x 15,5 cm
146 páginas

Somente ebook

 ## SÉRIE CULTO NO LAR

VIBRAÇÕES DE PAZ EM FAMÍLIA

Quando a família se reune para orar, ou mesmo um de seus componetes, o ambiente do lar melhora muito. As preces são emissões poderosas de energia que promovem a iluminação interior. A oração em família traz paz e fortalece, protege e ampara a cada um que se prepara para a jornada terrena rumo à superação de todos os desafios.

Wanderley Oliveira | Ermance Dufaux
16 x 23 cm
212 páginas

JESUS - A INSPIRAÇÃO DAS RELAÇÕES LUMINOSAS

Após o sucesso de "Emoções que curam", o espírito Ermance Dufaux retorna com um novo livro baseado nos ensinamentos do Cristo, destacando que o autoamor é a garantia mais sólida para a construção de relacionamentos luminosos.

Wanderley Oliveira | Ermance Dufaux
16 x 23 cm
304 páginas

REGENERAÇÃO - EM HARMONIA COM O PAI

Nos dias em que a Terra passa por transformações fundamentais, ampliando suas condições na direção de se tornar um mundo regenerado, é necessário desenvolvermos uma harmonia inabalável para aproveitar as lições que esses dias nos proporcionam por meio das nossas decisões e das nossas escolhas, [...].

Samuel Gomes | Diversos Espíritos
14 x 21 cm
223 páginas

AMOROSIDADE - A CURA DA FERIDA DO ABANDONO

Uma das mais conhecidas prisões emocionais na atualidade é a dor do abandono, a sensação de desamparo. Essa lesão na alma responde por larga soma de aflições em todos os continentes do mundo. Não há quem não esteja carente de ser protegido e acolhido, amado e incentivado nas lutas de cada dia.

Wanderley Oliveira | Ermance Dufaux
16 x 23 cm
300 páginas

SÉRIE DESAFIOS DA CONVIVÊNCIA

QUEM SABE PODE MUITO. QUEM AMA PODE MAIS

A lição central desta obra é mostrar que o conhecimento nem sempre é suficiente para garantir a presença do amor nas relações. "Estar informado é a primeira etapa. Ser transformado é a etapa da maioridade." - Eurípedes Barsanulfo.

Wanderley Oliveira | José Mário
16 x 23 cm
312 páginas

QUEM PERDOA LIBERTA - ROMPER OS FIOS DA MÁGOA ATRAVÉS DA MISERICÓRDIA

Continuação do livro "QUEM SABE PODE MUITO. QUEM AMA PODE MAIS" dando sequência à trilogia "Desafios da Convivência".

Wanderley Oliveira | José Mário
16 x 23 cm
320 páginas

SERVIDORES DA LUZ NA TRANSIÇÃO PLANETÁRIA

Nesta obra recebemos o convite para nos integrar nas fileiras dos Servidores da Luz, atuando de forma consciente diante dos desafios da transição planetária. Brilhante fechamento da trilogia.

Wanderley Oliveira | José Mário
14x21 cm
298 páginas

 SÉRIE **HARMONIA INTERIOR**

LAÇOS DE AFETO - CAMINHOS DO AMOR NA CONVIVÊNCIA

Uma abordagem sobre a importância do afeto em nossos relacionamentos para o crescimento espiritual. São textos baseados no dia a dia de nossas experiências. Um estímulo ao aprendizado mais proveitoso e harmonioso na convivência humana.

Wanderley Oliveira | Ermance Dufaux
16 x 23 cm
312 páginas

 [ESPANHOL]

MEREÇA SER FELIZ - SUPERANDO AS ILUSÕES DO ORGULHO

Um estudo psicológico sobre o orgulho e sua influência em nossa caminhada espiritual. Ermance Dufaux considera essa doença moral como um dos mais fortes obstáculos à nossa felicidade, porque nos leva à ilusão.

Wanderley Oliveira | Ermance Dufaux
16 x 23 cm
296 páginas

 [ESPANHOL]

REFORMA ÍNTIMA SEM MARTÍRIO - AUTOTRANSFORMAÇÃO COM LEVEZA E ESPERANÇA

As ações em favor do aperfeiçoamento espiritual dependem de uma relação pacífica com nossas imperfeições. Como gerenciar a vida íntima sem adicionar o sofrimento e sem entrar em conflito consigo mesmo?

Wanderley Oliveira | Ermance Dufaux
16 x 23 cm
288 páginas

 ESPANHOL   INGLÊS

ESCUTANDO SENTIMENTOS - A ATITUDE DE AMAR-NOS COMO MERECEMOS

Ermance afirma que temos dado passos importantes no amor ao próximo, mas nem sempre sabemos como cuidar de nós, tratando-nos com culpas, medos e outros sentimentos que não colaboram para nossa felicidade.

Wanderley Oliveira | Ermance Dufaux
16 x 23 cm
256 páginas

 ESPANHOL

PRAZER DE VIVER - CONQUISTA DE QUEM CULTIVA A FÉ E A ESPERANÇA

Neste livro, Ermance Dufaux, com seus ensinos, nos auxilia a pensar caminhos para alcançar nossas metas existenciais, a fim de que as nossas reencarnações sejam melhor vividas e aproveitadas.

Wanderley Oliveira | Ermance Dufaux
16 x 23 cm
248 páginas

DIFERENÇAS NÃO SÃO DEFEITOS - A RIQUEZA DA DIVERSIDADE NAS RELAÇÕES HUMANAS

Ninguém será exatamente como gostaríamos que fosse. Quando aprendemos a conviver bem com os diferentes e suas diferenças, a vida fica bem mais leve. Aprenda esse grande SEGREDO e conquiste sua liberdade pessoal.

Wanderley Oliveira | Ermance Dufaux
16 x 23 cm
248 páginas

EMOÇÕES QUE CURAM - CULPA, RAIVA E MEDO COMO FORÇAS DE LIBERTAÇÃO

Um convite para aceitarmos as emoções como forma terapêutica de viver, sintonizando o pensamento com a realidade e com o desenvolvimento da autoaceitação.

Wanderley Oliveira | Ermance Dufaux
16 x 23 cm
272 páginas

SÉRIE AUTOCONHECIMENTO

QUAL A MEDIDA DO SEU AMOR?

Propõe revermos nossa forma de amar, pois estamos mais próximos de uma visão particularista do que de uma vivência autêntica desse sentimento. Superar limites, cultivar relações saudáveis e vencer barreiras emocionais são alguns dos exercícios na construção desse novo olhar.

Wanderley Oliveira | Ermance Dufaux
16 x 23 cm
208 páginas

APAIXONE-SE POR VOCÊ

Você já ouviu alguém dizer para outra pessoa: "minha vida é você"?
Enquanto o eixo de sua sustentação psicológica for outra pessoa, a sua vida estará sempre ameaçada, pois o medo da perda vai rondar seus passos a cada minuto.

Wanderley Oliveira
16 x 23 cm
152 páginas

DESCOMPLIQUE, SEJA LEVE

Um livro de mensagens para apoiar sua caminhada na aquisição de uma vida mais suave e rica de alegrias na convivência.

Wanderley Oliveira
16 x 23 cm
238 páginas

A VERDADE ALÉM DAS APARÊNCIAS - O UNIVERSO INTERIOR

Liberte-se da ansiedade e da angústia, direcionando o seu espírito para o único tempo que realmente importa: o presente. Nele você pode construir um novo olhar, amplo e consciente, que levará você a enxergar a verdade além das aparências.

Samuel Gomes
14 x 21 cm
272 páginas

7 CAMINHOS PARA O AUTOAMOR

O tema central dessa obra é o autoamor que, na concepção dos educadores espirituais, tem na autoestima o campo elementar para seu desenvolvimento. O autoamor é algo inato, herança divina, enquanto a autoestima é o serviço laborioso e paciente de resgatar essa força interior, ao longo do caminho de volta à casa do Pai.

Wanderley Oliveira | Pai João de Angola
16 x 23 cm
272 páginas

FALA, PRETO VELHO

Um roteiro de autoproteção energética através do autoamor. Os textos aqui desenvolvidos permitem construir nossa proteção interior por meio de condutas amorosas e posturas mentais positivas, para criação de um ambiente energético protetor ao redor de nossas vidas.

Wanderley Oliveira | Pai João de Angola
16 x 23 cm
291 páginas

DEPRESSÃO E AUTOCONHECIMENTO - COMO EXTRAIR PRECIOSAS LIÇÕES DESSA DOR

A proposta de tratamento complementar da depressão aqui abordada tem como foco a educação para lidar com nossa dor, que muito antes de ser mental, é moral.

Wanderley Oliveira
16 x 23 cm
235 páginas

APOCALIPSE SEGUNDO A ESPIRITUALIDADE - O DESPERTAR DE UMA NOVA CONSCIÊNCIA

Num curso realizado em uma colônia do plano espiritual, o livro Apocalipse, de João Evangelista, é estudado de forma dinâmica e de fácil entendimento, desvendando a simbologia das figuras místicas sob o enfoque do autoconhecimento.

Samuel Gomes
16 x 23 cm
313 páginas

A REDENÇÃO DE UM EXILADO

A obra traz informações sobre a formação da civilização, nos primórdios da Terra, que contou com a ajuda do exílio de milhões de espíritos mandados para cá para conquistar sua recuperação moral e auxiliar no desenvolvimento das raças e da civilização. É uma narrativa do Apóstolo Lucas, que foi um desses enviados, e que venceu suas dificuldades íntimas para seguir no trabalho orientado pelo Cristo.

Samuel Gomes | Lucas
16 x 23 cm
368 páginas

CONECTE-SE A VOCÊ - O ENCONTRO DE UMA NOVA MENTALIDADE QUE TRANSFORMARÁ A SUA VIDA

Este livro vai te estimular na busca de quem você é verdadeiramente. Com leitura de fácil assimilação, ele é uma viagem a um país desconhecido que, pouco a pouco, revela características e peculiaridades que o ajudarão a encontrar novos caminhos. Para esta viagem, você deve estar conectado a sua essência. A partir daí, tudo que você fizer o levará ao encontro do propósito que Deus estabeleceu para sua vida espiritual.

Rodrigo Ferretti
16 x 23 cm
256 páginas

 ## SÉRIE REGENERAÇÃO

FUTURO ESPIRITUAL DA TERRA

As necessidades, as estruturas perispirituais e neuropsíquicas, o trabalho, o tempo, as características sociais e os próprios recursos de natureza material se tornarão bem mais sutis. O futuro já está em construção e André Luiz, através da psicografia de Samuel Gomes, conta como será o Futuro Espiritual da Terra.

Samuel Gomes | André Luiz
16 x 23 cm
344 páginas

XEQUE-MATE NAS SOMBRAS - A VITÓRIA DA LUZ

André Luiz traz notícias das atividades que as colônias espirituais, ao redor da Terra, estão realizando para resgatar os espíritos que se encontram perdidos nas trevas e conduzi-los a passar por um filtro de valores, seja para receberem recursos visando a melhorar suas qualidades morais – se tiverem condições de continuar no orbe – seja para encaminhá-los ao degredo planetário.

Samuel Gomes | André Luiz
16 x 23 cm
212 páginas

A DECISÃO - CRISTOS PLANETÁRIOS DEFINEM O FUTURO ESPIRITUAL DA TERRA

"Os Cristos Planetários do Sistema Solar e de outros sistemas se encontram para decidir sobre o futuro da Terra na sua fase de regeneração. Numa reunião que pode ser considerada, na atualidade, uma das mais importantes para a humanidade terrestre, Jesus faz um pronunciamento direto sobre as diretrizes estabelecidas por Ele para este período."

Samuel Gomes | André Luiz e Chico Xavier
16 x 23 cm
210 páginas

SÉRIE ESTUDOS DOUTRINÁRIOS

ATITUDE DE AMOR

Opúsculo contendo a palestra "Atitude de Amor" de Bezerra de Menezes, o debate com Eurípedes Barsanulfo sobre o período da maioridade do Espiritismo e as orientações sobre o "movimento atitude de amor". Por uma efetiva renovação pela educação moral.

Wanderley Oliveira | Ermance Dufaux e Cícero Pereira
14 x 21 cm
94 páginas

SEARA BENDITA

Um convite à reflexão sobre a urgência de novas posturas e conceitos. As mudanças a adotar em favor da construção de um movimento social capaz de cooperar com eficácia na espiritualização da humanidade.

Wanderley Oliveira e Maria José Costa | Diversos Espíritos
14 x 21 cm
284 páginas

Gratuito em nosso site, somente em:

NOTÍCIAS DE CHICO

"Nesta obra, Chico Xavier afirma com seu otimismo natural que a Terra caminha para uma regeneração de acordo com os projetos de Jesus, a caracterizar-se pela tolerância humana recíproca e que precisamos fazer a nossa parte no concerto projetado pelo Orientador Maior, principalmente porque ainda não assumimos responsabilidades mais expressivas na sustentação das propostas elevadas que dizem respeito ao futuro do nosso planeta."

Samuel Gomes | Chico Xavier
16 x 23 cm
181 páginas

SÉRIE ROMANCE MEDIÚNICO

OS DRAGÕES - O DIAMANTE NO LODO NÃO DEIXA DE SER DIAMANTE

Um relato leve e comovente sobre nossos vínculos com os grupos de espíritos que integram as organizações do mal no submundo astral.

Wanderley Oliveira | Maria Modesto Cravo
16 x 23cm
522 páginas

LÍRIOS DE ESPERANÇA

Ermance Dufaux alerta os espíritas e lidadores do bem de um modo geral, para as responsabilidades urgentes da renovação interior e da prática do amor neste momento de transição evolutiva, através de novos modelos de relação, como orientam os benfeitores espirituais.

Wanderley Oliveira | Ermance Dufaux
16 x 23 cm
508 páginas

AMOR ALÉM DE TUDO

Regras para seguir e rótulos para sustentar. Até quando viveremos sob o peso dessas ilusões? Nessa obra reveladora, Dr. Inácio Ferreira nos convida a conhecer a verdade acima das aparências. Um novo caminho para aqueles que buscam respeito às diferenças e o AMOR ALÉM DE TUDO.

Wanderley Oliveira | Inácio Ferreira
16 x 23 cm
252 páginas

ABRAÇO DE PAI JOÃO

Pai João de Angola retorna com conceitos simples e práticos, sobre os problemas gerados pela carência afetiva. Um romance com casos repletos de lutas, desafios e superações. Esperança para que permaneçamos no processo de resgate das potências divinas de nosso espírito.

Wanderley Oliveira | Pai João de Angola
16 x 23 cm
224 páginas

UM ENCONTRO COM PAI JOÃO

A obra também fala do valor de uma terapia, da necessidade do autoconhecimento, dos tipos de casamentos programados antes do reencarne, dos processos obsessivos de variados graus e do amparo de Deus para nossas vidas por meio dos amigos espirituais e seus trabalhadores encarnados. Narra também em detalhes a dinâmica das atividades socorristas do centro espírita.

Wanderley Oliveira | Pai João de Angola
16 x 23 cm
220 páginas

O LADO OCULTO DA TRANSIÇÃO PLANETÁRIA

O espírito Maria Modesto Cravo aborda os bastidores da transição planetária com casos conectados ao astral da Terra.

Wanderley Oliveira | Maria Modesto Cravo
16 x 23 cm
288 páginas

PERDÃO - A CHAVE PARA A LIBERDADE

Neste romance revelador, conhecemos Onofre, um pai que enfrenta a perda de seu único filho com apenas oito anos de idade. Diante do luto e diversas frustrações, um processo desafiador de autoconhecimento o convida a enxergar a vida com um novo olhar. Será essa a chave para a sua libertação?

Adriana Machado | Ezequiel
14 x 21 cm
288 páginas

1/3 DA VIDA - ENQUANTO O CORPO DORME A ALMA DESPERTA

A atividade noturna fora da matéria representa um terço da vida no corpo físico, e é considerada por nós como o período mais rico em espiritualidade, oportunidade e esperança.

Wanderley Oliveira | Ermance Dufaux
16 x 23 cm
279 páginas

NEM TUDO É CARMA, MAS TUDO É ESCOLHA

Somos todos agentes ativos das experiências que vivenciamos e não há injustiças ou acasos em cada um dos aprendizados.

Adriana Machado | Ezequiel
16 x 23 cm
536 páginas

SÉRIE ESPÍRITOS DO BEM

GUARDIÕES DO CARMA - A MISSÃO DOS EXUS NA TERRA

Pai João de Angola quebra com o preconceito criado em torno dos exus e mostra que a missão deles na Terra vai além do que conhecemos. Na verdade, eles atuam como guardiões do carma, nos ajudando nos principais aspectos de nossas vidas.

Wanderley Oliveira | Pai João de Angola
16 x 23 cm
288 páginas

GUARDIÃS DO AMOR - A MISSÃO DAS POMBAGIRAS NA TERRA

"São um exemplo de amor incondicional e de grandeza da alma. São mães dos deserdados e angustiados. São educadoras e desenvolvedoras do sagrado feminino, e nesse aspecto são capazes de ampliar, nos homens e nas mulheres, muitas conquistas que abrem portas para um mundo mais humanizado, [...]".

Wanderley Oliveira | Pai João de Angola
16 x 23 cm
232 páginas

GUARDIÕES DA VERDADE - NADA FICARÁ OCULTO

Neste momento de batalhas decisivas rumo aos tempos da regeneração, esta obra é um alerta que destaca a importância da autenticidade nas relações humanas e da conduta ética como bases para uma forma transparente de viver. A partir de agora, nada ficará oculto, pois a Verdade é o único caminho que aguarda a humanidade para diluir o mal e se estabelecer na realidade que rege o universo.

Wanderley Oliveira | Pai João de Angola
16 x 23 cm
236 páginas

SÉRIE FAMÍLIA E ESPIRITUALIDADE

UM JOVEM OBSESSOR - A FORÇA DO AMOR NA REDENÇÃO ESPIRITUAL

Um jovem conta sua história, compartilhando seus problemas após a morte, falando sobre relacionamentos, sexo, drogas e, sobretudo, da força do amor na redenção espiritual.

Adriana Machado | Jefferson
16 x 23 cm
392 páginas

ebook

UM JOVEM MÉDIUM - CORAGEM E SUPERAÇÃO PELA FORÇA DA FÉ

A mediunidade é um canal de acesso às questões de vidas passadas que ainda precisam ser resolvidas. O livro conta a história do jovem Alexandre que, com sua mediunidade, se torna o intermediário entre as histórias de vidas passadas daqueles que o rodeiam tanto no plano físico quanto no plano espiritual. Surpresos com o dom mediúnico do menino, os pais, de formação Católica, se veem às voltas com as questões espirituais que o filho querido traz para o seio da família.

Adriana Machado | Ezequiel
16 x 23 cm
365 páginas

SÉRIE CONSCIÊNCIA DESPERTA

SAIA DO CONTROLE - UM DIÁLOGO TERAPEUTICO E LIBERTADOR ENTRE A MENTE E A CONSCIÊNCIA

Agimos de forma instintiva por não saber observar os pensamentos e emoções que direcionam nossas ações de forma condicionada. Por meio de uma observação atenta e consciente, identificando o domínio da mente em nossas vidas, passamos a viver conscientes das forças internas que nos regem.

Rossano Sobrinho
16 x 23 cm
268 páginas